"十二五"职业教育国家规划教材
经全国职业教育教材审定委员会审定

21世纪立体化高职高专规划教材·财经系列
全国职业教育技能型人才培养校企合作精品教材

新编仓储管理实务
（第2版）

闫春荣　陈领会　主　编

电子工业出版社
Publishing House of Electronics Industry
北京·BEIJING

内容简介

本教材以指导性、操作性、思想性、趣味性为宗旨,为培养学生的仓储管理能力提供教学载体。每个项目以一个能引人深思的财富故事开始,以一个心灵悟语结束,来培养学生的人文素养及高品质的职业情怀。

本教材以认识仓储、构建企业、仓储商务管理、仓储业务操作、库存控制五大项目为主线构建内容体系,具体内容由有内在逻辑联系的10个任务组成,即识别仓库,仓库布局,构建企业类型、市场定位,仓储合同业务,仓单业务,入库操作,在库保养,特殊货物保管,出库操作和库存成本管理。

本教材可作为高等职业学校、高等专科院校、成人高校、民办高校及本科院校开办的二级职业技术学院物流管理等经济管理类专业的教学用书或助理物流师考试的辅助参考用书,也可供经济管理人士或其他人员学习管理科学时参考。

未经许可,不得以任何方式复制或抄袭本书之部分或全部内容。
版权所有,侵权必究。

图书在版编目(CIP)数据

新编仓储管理实务/闫春荣,陈领会主编. -- 2版. -- 北京:电子工业出版社,2016.7
21世纪立体化高职高专规划教材. 财经系列
ISBN 978-7-121-25425-3

Ⅰ. ①新… Ⅱ. ①闫… ②陈… Ⅲ. ①仓库管理-高等职业教育-教材 Ⅳ. ①F253.4

中国版本图书馆CIP数据核字(2015)第010892号

策划编辑:贾瑞敏　张思博
责任编辑:贾瑞敏　　　　　特约编辑:胡伟卷　苗丽敏
印　　刷:涿州市京南印刷厂
装　　订:涿州市京南印刷厂
出版发行:电子工业出版社
　　　　　北京市海淀区万寿路173信箱　邮编 100036
开　本:787×1 092　1/16　印张:15.75　字数:434千字
版　次:2010年9月第1版
　　　　2016年7月第2版
印　次:2016年7月第1次印刷
印　数:3 000册　定价:38.00元

凡所购买电子工业出版社图书有缺损问题,请向购买书店调换。若书店售缺,请与本社发行部联系,联系及邮购电话:(010)88254888,88258888。
质量投诉请发邮件至zlts@phei.com.cn,盗版侵权举报请发邮件至dbqq@phei.com.cn。
本书咨询联系方式:电话010-62017651;邮箱fservice@vip.163.com;QQ427695338;微信DZFW18310186571。

第2版前言

党的十八大报告指出,要加快传统产业转型升级,推动服务业特别是现代服务业发展壮大。物流业是现代生产性服务业,在传统产业转型升级的背景下,对仓储人才素质提出了更高的要求。本教材作为培养高素质、复合型仓储人才的载体,内容的实用性尤为重要,为此,在第1版的基础上,根据高职教育规律及物流行业特点,对原教材进行了即时的补充和修改。本教材具有如下特点。

1. **内容更实用**。教材的内容根据企业仓储管理的实际情况进行了调整,学习素材来自企业第一手资料。

2. **更具趣味性**。教材中新增了学生实习、实训中的操作图片,增加了"师傅教我做"板块,把教材中的理论与企业真实操作的实践相对接,使学习活动更加有趣、生动。

3. **操作性更强**。在每个任务后的"练一练"中,增加了工学结合内容,强化学生的操作训练,从而提高职业技能。

4. **产教更融合**。教材融入了中国劳动保障部助理物流师鉴定的仓储部分内容,实现了物流职业岗位要求与物流专业教育的有效衔接。

5. **资源更丰富**。教材中每个任务后面均加入了学习资源库,为学生主动学习、拓宽视野提供了有利平台。

本教材的编者均为具有丰富教学、科研能力的第一线双师型教师,同时还邀请了具有丰富仓储工作经验的浙江鸿汇医药物流有限公司的朱文清参与编写。丽水职业技术学院闫春荣、河北软件职业技术学院陈领会担任主编;湖南交通职业技术学院黎鹰、广州体育职业技术学院丁世民、浙江水利水电专科学校黄宾、丽水职业技术学院刘建军担任副主编;丽水职业技术学院顾爱春担任主审。参与编写的还有许昌职业技术学院申纲领、宋沛军,黑龙江农垦职业学院张红娟、陈艳。全教材分5个项目、10个任务,具体分工如下:闫春荣编写任务一、二;黎鹰编写任务三;陈领会编写任务四;陈艳编写任务五;申纲领、宋沛军编写任务六;丁世民编写任务七;张红娟编写任务八;刘建军编写任务九;黄宾编写任务十。全书由闫春荣统稿、润色。

在本教材编写过程中,走访了很多企业,借鉴与参考了大量的同类教材及相关文献,也得到了很多企业人士的关心与支持,在此一并表示感谢。

由于编者者理论矢及经验有限,加之时间仓促,疏漏之处敬请各位同仁、专家惠于指正。

编 者

第1版前言

"仓储管理实务"课程作为物流管理专业的核心课程,担负着培养重任,即培养学生仓储管理的商务能力、仓储作业的基本能力和仓储管理能力等专业能力;培养学生学习能力、自我控制与管理能力等方法能力;培养学生创新意识、沟通能力等基本素质。本教材以其思想性、趣味性、操作性和指导性,为培养学生的仓储管理能力、方法能力和人文素养提供教学载体。每个项目开始部分都设计一个会心的财富故事,并以一个心灵悟语结束,来培养学生的人文素养及高品质的职业情怀。

本教材以认识仓储、构建企业、仓储商务管理、仓储业务操作和库存控制五大项目为主线构建教材的内容体系,具体内容由有内在的逻辑联系的10个任务组成,即识别仓库—仓库布局—构建企业类型、市场定位—仓储合同业务—仓单业务—入库操作—在库保养—特殊货物保管—出库操作—库存成本管理。每个项目都有与之内容相匹配的财富故事、知识点、学习目标、实训项目、引例和引例分析。每个任务内容之中均插入经验之谈、小结(切合内容之格言警句)、要点回顾、练一练(有助于解决企业实际问题,有利于学生走出教室去实际操练的题目或背景描述)、测一测(历年劳动保障部助理物流师考试真题)、扩一扩(案例赏析,其中有背景描述和点评)。本书主要特色如下。

1. 垂直性

以垂直思维方式构建教材体系,突出知识与技能在实际工作中应用的连贯性。

2. 发展性

从内容安排上,突出培养学生的学习能力、发展能力和创业能力。具体表现为下面两点。

① 从感性的认识到操作,再到综合的管理与分析,是一个学习能力的发展过程,也是未来学生在企业岗位的发展过程。

② 从企业的成立到业务的接洽再到实务的操作与管理,最后是综合的管理与分析,这也符合学生在未来创业时的企业经营流程。

3. 思想性

每个项目前以与工作项目相关的财富故事开始,启发学生的创新思维,引起学生学习的兴趣。每个项目以一句格言警句作为小结语,给学生留下思考空间。

4. 趣味性

教材以图片、表格、指示图、经验之谈等直观的呈现形式,表现学生学习本教材内容与企业真实操作内容的对接,使学习活动更加有趣、生动。

5. 操作性

教材每个项目内容以案例开始与结束,配以分析与点评,指导学生学以致用;在项目开始部分布置有实训项目,在每个任务之后配合有"练一练",增加了可操作的内容,从而强化学生职业技能的训练。

6. 指导性

教材在"测一测"内容中融入历年中国劳动保障部助理物流师考试真题,实现教材的"一教双

第1版前言

证(双证:物流职业资格证与物流毕业证)"之效果。

本书由闫春荣、申纲领、陈领会担任主编,丁世民、宋沛军、黄宾担任副主编,参与编写的还有王凤美、崔友军、刘建军、陈艳。全书分5个工作项目10个任务,丽水职业技术学院闫春荣编写项目一中的任务一、任务二,项目四中的任务八;苏州旅游与财经高等职业学校王美凤编写项目二中的任务三;河北软件职业学院陈领会编写项目三中的任务四;嘉兴职业技术学院陈艳编写项目三中的任务五;许昌职业技术学院申纲领编写项目四中的任务六;广州体育职业技术学院丁世民编写项目四中的任务七;许昌职业技术学院宋沛军编写项目四中任务九中一至四部分;丽水职业技术学院刘建军编写项目四中任务九中第五部分;山东滨州职业学院崔友军编写项目五中的任务十的第一部分;浙江水利水电专科学校黄宾编写项目五中任务十的第二部分。全书由闫春荣统稿。在本书编写过程中借鉴和参考了大量的文献资料,也得到了企业界人士的关心与支持,在此一并表示感谢,同时敬请各位同人、专家对本书的不妥之处予以指正。

编　者

目 录

项目一 认识仓储 ·················· 1
　任务一 识别仓库 ················ 2
　　一、认识仓库 ·················· 2
　　二、认识自动化立体仓库 ······· 6
　　三、认识仓储设备 ··············· 9
　任务二 仓库布局 ················ 21
　　一、仓储物流规划的原则 ······· 22
　　二、仓库的布局 ················ 22

项目二 构建企业 ··················· 33
　任务三 构建企业类型、市场定位 ··· 35
　　一、模拟企业(公司)成立 ······· 35
　　二、市场调查 ·················· 45
　　三、市场定位 ·················· 52

项目三 仓储商务管理 ··············· 66
　任务四 仓储合同业务 ············ 69
　　一、认识仓储合同 ·············· 69
　　二、履行仓储合同 ·············· 78
　任务五 仓单业务 ················ 93
　　一、认识仓单 ·················· 93
　　二、仓单实务 ·················· 98

项目四 仓储业务操作 ·············· 106
　任务六 入库操作 ················ 108

　　一、入库准备 ·················· 108
　　二、仓储业务的受理 ············ 110
　　三、商品的储存位置安排 ········ 113
　　四、入库作业 ·················· 114
　任务七 在库保养 ················ 123
　　一、认识库存变异 ·············· 123
　　二、安全管理 ·················· 135
　任务八 特殊货物保管 ············ 151
　　一、水泥的保管 ················ 151
　　二、粮食的保管 ················ 155
　　三、危险品的保管 ·············· 162
　任务九 出库操作 ················ 172
　　一、商品出库的依据、原则与
　　　　要求 ······················ 172
　　二、货物出库的方式 ············ 174
　　三、货物出库作业流程 ·········· 176
　　四、货物出库常发生的问题的
　　　　处理 ······················ 195
　　五、库存整理 ·················· 196

项目五 库存控制 ·················· 213
　任务十 库存成本管理 ············ 214
　　一、认识库存成本 ·············· 214
　　二、控制库存成本 ·············· 222

参考文献 ·························· 243

项目一
认识仓储

财富故事

犹太人富翁借贷

一位犹太人富翁来到一家银行的贷款部前,大模大样地坐了下来。

"请问,我可以为您做点什么?"贷款部经理一边小心询问,一边仔细地打量眼前这位先生。他身穿名贵的西服,领带夹上镶嵌着名贵的宝石,脚蹬高档的皮鞋,昂贵的手表闪着金光……他是那么气宇轩昂。

"我想要贷点钱。"犹太人富翁说。

"完全没有问题,您想贷多少?"贷款部经理问。

"1美元。"犹太人富翁答道。

"什么?您只贷1美元?是真的吗?"信贷部经理一脸的惊愕。

"是的,我只贷1美元,可以吗?"犹太人富翁说。

"当然,贷多少我们都可办理,只要您提供担保。"信贷部经理说。

"好吧。"犹太人富翁从豪华的皮包里取出一大堆股票、基金、国债等有价证券,一并放在桌上,"这些做担保,可以吗?"

"先生,这里总共有50万美元,做担保足够了。"贷款部经理清点了一下说,"先生,您真的只贷1美元?"

"是的。"犹太人富翁面无表情地答道。

"那好吧,请到这边办手续。年息为6%,只要您一年后归还本金和6%的利息,我们就会把这些担保品还给您。"贷款部经理说。

"谢谢。"犹太人富翁办完手续,正准备离开,一直站在一旁冷眼观看的银行行长深感纳闷:怎么会到银行只贷1美元?他可是一个拥有50万美元有价证券的人啊!于是他追上犹太人富翁,有些窘迫地说:"对不起,先生,我可以问您一个问题吗?"

"您想问什么?"犹太人富翁问。

"我是这家银行的行长,我真的弄不明白,像您这样拥有很多财产的人,即便想贷款数十万美元,我们也会非常乐意地为您服务的,可您为何只贷区区1美元?"

犹太人富翁笑了笑,说:"我将这些有价证券以担保的形式寄存于银行,一年不过6美分的利息,而且还能得到安全的保管。这样可比租银行的一个保险箱来保管这些证券所花费的钱要少得多,我何乐而不为呢?"

资料来源:梁英,牧何.中国人最该读的100个财富寓言[M].北京:北京出版社,2007.

在这个故事中,你能悟出什么道理?

项目一　认识仓储

知识点
1. 仓库的分类。
2. 仓储设备。
3. 仓库规划方法。
4. 货位编号方法。

学习目标
1. **知识目标**
- 能够识别不同功能的仓库设施、设备。
- 掌握仓库规划及货位方法。
2. **素质目标**
- 热爱仓储环境。
- 爱惜仓储设施、设备。
3. **技能目标**
- 能够利用所学知识，规划库区布局、仓库设施、设备的选取。
- 能够进行仓库内部布局及货位编号。

实训项目
1. 参观一个超市，观察其布局，思考其合理性，提出改进方案。
2. 参观一个仓库，判断其类型，并观察其所拥有的仓储设施、设备，结合企业实际情况，讨论仓储设备标准化应该如何实现。

引例

某物流公司仓储物流员从网上接到一份订单，订单的内容是外地某电子有限公司要求存放100台冰箱，一个月后再发往本市的几个电器商场，入库前和出库后的运输由该电子有限公司负责。

引例分析

要完成这笔订单，仓储物流员需要组织一系列相关的仓储活动。
1. 从网上接订单，签订合同。
2. 准备库存场地、各种机械工具和人员。
3. 组织员工进行冰箱的入库作业，并填写相关单据。
4. 冰箱在仓库内的储存与检查维护。
5. 组织员工进行冰箱的出库作业，并填写相关单据。
6. 损耗处理、理赔等其他相关业务。

资料来源：劳动和社会保障部教材办公室．仓储物流员[M]．北京：中国劳动社会保障出版社，2006．

任务一　识别仓库

一、认识仓库

（一）按仓库功能的不同分类

1. 储备仓库

储备仓库主要用于长期存放各种储备物资，以保证完成各项储备任务。储备仓库是政府为了防止自然灾害、战争及国民经济比例严重失调而设立的,一般储备的商品储存时间较长,对仓储条件、质量维护和安全保卫要求较高,如储备粮库,如图 1.1 所示。

(a)黑龙江建三江储备粮库

(b)中央储备粮四川宜宾粮库

(c)黑龙江建三江囤型粮库

(d)黑龙江富锦市向阳川粮库

图 1.1　储备粮库

2. 周转仓库

周转仓库的主要功能是物资周转,主要用于暂时存放待加工、待销售或待运输的物资。它包括生产仓库、中转仓库、集配仓库和加工仓库等,如图 1.2 所示。

(a)生产仓库

(b)中转仓库

图 1.2　周转仓库

(c) 日用集配仓库　　　　　　　　(d) 加工仓库

续图 1.2　周转仓库

(二) 按用途的不同分类

1. 自用仓库

自用仓库是指主要从事企业内部物流业务的仓库。仓库的建设、物品的管理及进出库均属本企业的管理范畴。建造这类仓库,要考虑到固定成本和业务必要性与采用外包之间的平衡。

企业自用仓库包括生产企业自用仓库和流通企业自用仓库。

生产企业自用仓库是生产企业使用自有的仓库设施,对生产使用的原材料(自用原材料仓库)、生产的中间产品(自用半成品仓库)、最终产品(自用产成品仓库)实施储存、保管。其储存对象较为单一,以满足生产为原则。

流通企业自用仓库则是指流通企业以其拥有的仓储设施对其经营的商品进行仓储保管。其仓储对象种类较多,其目的是支持销售。

企业自用仓库不具有独立性,仅仅是为企业的产品生产或商品经营活动服务的,相对而言,企业自用仓库规模小、数量多、专用性强,而且专业化低、设备简单。

2. 营业仓库

营业仓库是按照相关管理条例的许可和企业经营需要,向其他一般企业提供保管服务的仓库。它面向社会,以经营为手段,以获取利润为目的。

营业仓库是指仓库经营者以其拥有的仓储设施,向社会提供商业性仓储服务的仓储行为。仓储经营者与存货人通过订立仓储合同的方式建立仓储关系,并且依据合同约定提供服务和收取仓储费。

3. 公共仓库

公共仓库是指国家和公共团体为了公共利益而建设的仓库,如车站货场仓库、港口码头仓库等。

4. 保税仓库

保税仓库是经海关批准,并在海关的监管下,存放未办理关税手续而入境或过境货物的场所。设立这种仓库的地区称为保税区。

(三) 按保管形态的不同分类

1. 普通仓库

普通仓库一般是指具有常温保管、自然通风和无特殊功能的仓库,如图 1.3(a)所示。

3. 立体仓库

立体仓库是一类常用的自动化仓库形式,一般由高层货架、巷道机、出入库搬运系统和管理控制系统 4 个部分组成,如图 1.4(c)所示。

4. 散装仓库和罐式仓库

散装仓库和罐式仓库是指专门保管散粒状、粉状或液体等物资的容器式仓库,如图 1.4(d)和图 1.4(e)所示。

(a) 平房仓库

(b) 多层仓库

(c) 立体仓库

(d) 散装仓库

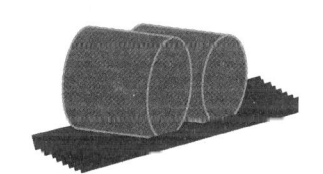

(e) 罐式仓库

图 1.4 按结构和构造分类的仓库

二、认识自动化立体仓库

(一)自动化立体仓库的特点

自动化立体仓库即高层货架仓库(简称高架仓库),一般是指采用几层、十几层乃至几十层高的货架储存单元货物,用相应的物料搬运设备进行货物入库和出库作业的仓库。由于这类仓库能充分利用空间储存货物,故常被形象地称为立体仓库,如图 1.5 所示。

图 1.5 自动化立体仓库

2. 冷藏仓库

冷藏仓库是指具有制冷设备,并有良好的保温隔热性能以保持较低温度的,专门用来储存冷冻物品的仓库,如图 1.3(b)所示。

3. 恒温仓库

恒温仓库是指具有保持一定温度和保湿功能的仓库。这类仓库设有保温装置,尤其在北方适合用来储存怕冻物品,如图 1.3(c)所示。

4. 危险品仓库

危险品仓库主要是指存放易燃性、易爆性、腐蚀性、有毒性和放射性等对人体或建筑物有一定危险的物资的仓库。它在库房结构及库内布局等方面有特殊的要求,同时必须远离工厂和居民区,一般设在远离城市的地区,如图 1.3(d)所示。

(a) 普通仓库　　(b) 冷藏仓库

(c) 恒温仓库　　(d) 危险品仓库

图 1.3　按保管形态分类的仓库

(四) 按结构和构造的不同分类

1. 平房仓库

平房仓库是指仓库建筑物是平房,结构简单,有效高度一般不超过五六米的仓库,造价便宜,被广泛采用,如图 1.4(a)所示。

2. 多层仓库

多层仓库是指两层以上的建筑物,是钢筋混凝土建造的仓库。这种仓库楼层间依靠垂直运输机械连接,也可以用坡道相连,因此称为坡道仓库。建造多层仓库,可以扩大仓库实际面积,但是建造成本也会相应增加,如图 1.4(b)所示。

自动化系统。它实现了货仓标准化、识别标准化、输送标准化、管理微机化和控制自动化。计算机管理和控制系统是仓库的指挥中心,随着科技的发展,计算机在这个领域发挥的作用将越来越大。

(三) 自动化立体仓库的基本功能

自动化立体仓库的功能一般包括自动收货、存货、取货、发货和信息处理等。

1. 收货

收货是指仓库从供应方接收各种产品、材料或半成品,并收存入库的过程。收货时需要站台或场地提供运输车辆停靠,需要升降平台作为站台和载货车辆之间的过桥,需要装卸机械完成装卸作业。卸货时要检查货物的品质和数量及货物的完好状态,确认完好后方能入库存放。通常,自动化立体仓库从货物卸载经查验进入自动系统的接货设备开始,将信息输入计算机,生成管理信息,由自动控制系统进行货物入库的自动操作。

2. 存货

存货是指自动化系统将货物存放到规定的位置,一般是放在高层货架上。存货之前首先要确定存货的位置。某些情况下可以采取分区固定存放的原则,即按货物的种类、大小和包装形式来实行分区存放。随着移动货架和自动识别技术的发展,现在已经可以做到随意存放,这样既能提高仓库利用率,又可节约存取时间。

3. 取货

取货是指自动化系统根据需求从库房中取出所需货物。取货可以有不同的原则,通常采用的是先进先出的原则,即在出库时,先存入的货物先出。另外,某些自动化立体仓库,必须能够做到随时存取任意货位的货物,这种存取要求搬运设备和地点能频繁更换。

4. 发货

发货是指取出的货物按照严格的要求发向用户。根据服务对象的不同,有的仓库只向单一用户发货,有的则需要向多个用户发货。发货时需要配货,即根据使用要求对货物进行配套供应。

5. 信息处理

信息处理是指能够随时查询仓库的有关信息和伴随各种作业产生的信息报表单据。在自动化立体仓库中可以随时查询库存信息、作业信息及其他相关信息,这种查询可以在仓库范围内进行,也可以在其他部门或分厂进行。

(四) 自动化立体仓库的优越性

① 提高空间利用率。充分利用仓库的垂直空间,其单位面积存储量远远大于普通的单层仓库(一般是单层仓库的4~7倍)。

② 提高企业生产管理水平。采用计算机智能化管理,使企业生产管理和生产环节紧密联系,有效降低库存积压。

③ 提高生产效率,降低人工成本。加快货物的存取节奏,减轻劳动强度。劳动强度的减轻具体包括以下几点。

- 采用自动巷道堆垛机取代人工存货和人工取货。
- 采用计算机管理系统对货物进行管理。
- 确保库存作业的安全性,减少货损、货差。

④ 储存形态得到优化。不仅使货物在仓库内按需要自动存取,而且可以与仓库以外的生

(二) 自动化立体仓库的构成

自动化立体仓库属于现代智能仓库,由机械设备、电气与电子设备和计算机控制系统组成。

1. 机械设备

现代智能仓库的机械设备主要有托盘、货架、输送设备和搬运设备等。

(1) 托盘

作为一种储存和装卸设备,托盘在现代智能仓库中非常重要。在现代智能仓库中必须采用全托盘作业。

(2) 货架

将存放在托盘中的货物再放入立体的货架中,可以提高仓容率,但对货架的要求也会提高。

(3) 输送设备

输送设备是现代智能仓库中的辅助设备,具有把各种物流站衔接起来的作用,输送机有链式、皮带式、滑板式、轮式和悬挂式等多种。

(4) 搬运设备

搬运设备是现代智能仓库中的重要设备,一般由电力驱动,通过自动或手动控制来实现货物的位置移动。常用的设备有升降机、搬运车、巷道式堆垛机、无轨叉车和转臂起重机等。其中,巷道式堆垛机是自动化立体仓库中最重要的设备,这种堆垛机是随着自动化立体仓库的出现而发展起来的专用设备,是由叉车和桥式起重机演变而来的。它的主要用途是在高层货架的巷道内来回穿梭运行,将货物从巷道口存入货格,或者从货格中取出货物。

2. 电气与电子设备

现代智能仓库中的电气与电子设备主要是指信息识别设备、检测设备、控制系统、监控及调度设备、数据通信设备等。

(1) 信息识别设备

信息识别设备可完成对货物品名、类别、编号、数量、等级、生产者、目的地和货位地址的识别,通常采用磁条、条形码和光学字符等识别技术。

(2) 检测设备

为了实现现代化仓库的控制,并保证系统的安全运行,整个系统必须具有多种检测手段,通过对检测数据的判断和处理为系统决策提供最佳依据,使系统处于理想的工作状态之中。

(3) 控制系统

控制系统是自动化立体仓库运行的关键。如果没有好的控制系统,系统运行的成本就会很高,而且效率低下。因此,仓库内的各种存取、运输和设备本身就必须配备控制装置。这些装置的种类很多,有开关、继电器和微处理器等。

(4) 监控及调度设备

监控及调度设备负责协调系统中各个部分的运行,通过监控系统的监视画面可以直观地看到各设备的运行情况。

(5) 数据通信设备

现代智能仓库是一个复杂的自动化系统,由众多的子系统组成,为了完成规定的任务,各系统之间、各个设备之间要进行大量的信息交换。信息传递的媒介有电缆、远红外光、光纤和电磁波等。

3. 计算机控制系统

现代智能仓库是一个综合物资供应系统,也是集物资储存、运输和分配等功能于一体的集成产环节进行有机连接,使仓库成为企业生产物流中的一个重要环节。通过短时间储存,可使外购件和自制生产件在指定时间自动输出到下一道工序进行生产,从而形成一个自动化的物流系统。

经验之谈

某仓储企业八大忌语

1. 这种问题连 3 岁小孩都会。
2. 一分钱一分货。
3. 不可能,绝对不可能发生这种事。
4. 这种问题你去问厂家好了,我们只管存。
5. 这个我不清楚。
6. 我绝对没说过。
7. 我不会。
8. 这是我们公司的规定。

三、认识仓储设备

(一)认识搬运设备

1. 认识叉车

叉车由自行的轮胎及能垂直升降、前后倾斜的货叉和门架等组成。叉车主要用于仓库内货物的装载搬运,是一种既可做短距离水平运输,又可以堆垛和装卸卡车、铁路平板车的机械,在配备其他取物装置以后,还能用于散货和各种规格品种货物的装卸作业。

按不同的标准,叉车有以下几种分类。

(1)按构造的不同,可以分为正面式叉车、侧面式叉车、转柱式叉车和转叉式叉车

① 正面式叉车。它的特点是货叉朝向叉车的正前方。正面式叉车按结构的不同可分为 5 种:手推液压式叉车、平衡重式叉车、插腿式叉车、前移式叉车和四向行走式叉车。

- 手推液压式叉车。它是利用人力推拉运行的简易插腿式叉车,包括手摇机械式、手动液压式和电动液压式 3 种,如图 1.6 所示。由于此类叉车结构简单,使用方便,所以适用于狭窄通道、场所的作业。

(a)手摇机械式叉车　　(b)手动液压式叉车　　(c)电动液压式叉车

图 1.6　手推液压式叉车

- 平衡重式叉车。此类叉车的货叉位于叉车的前部,为了防止翻车,在叉车的后部装有平

衡重铁。此类叉车因操作简单、机动性强、生产效率高和适应性强而应用最广泛。平衡重式叉车如图1.7所示。
- 插腿式叉车。此类叉车在工作时都采用倒行方式。由于叉车在叉取货物时，支腿和货叉都必须插入货物底部，所以，要求叉起的货物底部一般要高出地面200 mm左右。插腿式叉车如图1.8所示。

图1.7　平衡重式叉车　　　　图1.8　插腿式叉车

- 前移式叉车。其结构与插腿式叉车类似，但取货或卸货时，门架可由液压系统推动移到前轮之外，运行时，门架又缩回车体内。前轮的直径大约为300 mm，因此，要收回货叉，必须先将货物升起至一定的高度。前移式叉车如图1.9所示。
- 四向行走式叉车。它是专门用于长、大件货物作业的叉车。这种叉车既可向前、向后行驶，也可向左、向右行驶，能在原地对运行方向进行调整。这种叉车工作时所需的货架通道宽度很小。四向行走式叉车如图1.10所示。

图1.9　前移式叉车　　　　图1.10　四向行走式叉车

② 侧面式叉车。侧面式叉车的货叉在车身的侧面，是平板运输车和前移式叉车的结合。门架可以伸出取货，然后缩回车体内将货物放在平台上即可行走，因此，这类叉车适合于装卸运输钢管、型材和木材等细长货物的作业。侧面式叉车如图1.11所示。

③ 转柱式叉车。它的特点是转弯半径小，作业所需的货架通道窄，门架可实现正反转90°。转柱式叉车如图1.12所示。

④ 转叉式叉车。这类叉车在货架通道内行驶时，需要轨道引导或用感应线自动导向，以免叉车与货架相碰。

图 1.11　侧面式叉车　　　　　　图 1.12　转柱式叉车

（2）按动力种类的不同,可以分为电瓶叉车和内燃机叉车

电瓶叉车常用于室内、短距离和工作量较少的搬运作业,内燃机叉车常用于室外、长距离和工作量较大的搬运作业。

师傅教我做

叉车操作要领

1. 叉车启动前准备工作。

（1）检查离合器踏板及制动器踏板自由行程是否符合规定,制动是否灵活可靠。

（2）检查转向系统（液压转向）有无泄漏,拉杆接头螺栓是否紧固可靠或松脱。

（3）检查油箱内燃油是否足量,发动机油底壳及喷油泵下体中机油是否在标尺应有范围内,各油管接头处有无渗漏现象。

（4）检查散热管内水是否充满,各水管接头处有无渗漏现象。

（5）检查燃油管路中是否存有空气,如果发现应予以排除。排气时,首先将滤清器放气螺钉拧开,排除油箱至滤清器间的空气,然后拧开喷油泵上的放气螺钉,用输油泵上手泵打油,将油路中空气排净,最后拧开喷油泵上的放气螺母,以手泵打油,排净高压管中的空气。

（6）检查蓄电池极柱导线是否松动,发电机是否充足电。

（7）检查前、后轮胎气压是否符合规定,胎纹中嵌有石子等杂物时应立即清除。

（8）检查车辆上所有灯光及喇叭是否正常。

2. 叉车操作方法。

（1）起步。

① 踏下离合器,挂上一挡。

② 按下手刹车按钮,观察情况（反照镜）,必要时按响喇叭。

③ 迅速将离合器抬到接触点,待动力接触后,离合器踏板略停,当车略有抖动时松开手刹车,加油,抬起离合器,使车平稳起步。

④ 如感到动力不足,不能起步时,应迅速踏下离合器,重新起步。

（2）低挡换高挡。

起步及倒车一般用一挡运行,如需要加速可换二挡（或更高挡）运行。操作方法为:脚抬油门,同时踏下离合器,将变速杆摘入空挡,然后抬离合器,再迅速踏下离合器,将变速杆换入二挡,使车辆继续平稳行进。

(3) 减速换挡(高挡换低挡)。

① 踩刹车减速,同时踏下离合器,把变速杆置于空挡位置。

② 摘下变速杆的同时迅速抬起离合器,加空油。

③ 加空油完毕,迅速踏下离合器,同时将变速杆换入低挡。

④ 变速器换入低挡位置后,稳抬离合器,同时逐渐加油,使车平稳前进。

(4) 停车(低速停车)。

① 抬油门减速,同时踏下离合器。

② 轻踩刹车,使车平稳停住。

③ 如反复练习起步,停车则不必摘下变速杆,停车后可继续练习。

④ 练习完毕换入时,将变速杆放在空挡位置,抬开离合器,拉紧手刹车,松开脚刹车。

注意:叉车与普通的车辆不同,是后轮转向,转向时后部平衡重向外旋转。转向时要提前减速,向要转弯的一侧转动方向盘,方向盘要比前轮转向的车辆提前一点转向。

(5) 倒车。

倒车时,待车停稳后再换入倒挡,左方向盘者,右臂平伸,右手放在靠上,左手扶方向盘上侧(右方向盘者相反),然后调正姿势,向右回头看,随时修正方向,倒入确定的位置后停车。

操作训练:在教练场上,画一弧形白线,弧度不超过30°。操作时,使车顺弧线向前或向后退。操作要领与直线进退基本相同,但要特别注意弧线走向,打轮要有提前量;看清白线车身的距离位置,观察一侧反照镜,随时修正方向。

2. 认识输送机

输送机是连续搬运货物的机械,广泛应用于收货入库和出运货物作业,以及被用作拣选系统的基本设备。

按用途和所处理货物形状的不同,输送机可以分为带式输送机(见图1.13)、辊子输送机(见图1.14)、链式输送机(见图1.15)、重力式辊子输送机(见图1.16)、伸缩式辊子输送机(见图1.17)、振动输送机(见图1.18)和液体输送机(见图1.19)等。

图1.13 带式输送机

图1.14 辊子输送机

图 1.15　链式输送机 　　　　　图 1.16　重力式辊子输送机

1—叶轮；2—泵壳；3—泵轴
4—吸入管；5—底阀；6—压出管

图 1.17　伸缩式辊子输送机 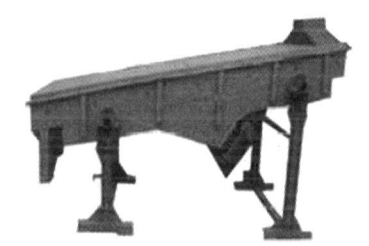　　图 1.18　振动输送机 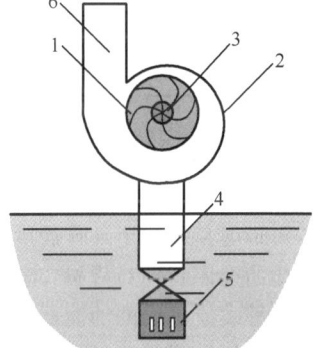　　图 1.19　液体输送机

运用输送机可以降低搬运成本、提高劳动生产率、实现物流自动化。

3. 认识起重机

起重机是指将货物吊起，在一定范围内做水平移动的机械。

起重机按结构或形状的不同，可分为天车、悬臂起重机、集装箱起重机、巷道堆垛机或库内理货机、汽车起重机和龙门起重机等各种悬臂式起重机。

在仓库中使用的起重机主要有两种类型，即桥式起重机（见图 1.20）和悬臂式起重机（见图 1.21）。桥式起重机的优点在于能高效、迅速地举起重物。悬臂式起重机能有效利用空间并实现自动化，因此，在分配型仓库中利用较多，并与复杂的货架系统联合使用。

图 1.20　桥式起重机 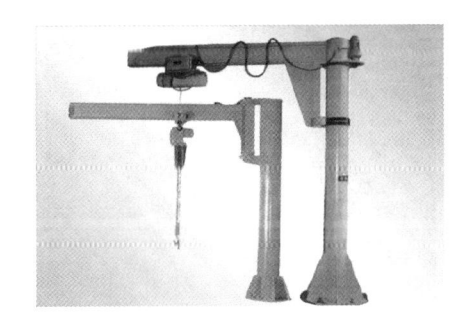　　　　　图 1.21　悬臂式起重机

经验之谈

吊车的"十不吊"

① 超负荷或歪拉斜挂不吊。
② 工作现场超过6级风或雷电天气不吊。
③ 高压输电线下不吊,氧气瓶、煤气罐等爆炸性物品不吊。
④ 重物带棱角没有垫好的不吊。
⑤ 捆绑不牢或不符合安全规定要求的不吊。
⑥ 起重物上有浮物或有人时不吊。
⑦ 司机在酒后或精神不佳时不吊。
⑧ 作业现场视线不明,指挥信号不明时不吊。
⑨ 起重臂下或重物下有人时不吊。
⑩ 对埋在土里或冻结在地面上重量不明的物体,以及交错挤压在一起的物体不吊。

(二)认识储存设备

1. 认识货架

货架是专门用来存放成件物品的保管设备。为提高仓库的利用率,扩大仓库的储存能力,现代化的仓库管理对货架有着多种要求,如满足机械化、自动化的要求等。随着物流量的增加,货架的种类应不同的功能要求,也呈现出多样化。

常见的货架有托盘式货架、悬臂式货架、重力式货架、旋转式货架、阁楼式货架和移动式货架等。

(1)托盘式货架

托盘式货架由支柱、横梁、托盘支撑架和连接构件等装配组成,货架及货位的高度、宽度和深度等有一定的可调整空间,可根据具体情况组合使用。托盘式货架适合于"叉车+托盘"的组合作业,储存密度大、作业效率高,尤其适合于品种中等、批量较大的物品的存储。货架高度通常在6 m以下,3~5层为宜。托盘式货架如图1.22所示。

(2)悬臂式货架

悬臂式货架由中间立柱向单侧或双侧伸出悬臂而成,层高可依据使用要求自由调节,一般用于存放长料物体,如钢材、管材和木板等。装卸货物时,悬臂式货架宜使用叉车或堆垛机作业。悬臂式货架如图1.23所示。

图1.22 托盘式货架　　　　　　　　　图1.23 悬臂式货架

（3）重力式货架

重力式货架采用辊轮式铝合金、钣金等流力条，利用货物自重，实现货物的先进先出。它有两个优点：存取方便，适合于装配线两侧、配送中心等场所；可配电子标签实现货物的轻松管理。重力式货架如图1.24所示。

（4）旋转式货架

旋转式货架由两个直线段和两个曲线段的环形轨道组成，分水平旋转和垂直旋转两种，货架设有电力驱动装置，驱动部分可设于货架上部，也可设于货架底座内，由开关或小型电子计算机操纵。存取货物时，由控制盘按钮输入货物所在货格编号，该货格则以最近的距离自动旋转至拣货点停止。这种货架的优点是拣货路线短，效率较高。水平旋转式货架如图1.25所示。

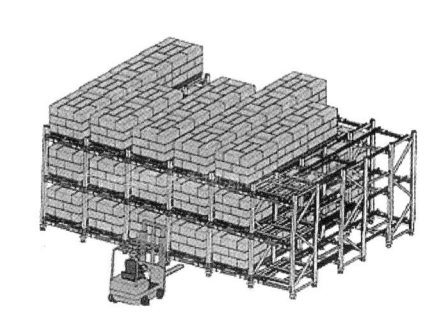

图1.24 重力式货架

图1.25 水平旋转式货架

旋转式货架储存密度大，货架间不设通道，空间利用率高，自动化程度较高，操作比较容易。由于操作人员位置固定，所以可采用局部通风和照明来改善工作条件，并且能节约能源。旋转式货架适合于储存轻小、价格较贵和安全性要求较高的物品。

（5）阁楼式货架

阁楼式货架是用货架做楼面支撑，可设计成多层楼层（通常为两三层），设置有楼梯和货物提升电梯等，适用于库房较小、人工存取、储存量大的情况。阁楼式货架如图1.26所示。

（6）移动式货架

移动式货架是指在货架的底部安装有行走轮，可在地面轨道上移动的货架，如图1.27所示。

图1.26 阁楼式货架

图1.27 移动式货架

移动式货架结构密集，一般只设一个通道，是空间利用率最高的一种货架，分手动和电动两种类型，分别应用于轻中型移动式货架和重型移动式货架。

轻中型移动式货架，通道宽1 m左右，导轨可嵌入地面或安装于地面之上，货架底座沿导轨运行，货架安装于底座之上，通过链轮传动系统使每排货架轻松、平稳地移动，货物一般由人工进行存取。为使货架系统在运行中不致倾倒,通常设有防倾倒装置。移动式货架主要用于电子、轻工、印刷和图书等行业及其配送中心。

重型移动式货架的底座设有行走轮,沿轨道运行,底盘内安装有电动机及减速器、报警、传感装置等。系统一般设一两个通道,通常宽3 m左右,空间利用率极高。结构与轻中型移动式货架类似,区别在于重型移动式货架一定是电动式的,货物由叉车进行整托存取,主要用于一些仓库空间不是很大、要求最大限度地利用空间的场所,适用于机械制造等行业及其配送中心。

2. 认识托盘

托盘用于集装、堆放、搬运和运输及放置物品和制品,是一个单元负荷的水平台装置。使用托盘,就是在平台上集装一定数量的单件物品,并按要求捆扎加固,组成一个运输单位,便于运输过程中使用机械进行装卸、搬运和堆存。这种台板有供叉车从下部叉入并将台板托起的叉入口。以这种结构为基本结构的台板和在这种基本结构基础上形成的各种形式的集装器具统称为托盘。托盘化运输对提高物流生产效率是非常重要的。

(1) 托盘的种类

托盘按结构的不同,可以分为平板托盘(见图1.28)、箱型托盘(见图1.29)、立柱型托盘(见图1.30)和折叠式托盘(见图1.31)。

图1.28 平板托盘

图1.29 箱型托盘

图1.30 立柱型托盘

图1.31 折叠式托盘

托盘按材料的不同,可以分为塑料托盘、金属托盘、木制托盘和纸制托盘。

（2）托盘规格

目前,世界各国的托盘规格主要有:美国的标准托盘是1 219 mm×1 016 mm;其周边国家如加拿大、墨西哥为1 000 mm×1 000 mm;澳大利亚为1 165 mm×1 165 mm和1 100 mm×1 100 mm;欧洲各国以200 mm×800 mm为标准的国家最多,但英国、德国及荷兰有1 200 mm×800 mm及1 200 mm×1 000 mm两种尺寸的托盘,北欧各国拥有统一型1 200 mm×800 mm的托盘。

日本、韩国、新加坡和中国台湾等国家和地区所制定的标准托盘是1 100 mm×1 100 mm。中国大陆托盘规格比较复杂,机械工业系统使用JB 3003—1981规定的800 mm×1 000 mm与500 mm×800 mm,载重量分别为0.5 t和1.2 t的箱式和柱式托盘,以及JB 3004—1981规定的825 mm×1 100 mm与545 mm×825 mm,载重量分别为1 t和0.5 t的平托盘;中国GB/T 2934—1996中规定了联运通用平托盘的尺寸为800 mm×1 200 mm、800 mm×1 000 mm和1 000 mm×1 200 mm 3种,载重量均为1 t。

ISO制定了4种托盘国际规格。欧洲规格为1 200 mm×800 mm;欧洲一部分、加拿大、墨西哥规格为1 200 mm×1 000 mm;美国规格为1 219 mm×1 016 mm;亚洲规格为1 100 mm×1 100 mm。世界上占主导地位国家使用的托盘,大多包括在这4种之中,这些都是各国按自己国家的基本设施情况而制定的标准化规格托盘。要实现世界物流业更为良好的发展,统一托盘规格是非常必要的。

国际标准化组织规定有3种规格:1 000 mm×800 mm、1 200 mm×800 mm、1 200 mm×1 000 mm。

（3）使用和保管托盘应注意的问题

① 正确使用托盘,应对码放在托盘上的货物做适当的包装组合、捆扎和裹包,便于利用机械装卸和运输,满足装卸、搬运和储存的要求。

- 托盘的载重量。每个托盘的载重量应大于或等于2 t。为了运输途中的安全,所载货物的中心高度不应超过托盘宽度的2/3。
- 托盘货物的码放方式。根据货物的类型、托盘所载货物的质量和托盘的尺寸,合理确定货物在托盘上的码放方式。

② 托盘保管应注意的问题。

- 木托盘防水性差,易受潮变形,不宜放置于室外。
- 塑料托盘应码放整齐,防止机械损伤,避免阳光暴晒老化,缩短使用寿命。
- 钢制托盘应注意防潮以免生锈,注意远离辐射的化工原料。
- 复合材料托盘应防止机械性的碰伤。
- 托盘在使用一段时间以后,因各种原因造成损坏的,应该及时维修,以维持其使用寿命。对于可组合的托盘,如木托盘的面板,应及时更换受损部件。对于整体损坏的托盘要及时更新。

师傅教我做

托盘的紧固技术

托盘货物的紧固是保证货物稳定性、防止塌垛的重要手段。托盘货物紧固方法主要有以下10种。

① 捆扎。用绳索、打包带等对托盘货物进行捆扎以保证货物的稳固。其方式有水平、垂直

和对角等捆扎方式。捆扎打结的方法有扎结、黏合、热熔、加卡箍等。

② 网罩紧固。加网罩紧固，主要用于装有同类货物托盘的坚固，多见于航空运输，将网罩套在托盘货物上，再将网罩下端的金属配件挂在托盘周围的固定金属片上（或将绳网下步缚牢在托盘的边沿上），以防形状不整齐倒塌。为了防水，可在网罩之下用防水层加以覆盖。

③ 加框架紧固。框架紧固是将框架加在托盘货物相对的两面顶部，再用打包带或绳索捆紧以起到紧固货物的作用，框架的材料以木板、胶合板为主。

④ 中间夹摩擦材料紧固。将具有防滑性的纸板、纸片或软件塑料片夹在各层容器之间，以增加摩擦力，防止水平滑移。

⑤ 专用金属卡具加固。对某些托盘货物，最上部如可伸入金属夹卡，则可用专用夹卡将相邻的包装物卡住，以便每层货物通过金属卡具成为一个整体，防止个别分离、滑落。

⑥ 黏合加固。在每层之间贴上双面胶条，可将两层通过胶条黏合在一起，这样便可防止托盘上货物从层间发生滑落。

⑦ 胶带加固。托盘货体用单面不干胶包装带黏捆，即使是胶带部分损坏，由于全部贴于货物表面，也不会出现散捆。

⑧ 平托盘周边垫高加固。将平托盘周边稍微垫高，托盘上的货物会向中心互相依靠，在物流过程中，如果发生摇动或震动时，可防止层间滑动错位，防止货垛外倾，因而也会起到稳固作用。

⑨ 收缩薄膜加固。将热缩塑料薄膜置于托盘货体之上，然后进行热缩处理，塑料薄膜收缩后，便将托盘货体紧箍成一体。

⑩ 拉伸薄膜加固。用拉伸塑料薄膜将货物和托盘一起缠绕包裹，当拉伸薄膜外力撤除后收缩紧固托盘货体形成集合包装件。顶部不加塑料薄膜时，形成四面封；顶部加塑料薄膜时，形成五面封。拉伸包装不能完成六面封，因此不能防潮。此外，拉伸薄膜比收缩薄膜的捆缚力差，只能用于轻量的集装包装。

小结：人巧不如家什妙！

要点回顾

一、认识仓库
（一）按仓库功能的不同分类
1. 储备仓库　2. 周转仓库
（二）按用途的不同分类
1. 自用仓库　2. 营业仓库　3. 公共仓库　4. 保税仓库
（三）按保管形态的不同分类
1. 普通仓库　2. 冷藏仓库　3. 恒温仓库　4. 危险品仓库
（四）按结构和构造的不同分类
1. 平房仓库　2. 多层仓库　3. 立体仓库　4. 散装和罐式仓库
二、认识自动化立体仓库
（一）自动化立体仓库的特点
（二）自动化立体仓库的构成

1. 机械设备 2. 电气与电子设备 3. 计算机控制系统

(三)自动化立体仓库的基本功能

1. 收货 2. 存货 3. 取货 4. 发货 5. 信息处理

(四)自动化立体仓库的优越性

三、认识仓储设备

(一)认识搬运设备

1. 认识叉车 2. 认识输送机 3. 认识起重机

(二)认识存储设备

1. 认识货架 2. 认识托盘

练一练

1. 参观几个超市,观察其布局,比较其优势与劣势,提出改进措施。
2. 参观各种类型仓库,并观察其所拥有的仓储设施、设备,结合企业实际情况,分析比较各类仓库的适用性。
3. 工学结合项目:选择一个合作企业,研究如何提高(改善)其物流仓储设备的使用效率。

学习资源库

1. "物流管理基础"省级精品课程,http://ycr.lszjy.com/
2. "仓储管理实务"院级精品课程,http://ycrcc.kc.lszjy.com/
3. 中国物流与采购网,http://www.chinawuliu.com.cn/xsyj/class_44.shtml
4. 中国物流与采购教育认证网,http://www.clpp.org.cn/

测一测

一、单项选择题

1. 与传统仓库相比,自动化立体仓库的优点有(   )。
   A. 占地面积大   B. 设备采购成本高   C. 准确性高   D. 储存功能单一
2. 采用条码技术与信息处理技术,准确跟踪货物的流向,这是自动化立体仓库的优点之一的(   )。
   A. 提高了管理水平   B. 具有可追溯性
   C. 提高了空间利用率   D. 降低了人工操作成本
3. 应正确使用托盘,所载货物的中心高度不应超过托盘宽度的(   )。
   A. 1/4   B. 1/2   C. 1/3   D. 2/3
4. 保管木制托盘时应当注意(   )。
   A. 避免阳光暴晒老化,缩短使用寿命   B. 防潮以避免生锈
   C. 易受潮变形,不宜放置于室外   D. 防止机械性的碰伤
5. 重力式货架的优点是(   )。
   A. 拣货路线短   B. 存取方便
   C. 适用于人工存取   D. 空间利用率最高
6. 火车装运煤碳时列车驶入隧洞,风动闸门开启,货物流入车内,每小时可装 1 万～1.2 万 t,一次可装 5～7 辆车的长隧洞装车效率高达 1.5 万 t/h。这种方法是(   )。

A. 重力法 B. 倾翻法
C. 气功输送法 D. 气功法
7. 拣货作业分为(　　)。
　A. 信息处理和配送业务 B. 入库检查和配送业务
　C. 信息处理和拣货作业 D. 入库检查和拣货作业
8. 准冷藏温度储存可控温度为(　　)。
　A. 17℃～25℃　　B. 16℃～20℃　　C. 25℃～30℃　　D. 20℃～40℃
9. 化工危险品的装卸、搬运,必须轻装轻卸,使用不发生火花的工具,可为(　　)。
　A. 铜制　　　　　B. 铁制　　　　　C. 铅　　　　　　D. 铝制
10. 气相防锈剂不包括(　　)。
　A. 粉末法　　　　B. 溶液法　　　　C. 气相防锈纸　　D. 沸腾法

二、多项选择题

1. 按功能不同,仓库可分为(　　)。
　A. 储备仓库　　　B. 周转仓库　　　C. 粮库　　　　　D. 油库
2. 按用途不同,仓库可分为(　　)。
　A. 自用仓库　　　B. 营业仓库　　　C. 保税仓库　　　D. 公共仓库
3. 按保管形态不同,仓库可分为(　　)。
　A. 普通仓库　　　B. 冷藏仓库　　　C. 恒温仓库　　　D. 立体仓库
　E. 平房仓库　　　F. 危险品仓库
4. 按结构和构造不同,仓库可分为(　　)。
　A. 平房仓库　　　B. 多层仓库　　　C. 立体仓库　　　D. 散装和罐式仓库
5. 与传统仓库相比,自动化立体仓库的优点有(　　)。
　A. 空间利用率高　B. 便于管理　　　C. 设备成本高　　D. 生产效率高
6. 化工危险品的装卸搬运禁止(　　)。
　A. 倾斜　　　　　B. 碰　　　　　　C. 重压
　D. 滚　　　　　　E. 摩擦
7. 按结构不同,托盘可分为(　　)。
　A. 平板托盘　　　B. 箱型托盘　　　C. 立柱型托盘　　D. 折叠式托盘
　E. 木制托盘　　　F. 复合型托盘
8. 国际标准化组织规定的托盘规格有(　　)。
　A. 1 000 mm×800 mm B. 1 200 mm×800 mm
　C. 1 100 mm×1 100 mm D. 1 200 mm×1 000 mm
9. 对搬运作业合理化描述正确的是(　　)。
　A. 缩短搬运距离　B. 减少搬运破损　C. 简化冗余包装
　D. 减少设备闲置　E. 注意安全保障
10. 在保证货物质量的前提下,如何做到仓储管理的环保化?(　　)。
　A. 配置湿度计进行湿度监控　　　B. 避免仓库温度过冷或过热
　C. 作业中尽量采用环保设备　　　D. 所有废弃物直接进行填埋
　E. 定期进行卫生清扫,保持干净

三、判断题

1. 仓库管理是对库存物品和仓库设施及其布局等进行规划、控制的活动。（   ）
2. 库存可以解决供需的时间、季节方面的差异。（   ）
3. 库存会使社会需求缩小,使商品最终出现库存的滞销与报废。（   ）
4. 长期连续生产可以扩大生产成本。（   ）
5. 自动化立体仓库是不需要任何人工作业,而实现收发作业的仓库。（   ）

四、实务操作题

1. 叉车操作。要求:能操作液压叉车和半自动堆高车、平衡重式叉车货架的升降、门架的前后倾,操作平衡重式叉车行驶。能熟练操作叉车,具备异常事故和应急作业的处理能力,物流质量的持续改进能力,有一定客户服务技巧和成本控制能力。

2. 托盘捆扎操作。要求:能进行托盘的码垛操作,托盘的捆扎紧固操作,托盘的保养维修操作。熟悉捆扎流程和方法,具备异常事故和应急作业的处理能力,物流质量的持续改进能力,有一定的客户服务技巧和成本控制能力。

3. 自动化立体仓库操作。要求:能进行自动化立体仓库的入库、出库操作。具备现代物流管理的理念,具有能够营造合理化的操作条件,能熟练操作立体仓库系统和相应设备,以及分析问题、解决问题的能力。具备信息技术的学习和应用能力,异常事故和应急作业的处理能力,物流质量的持续改进能力。

扩一扩

案例赏析:LEGO(乐高)公司的"绿色"仓库

正当环境管理标准 ISO 14000 的认证工作被大多数仓库所认同时,LEGO(乐高)公司的配送中心早已经开始重视环境建设了。LEGO 的仓库占地 22 500 m^2,建于 2000 年,坐落于美国康涅狄格州的恩菲尔德镇,为 LEGO 提供了环境与设施相融合的机会。

该公司与哈佛大学声音工程系的学生一起研究,测量配送中心的噪音水平,并且设计一个减少噪音的方案,以便更科学地制订配送中心的噪音控制计划。该配送中心利用改变搬运的速度,并在搬运操作现场的周围设置了有效的隔离物,最终使噪音降低了六七分贝。噪音的降低使 LEGO 员工不再采用保护耳朵的设置,即保护了员工的身体健康,又节约了相应的劳动保护成本。

有效控制污水对环境的污染也是 LEGO 仓库成为"绿色"仓库的有效做法。LEGO 仓库会使用大量的瓦楞纸板,员工将这些纸板和其他制品一起循环生产利用,通过在地板内修建排水管道,设分离器和抽水泵来防止排泄物溢出而污染环境,并且控制蓄水池中的污水以适当的速度流出。通过种种环保的做法,使 LEGO 仓库成为"绿色"仓库。

点评:企业只有树立社会责任意识,才能可持续发展。配送中心的噪音、污水,无论对员工抑或是对周边的居民、单位都会造成身心伤害。有效控制配送中心的这种外部经济性,会提升配送中心的社会形象和经济利益。

任务二　仓库布局

某仓库布局如图 2.1 所示。

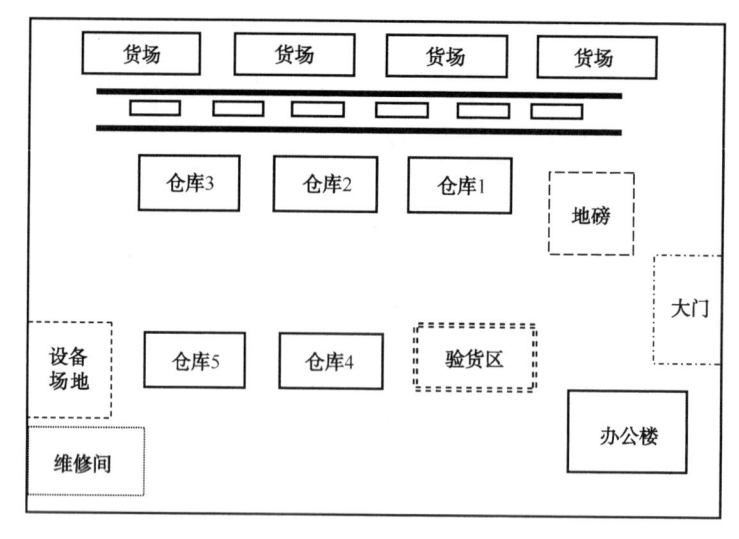

图 2.1　某仓库布局

一、仓储物流规划的原则

仓储规划方案应做到以尽可能低的成本,实现货物在仓库内快速、准确地移动。规划仓储物流时,有以下几条原则。

① 仓库布局要依据仓库作业的程序,方便仓库作业,提高作业效率。
② 尽可能减少储存物资及仓储人员的运动距离,以提高仓储劳动效率,降低成本。
③ 内部布局合理,避免工作的无效重复,各个作业环节有效衔接。
④ 充分利用仓库的面积和空间。
⑤ 有利于仓库的各种设施发挥效用,提高设备效率。
⑥ 符合安全管理的各项要求。

二、仓库的布局

(一)物品保管场所的布局

物品保管场所布局的主要任务是有效、合理地利用库房面积。在仓库内不仅要存储物资,还要进行分拣、配货和包装等其他作业。仓库内部的面积总是有限的,物资存储和库内作业往往产生相互矛盾的要求,想方设法协调这两种不同的需求,以保证仓库有限面积能够被最大限度地利用,仓库合理布局要解决的就是有效利用有限空间的问题。

1. 仓库平面布局

仓库平面布局,不仅包括库区的划分及建筑物平面位置的确定,还包括运输道路的规划与布局、库区安全的维护、环境保护和绿化等多项内容。仓库一般可以划分为仓储作业区、辅助作业区、行政区及库内道路和铁路专用线路等。

仓储作业区是仓库各组成部分的主体。仓库的主要业务及物品的保管、检验、分类、整理和包装等都在这个区域里进行。其主要建筑物有库房、货场、站台及加工、整理包装场所。辅助作业区主要是为保证基本仓储作业及仓储业务的顺利开展而提供各种服务的,如设备维修、加工制造、各种设备机械和工具的存放等。行政区主要由办公室和生活场所组成,包括办公楼、保安室、检验室、职工宿舍和职工食堂等。在仓库中需要有库内运输道路,一些大型仓库还要有铁路专用线。这些道路构成了仓库内外相通的交通网络,其布局是否合理,对于仓库仓储作业方便性和利用仓库面积的有效性都会产生较大的影响。总之,在仓库平面布局中要尽量满足以下要求。

① 方便作业和物资储存的安全。
② 最大限度地利用仓库空间。
③ 防止重复作业,如重复搬运、迂回搬运和交通堵塞。
④ 提高仓库设施和机械设备的利用率。
⑤ 符合仓储安全保卫和消防工作的要求。
⑥ 综合考虑仓库现实需要和潜在需求,减少将来扩建仓库对正常业务的影响。

2. 仓库作业区布置

仓库作业区的布置要求以主要库房和货场为中心对各个作业区域进行合理布局,特别是在有铁路专用线的情况下,专用线的位置和走向制约着整个库区的布置。仓库作业区布置的主要任务是减少运动的距离,力求最短的作业线路;有效地利用时间,提高作业效率;充分利用仓库面积。

仓库作业布置时应从以下几个方面考虑。

① 物品吞吐量。在一定的技术装备和劳动组织条件下,一定时间内进出货物的数量是衡量仓储规模大小的重要指标。

② 机械设备的使用特点。机械设备的使用特点一般包括:设备对场所、工作范围、运行路线的要求;设备的安全性、节能性、环保性和经济性;机械化、自动化程度;专业化和标准化程度。

③ 库内道路。确定库房内的作业通道,保证每一个货位都能与通道相通,方便人员、设备通行及提高作业效率。库房出入口和通道作为载货汽车和库房的出入口,要求宽度和高度的最低限度必须达到 4 m。作为铲车的出入口,则宽度和高度必须达到 2.5 m~3.5 m。通常库房出入口采用卷帘或铁门。库房内的通道是保证库内作业顺畅的基本条件,通道应延伸到每一个货位,使每一个货位都可以直接进行作业,通道需要路面平整和平直,减少转弯和交叉。作业大型卡车入库的通道应大于 3 m。

④ 仓库业务及作业流程。即考虑到验收货物、货物上架、保管、养护、理货、复核、出库、发货等相关制度与操作流程。

3. 库房内部布置

库房内部布置的主要目的是提高库房内作业的灵活性和有效利用库房内部的空间。按功能的不同,库房可以分为储备型和流通型两大类。

(1) 储备型库房的布置特点

储备型库房是以物品保管为主的库房,商品存放时间长,储存物资的周转较为缓慢,并且以整进整出为主,如战略储备仓库和采购供应仓库等。储备型库房的布置特点是突出强调提高储存面积占库房总面积的比例,并且设备要先进。为此,就必须严格控制各种非储存区域的占地面积,扩大吞吐能力。

(2) 流通型库房的布置特点

流通型库房是以物品收发为主的库房,如批发和零售仓库、中转仓库,以及储运公司以组织物品运输业务为主的库房等。在这类库房中,储存物品的周转一般较快,需频繁开展出入库业务。在进行库房布置时必须充分考虑提高作业效率的要求。与储备型库房相比较,流通型库房的布置有不同的特点,主要区别是缩小了储存区,增加了检货和出库准备区;库房布置不是以提高面积利用率为主,而是要综合考虑各种需要。实际上,库房储存的物品周转越快,储存面积的需求则相对越小。

(二)物品分区分类、货位规划、货位编号与物品堆垛

仓库对储存物资进行科学管理的一种重要方法就是实行物品分区分类、货位规划、货位编号与物品堆垛。

1. 物品分区分类

进行物品分区分类时,仓库一般按照物品的自然属性进行划分,分区分类主要是为了将不同性能的物品分别储存在不同保管条件的库房或货场,以便在储存过程中对多类物资进行科学的保管和养护,而且有利于加快物品出入库作业的速度和减少误差。在分区分类时要注意划分适当,划分过粗则不利于管理,划分过细则不利于仓容利用。

> **师傅教我做**
>
> **仓库分区分类的"四一致"原则**
>
> **1. 货物的自然属性、性能应一致**
>
> 货物的性能一致是指不同货物之间具有互容性。即同储一个库区,不同货物间不会相互作用、串味、影响,以保证储存条件的安全。应按商品的自然属性,把怕热、怕光、怕冻、怕潮、怕风等不同商品分区分类存储。
>
> **2. 货物的养护措施应一致**
>
> 为防止货物发生物理机械变化、化学变化和生理生化变化等,在保管期间需要采取一定的养护措施,如加热灭菌、低温储藏、气调储存等。养护措施相同的商品放在一个库区,如棉衣与棉被、被单、被套等纯棉类应存放一区。冻猪肉则需在低温(-15℃~18℃)冷藏库内保存;水果、蔬菜类商品则要在常温(-2℃~5℃)冷藏仓库内储藏养护。
>
> **3. 货物的作业手段应一致**
>
> 为实现装卸搬运作业的专业化、机械化,尽可能将作业手段相同的货物同储一库。如果体积大小或单位重量相差悬殊,宜分区存放。例如,海绵、泡沫、塑料与大型重机器设备不应同存一库。
>
> **4. 货物的消防方法应一致**
>
> 灭火方法不同的货物应分库存放。例如,小麦和玉米,灭火时主要用水,可以同储一个库区。油漆、橡胶制品燃烧时,需要用泡沫灭火机灭火;精密仪器失火时,则用二氧化碳灭火,这两类商品就不宜混存在同一库区。又如,爆炸品引起的火灾,主要用水扑灭,而多卤化合物、氯磺酸等遇水分解的物质,不能用水灭火,只能用二氧化碳、干沙灭火。在存储时要考虑这些特点。

2. 货位规划

货位规划通常有以下3种方式。

(1) 横列式货位——货架与库房的宽向平行排列

横列式货位的优点是主通道长而且宽,副通道短,整齐美观,便于存取查点,如果用于仓库布局,还利于通风和采光。横列式货位如图2.2所示。

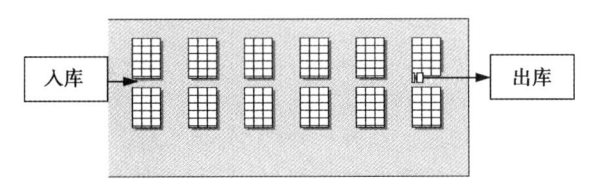

图 2.2　横列式货位

（2）纵列式货位——货架与库房的宽向垂直排列

纵列式货位的优点是可以根据库存物品的不同在库时间和进出频率安排货位。在库时间短、进出频繁的物品放置在主通道两侧；在库时间长、进出不频繁的物品则放置在里侧。纵列式货位如图 2.3 所示。

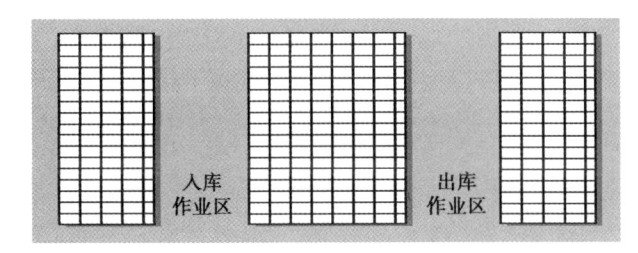

图 2.3　纵列式货位

（3）混合式货位——横列式和纵列式混合在同一个库房的布局中

混合式货位综合了横列式布局和纵列式布局的优点，如图 2.4 所示。

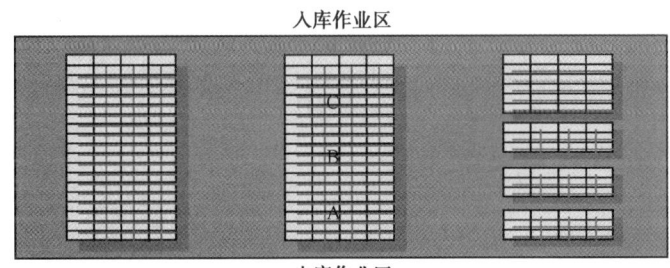

图 2.4　混合式货位

露天货场的货位布置，一般都与货物的主要作业通道呈垂直方向排列货垛。具体操作过程中要注意留有通道和机动货位。

3. 货位编号

货位编号是指将库房、货场、货垛、货架及物资的存放具体位置顺序统一编列号码，并有明显标志。具体的编号方法可以按仓库的不同条件和实际需要，灵活运用垂直、平面或立体的序列。最常用的是四号定位法：第一位表示仓库序号，第二位表示货架号，第三位表示货架的层号，第四位表示货位号。例如，数字 01-10-06-08，表示第 1 号库房、第 10 个货架、第 6 层的第 8 货位。

另外，为了方便管理，货位规划和货位编号可以绘制成平面布置图。

4. 物品堆垛

物品堆垛是指根据物品的包装形状、重量和性能特点，结合地面负荷、存储时间将物品分别堆码成各种垛型。合理的堆垛能够使物品不变形、不变质，保证存储安全。同时，还能够提高仓库的利用率，并便于物品的保管、保养和收发（见图 2.5）。

(1) 堆垛的要求

① 对堆垛物品的要求。物品的数量、质量已经全面清查;包装完好,标志清楚;外表的污物已经清除,并且不影响物品质量;不合格或受损的物品已经另行处理,不与合格品混杂;已经进行了便于机械化作业的打捆、包装等作业。

② 对堆垛场地的要求。库内堆垛时,货垛应该在墙基线和柱基线以外,垛底需要垫高;货棚内堆垛时,货棚内地面要高于货棚外地面,四周要有排水设施,堆垛时要垫高30～40 cm;露天堆垛时,场地必须坚实、干燥、平坦无杂草,最好要高于四周地面,四周排水通畅,堆垛时要垫高40 cm。

图2.5 物品堆垛

③ 对堆垛的基本要求如下。

- 要注意"五距"。

顶距,货堆顶部与仓库屋顶平面距离应不少于50 cm。

灯距,照明灯与物品间的距离不应少于50 cm。

墙距,货堆与墙的距离不能少于30 cm,主要为了防止渗水,便于通风散潮。

柱距,货垛与屋柱之间的距离,一般为10～20 cm,主要为了防潮和保护柱角。

垛距,货垛之间的距离,一般为50～80 cm。

另外,主要通道要留有2～4 m的距离,以便于搬运。

- 货垛必须牢固,不偏不斜,不歪不倒,不压坏底层物资和场地。
- 定量。每行每层的数量力求为整数,不成整数时每层要明显分隔,便于清点发货。
- 整齐。货垛要有一定的规格,排列整齐有序,包装标志一律向外。
- 节约。堆垛时要考虑节省仓位,提高仓库利用率。

(2) 堆垛的基本形式

① 重叠式。逐件逐层向上重叠码高,是机械化作业的主要形式之一,适于硬质整齐的物品包装,如集装箱、钢板等的存放。重叠式堆垛如图2.6所示。

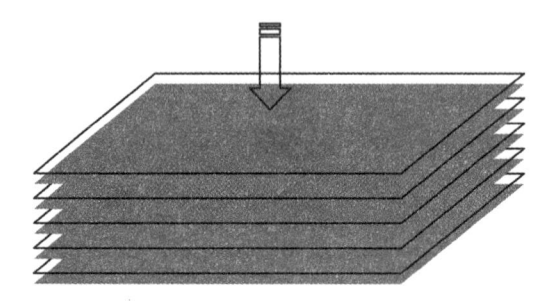

图2.6 重叠式堆垛

② 交错式。将长短一致、宽度排列可以和长度相等的物品一层横放、一层纵放,交错堆码,形成方形垛。这种垛型也是机械作业的主要垛型之一。交错式堆垛如图2.7所示。

③ 压缝式。将垛底的底层排列成正方形或长方形,上层起压缝堆码。即每件物品都压住下层的两件物品。其适用于缸、建筑陶瓷、阀门等物品的堆码。压缝式堆垛如图2.8所示。

④ 宝塔式。与压缝式相似,压缝式是在两件物品上压缝上码,宝塔式是在4件物品的中心上方上码,逐层缩小,如电线、电缆的码放。宝塔式堆垛如图2.9所示。

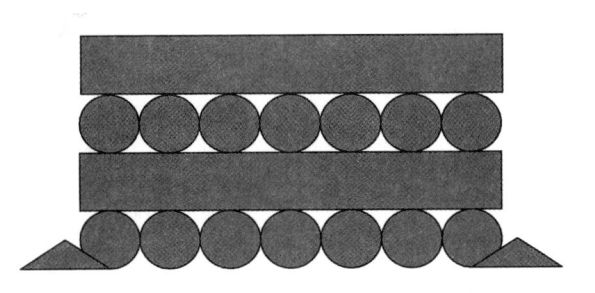

图 2.7 交错式堆垛

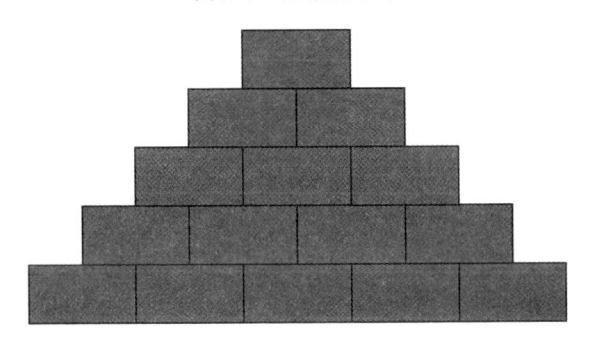

图 2.8 压缝式堆垛

图 2.9 宝塔式堆垛

⑤ 仰伏相间式。角钢、槽钢和钢轨等物品,可以一层仰放、一层伏放,两层相扣,使货垛稳定。如果露天存放,要注意一头稍高,以便于排水。仰伏相间式堆垛如图 2.10 所示。

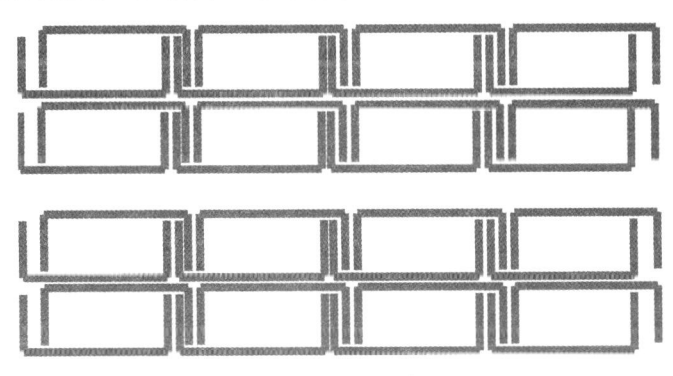

图 2.10 仰伏相间式堆垛

⑥ 通风式。对于需要防潮通风的物品,堆垛时每件之间留有一定的空隙。通风式堆垛如图 2.11 所示。

⑦ 栽柱式。在货垛两旁栽放钢柱,每层或隔层用铁丝将货物拉紧,以防倒塌。这种方式多用于金属的长方材料,如圆钢等,适宜机械堆码。栽柱式堆垛如图 2.12 所示。

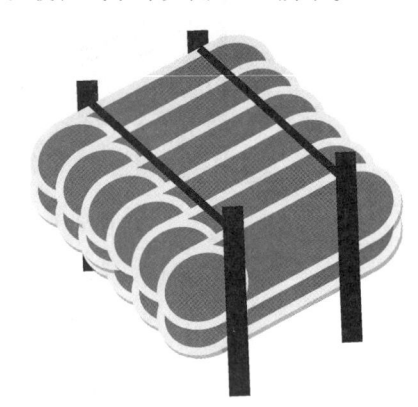

图 2.11　通风式堆垛　　　　图 2.12　栽柱式堆垛

⑧ "五五化"。以 5 为基本计数单位,堆码成各种总数为 5 的倍数的货垛,便于清点,收发快,适于按件计数的物资。"五五化"堆垛如图 2.13 所示。

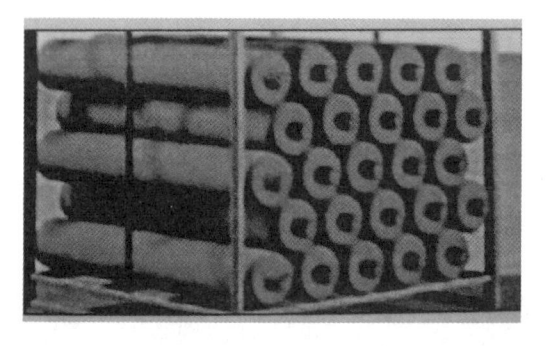

图 2.13　"五五化"堆垛

经验之谈

帮你解决仓管难题

只要涉及商品流通都会碰到仓库管理,但是想要做好仓库管理工作,绝非易事,笔者根据经验,给出 3 点建议,破解仓库管理难题。

1. 提高管理人员素质

21 世纪,企业竞争很大程度依赖企业内部人员的素质,通过有效的培训机制,提高企业内部人员的素质,做好后备力量的支持。

2. 合理选择仓库管理软件

企业信息化越来越重要,大型工厂可实施 ERP 系统,但是大部分销售型企业需要的还是适合自身使用的仓库管理软件,符合行业特征,简单易用,数据稳定都是选择时需要考虑的问题。

3. 将仓库管理落实到实处

企业即加强了人员素质,又实施了仓库管理软件,但也不一定就提高了企业的效率,还要将仓库管理落实到实处,即有一个流程化、体制化的管理机制,并且要结合好用的仓库管理软件来实施。

项目一　认识仓储

小结：心动不如行动！

要点回顾

一、仓储物流规划的原则
二、仓库的布局
（一）物品保管场所的布局
1. 仓库平面布局　2. 仓库作业区布置　3. 库房内部布置
（二）物品分区分类存放、货位规划、货位编号与物品堆垛
1. 物品分区分类　2. 货位规划　3. 货位编号　4. 物品堆垛

练一练

1. 运用"四号定位"法，将你的座位编号。现场以小组为单位进行比赛（比速度），在准确的情况下，小组编号时间总和最少者为胜，依次折合。
2. 自备道具，按堆码方式码放。提交照片或现场展示。
3. 工学结合项目：教师带领学生参观合作企业的仓库布局，由学生分析其合理性，如果认为不合理，该如何调整？请提交电子版设计与调整方案。

学习资源库

1. "物流管理基础"省级精品课程，http://ycr.lszjy.com/
2. "仓储管理实务"院级精品课程，http://ycrcc.kc.lszjy.com/
3. 中国物流与采购网，http://www.chinawuliu.com.cn/xsyj/class_44.shtml/
4. 中国物流与采购教育认证网，http://www.clpp.org.cn/

测一测

一、单项选择题

1. 仓库合理布局要解决的问题是（　　）。
　　A. 延长货物存储的时间　　　　　　　　B. 增设仓储设备的数量
　　C. 协调存货与作业间的矛盾　　　　　　D. 提高管理水平
2. 如果便于通风与采光，主通道长且宽，副通道短，整齐美观，便于存取查点，这样的仓库布局应为（　　）。
　　A. 纵列式货位　　B. 横列式货位　　C. 混合式货位　　D. 露天存放
3. 如果在一个仓库中要存放不同的物品，出入库的频率又大不相同，应选择的货位规划为（　　）。
　　A. 纵列式货位　　B. 横列式货位　　C. 混合式货位　　D. 露天存放
4. （　　）成本低、操作方便，是机械化代替人工搬运的良好选择。
　　A. 前移式叉车　　B. 电动托盘叉车　　C. 平衡重式叉车　　D. 后移式叉车
5. 滚轮式输送机一般适用于小于（　　）千克、底面平坦的物品。

A. 20　　　　　　　B. 30　　　　　　　C. 40　　　　　　　D. 50
6. 及时管理要求重视（　　）的开发和利用。
　A. 财物资源　　　B. 人力资源　　　C. 网络资源　　　D. 电力资源
7. 储藏金属材料应用（　　）。
　A. 通用仓库　　　B. 专用仓库　　　C. 特种仓库　　　D. 冷冻仓库
8. 将库房、货场、货垛、货架及物品的存放具体位置顺序，统一编列号码，这是（　　）。
　A. 商品分类　　　B. 货位规划　　　C. 货位编号　　　D. 物品堆垛
9. 库房合理规划所要解决的中心问题是（　　）。
　A. 保证库房面积充分利用　　　　　B. 环境
　C. 样式　　　　　　　　　　　　　D. 库房装饰
10. 对堆垛场地的要求中，货棚内堆垛时，堆垛要垫高（　　）。
　A. 10～20 cm　　B. 20～30 cm　　C. 25～35 cm　　D. 30～40 cm

二、多项选择题

1. 仓库作业布置时应考虑的因素有（　　）。
　A. 物品吞吐量　　　　　　　　　　B. 库内道路
　C. 机械设备的使用特点　　　　　　D. 仓库业务及作业流程
2. 仓库布局模式有（　　）。
　A. 辐射型　　　　B. 吸收型　　　　C. 聚集型　　　　D. 扇型
3. 货架设备中托盘货架具有（　　）的优点。
　A. 可适应各种类型的货物
　B. 配套设备最简单
　C. 成本低
　D. 货物装卸迅速，能尽量节省仓库上层的空间
4. 桥式堆垛机主要适用于 120 m 以下中等跨度的仓库，适用（　　）的搬运和堆垛。
　A. 小件物品　　　B. 长大物　　　　C. 危险品　　　　D. 笨重物
5. 常见堆码方式有（　　）。
　A. 重叠式　　　　B. 鱼鳞式　　　　C. 货架式　　　　D. 仰伏相间式
6. 流通型库房的布置特点应为（　　）。
　A. 作业效率高　　B. 使用面积利用率高　C. 周转快　　　　D. 储存量大
7. 堆垛的基本要求有（　　）。
　A. 注意"五距"　　B. 节省仓位　　　C. 排列整齐　　　D. 定量
　E. 牢固　　　　　F. 快速
8. 数量验收方法主要有（　　）。
　A. 计件　　　　　B. 账面盘点　　　C. 检斤　　　　　D. 检尺求积
9. "五距"是指（　　）。
　A. 仓库间距　　　B. 灯距　　　　　C. 顶距　　　　　D. 墙距
　E. 柱距　　　　　F. 垛距
10. 货位规划有 3 种方式，分别为（　　）。
　A. 纵列式货位　　B. 露天存放　　　C. 混合式货位　　D. 横列式货位

三、判断题

1. 信息管理系统是现代仓储管理方法。（　　）
2. 土地、设施是仓储经理可以控制的因素。（　　）
3. 设备故障率是仓储经理不可以控制的因素。（　　）
4. 劳动效能是仓储经理可以控制的因素。（　　）
5. 财务手法是现代的仓储管理方法。（　　）
6. 时效管理、成本管理是仓储管理理念。（　　）
7. 自动化、机械化、信息化能否高效应用，决定性因素是质量管理。（　　）
8. 自动化、机械化、信息化能否高效应用，决定性因素是人本管理。（　　）
9. 土地、设施、缺勤是仓储经理可以控制的因素。（　　）
10. 广义的库存还包括处于制造加工状态和运输状态的产品。（　　）

四、实务操作题

1. 某24小时营业的便利店要开设在校园周边。请为其选址，并进行内部布局设计。
2. 到企业或实训基地，训练托盘装载货物紧固技术。

操作内容：托盘装载货物的紧固。

操作器材：1 100 mm×1 100 mm木制托盘或塑料托盘，若干个各种尺寸的纸箱、托盘网罩、框架、绑扎带、摩擦材料、专用金属卡具、黏合剂、胶带、收缩薄膜、拉伸薄膜等。

操作要求：

① 捆扎；
② 网罩紧固；
③ 加框架紧固；
④ 中间夹摩擦材料紧固；
⑤ 专用金属卡具加固；
⑥ 黏合加固；
⑦ 胶带加固；
⑧ 平托盘周边垫高加固；
⑨ 收缩薄膜加固；
⑩ 拉伸薄膜加固。

扩一扩

案例赏析·连云港外贸冷库

连云港外贸冷库于1973年由原外经贸部（现已整合为商务部）投资兴建，是我国外贸系统的大型冷藏库之一，由12 000 t的低温库（−18℃）和5 000 t的保鲜库（0℃）组成，配备双回路电源；另有3 000 m²的普通仓库、100多运力的冷藏车队、年加工能力为1 500 t的冷冻品加工厂。其经营范围为物资储存，商品储存、加工；食用油及制品、副食品、饲料、建筑材料、金属材料的销售、代购、代销、公路运输服务等。

冷库所处区位优越，门前公路东接港口，西接宁连、徐连、汾灌高速公路，距离连云港民航机场只有50 km，库内有铁路专用线与亚欧大陆桥东桥头堡相连，毗邻公路、铁路客运站，交通十分便捷。

设备完善的主库和从日本引进的组装式冷库构成了一流的冷冻冷藏条件,保鲜库为国内外客户储存苹果、蒜头、洋葱等果品、蔬菜类保鲜食品。冷冻品加工厂设备完善,质保体系严格,采用恒温避光作业,拥有蔬菜、水产品两条加工生产线,可常年同时加工鲜、冻农副产品及水产品,其附属仓库在存放商品方面也是条件优越。

资料来源:中国高等教育学生信息网(学信网)。http://www.chsi.com.cn.

点评:冷库的选址要求首先是便利的交通条件,然后是其内部存放商品的条件,最后还要考虑运营成本。

心灵悟语:同样的钱,对不同目标有不同的价值。

项目二 构建企业

财富故事

下岗员工的创业之路

十多年前,赵强在山西芮城一家刺绣厂上班。后来因为厂子不景气下岗了,在朋友的帮助下,他到了一家银行上班,工作很努力,领导也赏识,几年后成了人事主管。这期间,由于芮城地区盛产苹果,果农又多半把苹果运到广州销售,银行为开展业务,便派赵强常驻广州两年,让他为当地果农办理往家汇款业务。后来他发现,从当地到广州公路旁的加油站并不是很多,但是路却越修越多,于是,赵强就想着办加油站,加上当时下海经商的潮流冲击,1999 年,他便停薪留职"下了海"。

赵强平时有一个喜好,就是爱看报纸、杂志、新闻,而且好动脑、搞调查。他发现从芮城到广州一个来回就要 1 100 多 L 汽油,汽车每行驶三四百千米就必须加一次油,整个路途需 3 个加油站。特别是果农都喜欢到三门峡加油,因为三门峡可从三省进油,价格比芮城低 0.2 元/L。他觉得这是一次好机会,于是便开始了自己大胆的计划。

接着,他就行动起来,与合伙人在广东清远投资办了个加油站,挂上专门接待运城老乡的招牌。为招揽顾客,他们还提供食宿、换车胎及为资金一时周转不开的老乡提供帮助。接着来到三门峡,他找了一个濒临倒闭的加油站进行合作,因为这个加油站生意冷清,费用自然也就低了。合作后,他们挂上了标语牌:"车行万里觅知音,运城老乡来这里,遇到困难需帮助,随时为你解忧愁。"此招果然奏效,当天晚上便有 5 辆车进驻。这种做法极易唤起同乡司机的亲切感,加之各项服务周到,生意越来越好。有一天,该油站光运城地区的车就来了 150 辆。因为从三门峡到武汉,车一般都没油了,他们又与武汉一个加油站合作,也打出为运城老乡提供各种服务的招牌,而且效果甚佳。

资料来源: 曹博. 思路决定财富[M]. 北京:新世界出版社,2008.

赵强的创业故事给了你什么样的启示?

知识点

1. 企业成立的条件。
2. 市场调查的方法。
3. 市场调查的步骤。
4. 市场定位的步骤。
5. 目标市场选择策略。

项目二　构建企业

学习目标

1. **知识目标**
- 理解企业成立的条件、市场调查的步骤。
- 掌握目标市场选择策略、市场定位的方法。

2. **素质目标**
- 认真负责地开展市场调查。
- 培养耐心细致的工作态度。

3. **技能目标**
- 能够利用所学的知识设计市场调查表并完成市场调研。
- 能够为企业进行市场定位。

实训项目

1. 选择一个仓储企业，了解该企业成立的过程。
2. 参观一个物流仓库，判断其目标市场选择策略，并讨论其市场定位的合理性。

引例

张强和两个同学经过认真的市场调研，决定共同出资创建一家万通物流有限责任公司。在公司正式营业之前，他们需要做哪些工作？

引例分析

从计划组建公司，到正式开业需要经过以下程序和准备工作才能完成。

1. 到哪些地方办理开业审批。

公路、水路运输和客运到交通局审批，企业登记代理到工商局审批。

2. 创办新企业的基本要求。

有限责任公司最低注册资本为10万元人民币，基本要求如下。

（1）股东符合法定人数，即由两个以上50个以下股东共同出资设立。

（2）股东出资达到法定资本最低限额。以生产经营为主的公司需50万元人民币以上；以商品批发为主的公司需50万元人民币以上；以商品零售为主的公司需30万元人民币以上；科技开发、咨询、服务公司需10万元人民币以上。

（3）股东共同制定公司章程。

（4）有公司名称，建立符合有限责任公司要求的组织机构。

（5）有固定的生产经营场所和必要的生产经营条件。

3. 股权分配：企业股份所有权的合理分配。

4. 选址秘诀：好的选址是成功的一半。

位置决定"钱途"。一般而言，工厂、仓储等企业以减少中间环节、降低企业生产成本、提高运行效率为原则，应选在开发区。公司以交通便利、商务交流迅捷、商务服务完善为原则，一般选择商业圈或邻近商业圈的写字楼。

5. 企业创业期管理：简单利于企业成长。

新创办的公司的管理制度以简单适用为原则。创业期企业主要是抓好人和财两个方面。在人事管理方面，制定考勤制度、奖惩条例和薪资方案等制度；在财务方面，制定报销制度、现金流量、预算、核算和控制成本等制度。

6. 招聘员工:根据企业规模设置相应岗位,招聘人员。
7. 税收策划:让企业在税收测算中获益。

资料来源:搜房网,http://shop.soufun.com.

任务三　构建企业类型、市场定位

一、模拟企业(公司)成立

(一)认识企业

1. 企业的概念

企业是指以盈利为目的,运用各种生产要素向市场提供商品或服务,实行自主经营、自负盈亏的社会经济组织。那么,所谓物流企业,就是指提供运输、仓储、配送、流通加工、装卸搬运、包装及物流信息等物流服务的企业。

企业生产产品或服务,满足人们物质和精神上的需求,反过来消费促进生产发展,企业的生产与人们的消费相辅相成,共同促进,社会也在这个过程中得到发展。企业是现代经济生活中的基本单位,对企业的概念应重点关注以下几点。

① 企业是在社会化大生产条件下产生的,是商品生产与商品交换的产物。

② 企业是从事生产、流通与服务等基本经济活动的经济组织。

③ 就企业的本质而言,它属于追求盈利的营利性组织。

2. 企业类型

(1) 企业按投资人的出资方式和责任形式,分为个人独资企业、合伙企业和公司

① 个人独资企业。个人独资企业是指个人出资兴办、完全归个人所有和控制的企业。个人独资企业的优点是设立、转让、关闭容易,出资人拥有绝对决策权,管理灵活。个人独资企业的缺点是负无限责任,风险大;受资金和个人管理能力的限制,规模有限。

② 合伙企业。合伙企业是指由两个或两个以上合伙人共同出资、共同经营、共享收益和共担风险的企业。合伙企业的优点是由于由众多合伙人共同筹资,所以可以扩大规模;合伙人共负偿债的无限责任,减少了贷款者的风险;容易成长和扩展。合伙企业的缺点是合伙企业属无限责任企业,合伙人对经营有连带责任,风险大;合伙人皆能代表公司,权力分散,多头领导,意见易产生分歧,决策缓慢。

③ 公司。公司是指由两个或两个以上自然人或法人投资设立的,具有独立法人资格和法人财产的企业。其优点是容易筹资,公司具有独立寿命,不受出资人寿命影响;容易吸收人才。其缺点是手续复杂,透明度较高,而且容易受"内部人控制"。

在这3种类型中,公司是现代市场经济条件下最主要的企业形式。从国际和国内经济发展的经验来看,到目前为止,现代公司制度是一致公认的最符合现代生产力发展的企业制度形式。因此,下面我们针对公司制企业讨论企业成立的各项条件。

(2) 企业按在社会再生产过程中的作用不同,分为生产型企业、流通型企业、金融型企业和服务型企业(见图 3.1)。

生产型企业分狭义和广义两个层面。狭义的生产型企业主要是指有实物产品产出的企业,如化工、冶金、炼油、食品、服装、造纸等以实物产品产出,需要原材料供给的企业;广义的生产型企业包括输入转化为输出过程的一切社会组织。

(a) 生产型企业——宝钢集团 　　(b) 流通型企业——沃尔玛
(c) 金融型企业——中银 　　(d) 服务型企业——中粮集团 

图 3.1　企业按在社会再生产过程中的作用分类

流通型企业专职于交易、零售或批发，为社会提供原材料、半成品及产成品，再通过物流企业传送到消费者手中，促进生产企业的生产加工及消费者的最终使用。

金融企业是国家管理经济的重要部门，负有国家间接管理经济的职能。金融企业是特殊企业，它的设立必须经过国家有关部门的批准，并核发金融业务许可证；它的经营对象是特殊的商品，即货币和信用；它是以信用方式从事经营活动；它的经营环境是国民经济活动的方方面面。金融企业具有很大的社会性和宏观性。

服务型企业是指从事现行营业税"服务业"科目规定的经营活动的企业。例如，代理业、旅店业、饮食业、旅游业、仓储业、租赁业、广告业等。

(3) 企业按规模的不同，分为大型企业、中型企业和小型企业

根据 2003 年《国务院国有资产监督管理委员会办公厅关于在财务统计工作中执行新的企业规模划分标准的通知》，统计上大中小型企业划分标准，以工业企业、交通运输业企业、邮政业企业为例，如表 3.1 所示。

表 3.1　大中小型企业划分标准

行业名称	指标名称	计算单位	大　型	中　型	小　型
工业企业	从业人员数	人	2 000 以上	300～2 000	300 以下
	销售额	万元	30 000 及以上	3 000～30 000	3 000 以下
	资产总额	万元	40 000 及以上	4 000～4 000	4 000 以下
交通运输业	从业人员数	人	3 000 及以上	500～3 000	500 以下
	销售额	万元	30 000 及以上	3 000～30 000	3 000 以下
邮政业企业	从业人员数	人	1 000 及以上	400～1 000	400 以下
	销售额	万元	30 000 及以上	3 000～30 000	3 000 以下

(4) 企业按生产力要素比重不同，分为劳动密集型企业、资产密集型企业、技术密集型企业、知识密集型企业(见图 3.2)

(a) 劳动密集型企业 　　　　　　　(b) 资金密集型企业

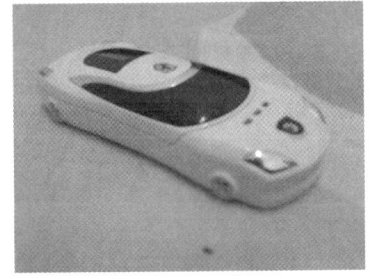

(c) 技术密集型企业 　　　　　　　(d) 知识密集型企业

图 3.2　企业按生产力要素比重分类

① 劳动密集型企业是指生产需要大量的劳动力，也就是说产品成本中活劳动量消耗占比重较大的企业，又称劳动集约型企业。在劳动密集型企业里平均每个工人的劳动装备不高，如纺织业、服务企业、食品企业、日用百货等轻工企业及服务性企业等。富士康就是典型的劳动密集型企业。

② 资产密集型企业是指单位劳动力占有资金量（或资产量、资本）较多的企业，又称资本密集型企业。这种企业资本的价值构成高，资本的有机构成也高，一般都具有技术装备率高、机械化和自动化水平高、产品成本中物化劳动比重大等特点。在大多数情况下，它同时又是技术密集型企业。电力、冶金、航天、石化、电子等企业，都属于资金密集型企业。电力企业是最典型的资金（资产、资本）密集型企业。

③ 技术密集型企业是指技术装备程度比较高，所需劳动力或手工操作的人数比较少，产品成本中技术含量消耗占比重较大的企业。这类企业的特点是企业内部员工主要由具有较高的专业技术知识与技能的人员所构成，拥有大量高、尖、新技术设备，产品具有较高的知识与技术含量，生产与管理内容和环节主要依赖知识与技术活动，企业的无形资产占有相当的比重，如程序设计公司、网站设计公司。

④ 知识密集型企业是指建立在现代科学技术基础上，生产高、尖、精产品，集中大量科技人员，科研设备先进的企业，又称知识技术密集型企业，如电子计算机、飞机和宇宙航空工业、大规模和超大规模集成电路工业、原子能工业等。也有人把从事电子计算机软件设计、技术和管理的咨询服务业也归入其中。

（5）企业按所有制形式不同，可分为全民所有制企业、集体所有制企业、合资经营企业和私人企业

① 全民所有制企业是指生产资料归全体人民所有，依法自主经营、自负盈亏、独立核算，以盈利为目的的企业。

② 集体所有制企业是指财产归群众集体所有，劳动群众共同劳动，实行按劳分配为主、适当

分红为辅,提取一定公共积累的企业。

③ 合资经营企业一般指中外合资,是由中国投资者和外国投资者共同出资、共同经营、共负盈亏、共担风险的企业。外国合营者可以是企业、其他经济组织或个人;中国合营者目前只限于企业、其他经济组织,不包括个人和个体企业。

④ 私人企业,所有财产属于私人,上市后就可以发行企业股票(股票是一种融资方式)。

(二) 筹集企业资金

资金是企业运作之本,企业筹集资金的方式有很多种,在不同阶段可以选择合适的资金筹集方式,以满足企业的需要。

1. 发行股票和债券

发行股票和债券属于直接筹资,这种方式是不需要通过金融机构的。股票筹资是一种高成本、低风险、筹资方便程度较差的筹资方式,仅用于股份制企业资本金的筹集。发行股票方式如图 3.3 所示。发行债券筹资,应当在企业预期资金利润率高于债券利息率的情况下,才能利用财务杠杆获得更多的收益,也才有能力承担较大的财务风险。发行债券方式如图 3.4 所示。

图 3.3　发行股票方式　　　　　　图 3.4　发行债券方式

2. 依靠企业自有资金

依靠企业自有资金的特点是长久有效,资金生生不息,付现成本为零。搞好内部积累的措施是建立和强化现代企业制度,加强财务、生产、技术管理;不断创新,大幅降低生产成本,向社会提供优质产品;有创意的经营,全面占领市场,争得消费者,这样才能聚集丰厚的利润。另外,加强资金风险意识,控制应收账款的规模并及时清理,也是增加企业内部资金积累的重要因素。

3. 从金融机构借款

从金融机构借款是间接融资的一种方式。这里主要指向银行和非银行金融机构借入资金。从金融机构借款的方式,一是信用担保借款,二是抵押贷款。金融机构是资金市场的主力军,是连接资金和经济活动的纽带。它的特点是资金供应灵活方便、服务完善、诚信度高,对促进商品生产和流通、保证生产经营的顺利发展、繁荣经济有重要的作用。银行借款与发行债券相比,手续较为简便,借款弹性较大,资金成本较低。但银行借款的额度受国家银根松紧的直接影响,且借款用途的限制性较大,长期借款一般还要提供资产做抵押,对企业举债能力有较大影响。与企业发行债券一样,从金融机构借款必须按期还本付息,企业可能因无法还本付息而破产。因此,从金融机构借款也属于资金成本低而财务风险较大的筹资方式。

4. 利用外资

改革开放以来,外资大量涌入国内。随着我国加入世界贸易组织,外资银行已进入我国资金市场开办金融业务。利用外资的渠道,包括外国政府、企业和个人的投资、港澳台胞和侨胞的投资等;利用外资的形式,包括政府间的贷款,国际金融组织的贷款,企业之间的中外合资经营、合作经营等;利用外资较好的方式是吸引外资参股,由国内企业控股,利用外资进口设备从事生产经营等。就目前来看,利用外资可弥补我国经济建设资金不足的缺点,减轻就业压力,还可以引进先进技术、设备和管理经验,加强国际经济联系,对我国经济建设有十分重要的作用和意义。

(三)企业员工招聘

1. 员工招聘的概念

员工招聘是指组织根据人力资源管理规划和工作分析的要求,从组织内部和外部吸收人力资源的过程。招聘工作直接关系到企业人力资源的形成,不仅直接影响人员配备的其他方面,而且对整个管理过程的进行,乃至整个组织的活动,也都有着极其重要和深远的影响。"得人者昌,失人者亡"是古今中外都公认的一条通往成功的要诀。

一般来讲,员工招聘主要有两种方式,内部提升和外部招聘。内部提升和外部招聘各有优劣,在世界上这两种方式的招聘都有非常成功的经验。但是对于企业来说,外部招聘应该始终是补充人员的主渠道。

2. 员工招聘的原则

① 效率优先原则。效率优先原则就是用尽可能低的招聘成本录用到合适的最佳人选。

② 竞争择优原则。竞争择优原则是指在员工招聘中引入竞争机制,在对应聘者的思想素质、道德品质和业务能力等方面进行全面考察的基础上,按照考查的成绩择优选拔录用员工。

③ 公开、公平、公正原则。公开就是要公示招聘信息、招聘方法。这样既可以将招聘工作置于公开监督之下,防止以权谋私、假公济私的现象,又能吸引大量应聘者。公平、公正就是确保招聘制度给予合格应征者平等的获选机会。

④ 因事择人原则。所谓因事择人,就是员工的选聘应以实际工作的需要和岗位的空缺情况为出发点,根据岗位对任职者的资格要求选用人员。

3. 员工招聘的程序

员工招聘程序如图 3.5 所示。

1)制订招聘计划。招聘计划是组织根据发展目标和岗位需求对某一招聘工作所做的安排,包括招聘目标、信息发布的时间与渠道、招聘员工的类型及数量、选拔方案及时间安排等方面。

具体来讲,员工招聘计划包括以下内容。

- 招聘岗位、要求及其所需人员数量。
- 招聘信息的发布方式。
- 招聘对象、招聘范围。
- 招聘预算和时间安排。

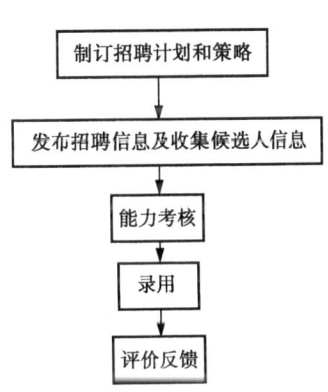

图 3.5 员工招聘的程序

2)发布招聘信息及收集候选人信息。组织要将招聘信息通过多种渠道向社会发布,向社会公众告知用人计划和要求,确保有更多符合要求的人员前来应聘。

企业可以通过以下方式收集候选人信息:应聘者自己所填的求职表,内容包括姓名、性别、年龄、学历、专业、工作经历及业绩等;推荐材料,即有关组织或个人向本单位写的关于应聘者的推荐材料;调查材料,即针对某些岗位人员的招聘,还需要亲自到应聘人员工作过、学习过的单位或向其接触过的有关人员进行调查,以掌握第一手材料。

3)能力考核。能力考核的过程一般是按计划依次对所有应聘者的情况进行进一步审查、知识与心理素质测试、面试,以确定最终的录用者。

4)录用。录用过程一般可分为试用合同的签订、新员工的安置、岗前培训、试用和正式录用等几个阶段。试用就是企业对新上岗员工的尝试性使用,这是对员工的能力与潜力、个人品质与心理素质的进一步考核。员工的正式录用是指试用期满后,对表现良好、符合组织要求的新员工,使其成为组织正式成员的过程。一般由用人部门根据新员工在使用期间的具体表现对其进行考核,做出鉴定,并提交人力资源管理部门。人力资源管理部门对考核合格的员工进行正式录用,并代表企业与员工签订正式录用合同,正式明确双方的责任、义务与权利。

5)评价反馈。招聘工作评价主要是指对招聘的结果、招聘的成本和招聘的方法等方面进行评价。一般在一次招聘工作结束之后,对整个招聘工作做一个总结和评价,目的是进一步提高下次招聘工作的效率。对招聘工作的评价一般应从两方面进行:一是招聘工作的效率;二是录用人员的表现。

经验之谈

新员工招聘具体流程

1)人力资源部门在经过总部批准的年度招聘计划指导下,按时进行计划内的人员招聘工作。

2)当人员离职或其他原因出现职位空缺时,由相关团队的负责人提前提出,并拟定岗位职责和资格条件。这项工作由 HR 执行并告之总部执行人员补充。

3)拟定招聘广告。由所聘岗位的团队负责人编写招聘广告,并由 HR 审核。

4)批准。招聘计划报批后,将最终确定的招聘广告发布并备案。

5)评估现有招聘渠道的有效性,根据岗位的要求发布在相关媒体上。

6)HR 人员负责发掘新的、免费的招聘广告发布渠道。

7)将招聘信息挂在机构的网站上。

8)发布期随时监控招聘进展,回顾渠道是否合适。

9)收到应聘者的各项资料,进行初步审核,审阅其学历、经验是否符合所需,并初步淘汰资格不合者,之后将材料转交用人部门进一步审核,通过书面材料淘汰一部分不合格的应聘者。

10)根据需要对应聘者进行电话面试并做相关的记录,再淘汰一部分应聘者,组织面试小组成员。

11)对应聘者进行笔试筛选及第一轮面试。如有外地应聘者,第一轮面试也可通过电话完成。

12)安排候选人的行程及后勤工作,进行第二轮的面试。通知被录用的应聘者。

13)与用人团队的负责人共同确定新员工基本的薪资。对被淘汰的应聘者寄发婉拒信。

14)通知新聘员工入职,与之签订聘用合同。

15)将其他优良人选的资料保存在人力资源库中。

4. 员工激励

将员工招进企业后,在人员使用的过程中还应注意激励员工,要留得住员工。企业一般会有一套相应的激励措施确保员工持续努力地为企业做贡献,这些激励方法一般都能体现以下原则。

① 物质激励与精神激励相结合。只有物质激励是害人,只有精神激励是愚人。

金钱是短期最有效却不一定长期有效的激励方法。低金钱价值、高名誉价值的奖励往往更能留住人。奖励激励除每年年底的表彰外,不定期地开展一事一奖,保证奖励的及时性、针对性和多样性。根据事情大小,经自我申报、部门审核、总经理审批等程序,设鼓励、记功、记大功、嘉奖和特别嘉奖等,并给予相应的物质奖励。具体奖励方法也要不断创新,可以制作奖励菜单,让受奖者自己选择,奖励时间也不要固定。同时注意不要出现奖励过频,刺激作用减少的现象。另外,薪酬激励是企业激励机制中最易采取也最重要的激励手段,比较容易控制,但操作技巧很有讲究,薪酬总额相同,支付方式不同。工资水平必须随工作量增加而递增,收入越高激励成本越高。

② 内激励和外激励相结合。内激励指工作本身的挑战性与成就感,外激励指工作之外的回报、奖赏和赞扬。

③ 正激励和负激励相结合。正激励是指奖励符合组织目标的行为,使之强化和重复;负激励是指约束和惩罚违背组织目标的行为,使之消退。正激励应保持间断性,时间和数量尽量不固定。如果采用连续性正激励,既费时费力,也易使效力递减。负激励则要坚持连续性,及时予以惩罚,消除员工的侥幸心理,而且惩罚的刺激比鼓励的奖励更易见效。

④ 按需激励。把握不同员工不同时期的不同主导需要,进行正确引导和满足,可以开展需求调查或制作需求菜单让员工选择。

师傅教我做

不同类型下属的激励技巧

1. 领导型员工的激励技巧

领导型员工个性较强,喜欢命令别人做事情,在选取激励方法时应注意以下几点。

① 管理者要在能力上胜过他们,支持他们正确的想法、做法。
② 帮助他们协调人际关系,协调效率低的人与其合作。
③ 不要指责,要让他们在工作中自己弥补自己的不足。
④ 巧妙安排工作,使他们产生自我管理的优越感。

2. 关系型员工的激励技巧

这类员工在团队中人际关系通常较好,对于这类员工,管理者应采取以下激励技巧。

① 关心他们的业余生活,谈话时注意沟通技巧,使其感到被尊重、受重视。
② 他们比较缺乏责任心和安全感,管理者应承诺、有条件地为他们负一定责任。
③ 安排工作时,强调工作的重要性,说明不完成工作对他人的影响。

3. 智慧型员工的激励技巧

这类员工擅长思考,分析能力很强,喜欢用事实和数据说话。

① 提醒他们完成工作目标,给他们一个思路,引导他们的努力方向。
② 避免用突袭的方式检查工作,多表达诚意和对他们劳动成果的尊重。
③ 说服他们时,要掌握比他们更多的数据和事实。

4. 工兵型员工的激励技巧

这类员工的主要特征是工作勤恳,做事谨慎细致,处理程序性的工作尤为出色。管理者在激励他们时要注意以下几点。

① 支持他们的工作,因为他们做事认真谨慎,所以工作失误会很小。

② 给他们相当的报酬,奖励其勤勉,保持管理的规范性,并多给他们出主意、想办法。

资料来源:张彩利. 管理学概论[M]. 北京:北京师范大学出版社,2010.

(四) 构建企业组织结构

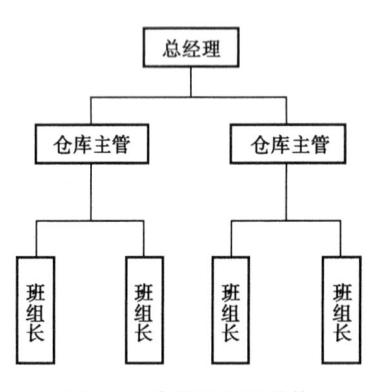

1. 直线型组织结构

直线型组织结构中每一位管理者对其直接下属有直接职权;组织中每一个人只能向一位直接上级报告,即"一个人,一个头";管理者在其管辖的范围内,有绝对的职权或完全的职权。直线型组织结构如图3.6所示。

直线型组织结构只适用于规模较小、生产技术比较简单的企业,对生产技术和经营管理比较复杂的企业并不适宜。其优点是:①结构比较简单;②责任与职权明确。其缺点是:①在组织规模较大的情况下所有管理职能都集中由一个人承担,是比较困难的;②部门间协调性差。

2. 职能型组织结构

职能型组织结构采用按职能分工,实行专业化的管理办法来代替直线型的全能管理者,各职能机构在自己业务范围内可以向下级下达命令和指示,直接指挥下属。职能型组织结构如图3.7所示。其优点是:①管理工作分工较细;②由于吸收专家参加管理,减轻了上层管理者的负担,使他们有可能集中注意力履行自己的职责。其缺点是:①由于实行多头领导,妨碍了组织的统一指挥,容易造成管理混乱,不利于明确划分职责与职权;②各职能机构往往从本单位的业务出发考虑工作,横向联系差;③对于环境发展变化的适应性差,不够灵活;④强调专业化,使管理者忽略了本专业以外的知识,不利于培养上层管理者。由于这种组织结构形式的明显缺陷,现代企业一般都不采用。

图 3.6 直线型组织结构

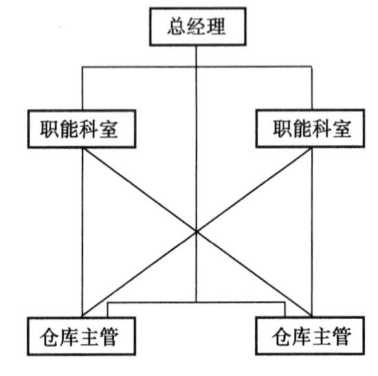

图 3.7 职能型组织结构

3. 直线—职能型组织结构

直线—职能型组织结构按照组织职能来划分部门和设置机构,实行专业分工;把组织管理机构和人员分为两类:一类是直线指挥部门和人员,一类是参谋部门和人员;实行高度集权。绝大多数企业都采用这种组织结构形式。直线—职能型组织结构如图3.8所示。

其优点是:①各级直线管理者都有相应的职能机构和人员作为参谋和助手,因而能够对本部

进行有效管理,以适应现代管理工作比较复杂而细致的特点;②每个部门都是由直线人员统一指挥,这就满足了现代组织活动需要统一指挥和实行严格责任制度的要求。

其缺点是:①下级部门的主动性和积极性的发挥受到限制;②部门之间互通情报少,不能集思广益地做出决策;③各参谋部门和直线指挥部门之间的目标不统一,容易产生矛盾,协调工作量大;④难以从组织内部培养熟悉全面情况的管理人员;⑤整个组织系统的适应性较差。

4. 事业部型组织结构

事业部型组织结构采用集中政策、独立经营、单独核算的经营方式。最早是由美国通用汽车公司总裁斯隆于1924年提出的,故有"斯隆模型"之称,也称"联邦分权化",是一种高度集权下的分权管理体制。事业部型是分级管理、分级核算、自负盈亏的一种形式。事业部型组织结构如图3.9所示。

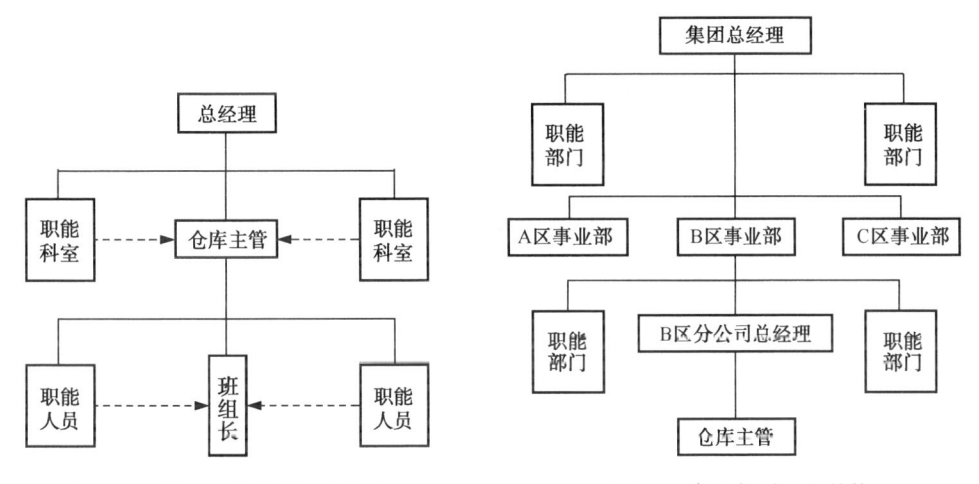

图3.8 直线—职能型组织结构

图3.9 事业部型组织结构

其优点是:①总公司领导可以摆脱日常事务,集中精力考虑全局问题;②事业部实行独立核算,更能发挥经营管理的积极性,更利于组织专业化生产和实现企业的内部协作;③各事业部之间有比较、有竞争,这种比较和竞争有利于企业的发展;④事业部内部的供、产、销之间容易协调,不像直线—职能型下需要高层管理部门过问;事业部经理要从事业部整体来考虑问题,这有利于培养和训练管理人才。

其缺点是:①公司与事业部的职能机构重叠,构成管理人员浪费;②事业部实行独立核算,各事业部只考虑自身的利益,影响事业部之间的协作,一些业务联系与沟通往往也被经济关系所替代,甚至连总部的职能机构为事业部提供决策咨询服务时,也要事业部支付咨询服务费。它适用于规模庞大、品种繁多、技术复杂的大型企业,是国外较大的联合公司所采用的一种组织形式。近几年我国一些大型企业集团或公司也引进了这种组织结构形式。

5. 矩阵型组织结构

矩阵型组织结构既有按职能划分的垂直领导系统,又有按项目划分的横向领导系统。

其优点是:①灵活性、适应性强;②集思广益,有利于把组织的垂直联系与横向联系更好地组合起来,加强各职能部门之间的协作。其缺点是:①小组是临时性的,稳定性较差;②小组成员要接受双重领导,当两个领导意见不一致时,就会使他们的工作无所适从。矩阵型组织结构适用于一些重大攻关项目,企业可用来完成涉及面广的、临时性的、复杂的重大工程项目或管理改革任务。这种组织结构特别适用于以开发与实验为主的单位,如科学研究,尤其是应用性研究单位等。矩阵型组织结构如图3.10所示。

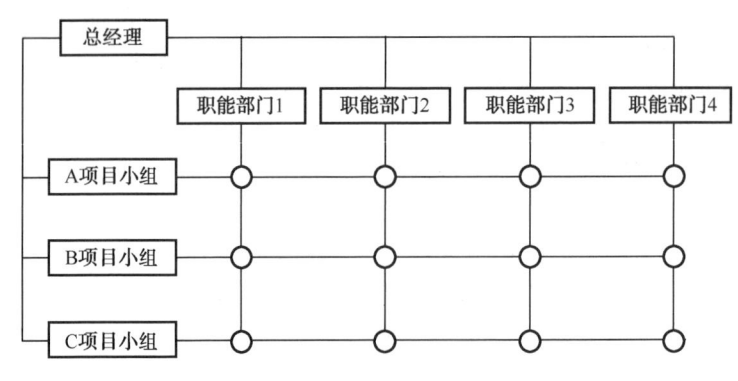

图 3.10　矩阵型组织结构

6. 虚拟组织

虚拟组织与传统的实体组织不同，它是围绕核心能力，利用计算机信息技术、网络技术及通信技术，与全球企业进行互补、互利的合作。合作目的达到后，合作关系随即解散。组织以这种形式能够快速获取处于全球各处的资源，为我所用，从而缩短"从观念到现金流"的周期。不仅如此，灵活的虚拟组织可避免环境的剧烈变动给组织带来的冲击。

7. 集团型和微型组织结构

近代企业组织有一个明显的变化趋势，即从常规企业向集团型和微型方向发展。究其原因，主要是市场竞争的结果。企业为了分散和减少风险，不得不联合起来，或者干脆"以小卖小"，以充分发挥企业的经营优势。例如，中外运公司的组织结构如图 3.11 所示。

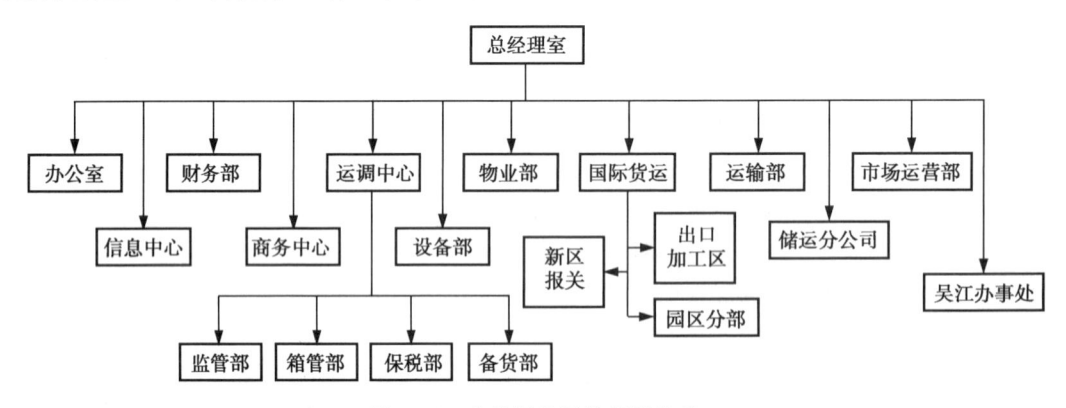

图 3.11　中外运公司的组织结构

(五) 制定企业管理制度

企业管理制度是企业员工在企业生产经营活动中，必须共同遵守的规定和准则的总称。企业管理制度的表现形式或组成，包括企业组织机构设计、职能部门划分及职能分工、岗位工作说明、专业管理制度、工作或流程、管理表单等管理制度类文件，是提高企业基础管理水平，形成企业核心竞争力的前提。它的制定和实施着眼于企业管理的需要，并要应对环境的变化。具体应把握以下几点。

1. 内容要合法

规章制度的内容不得违反法律、行政法规及政策规定。内容的合法性是规章制度赖以存在的基础。规章制度的内容不但不能违反《中华人民共和国劳动法》及其配套法规，也不能违反《中华人民共和国民法通则》《中华人民共和国合同法》(以下简称《合同法》)《中华人民共和国婚姻法》《中华人民共和国妇女权益保障法》和《中华人民共和国残疾人就业保障法》等基本法律。

甚至,国家机关出台的一些政策性规定,在制定规章制度时也必须考虑进去,以防止稍有不慎便步入"雷区"。

2. 内容要系统全面

所谓的系统全面,包括两层含义:首先,与人力资源相关的管理制度,如招聘制度、劳动合同管理制度、薪酬和福利制度、考勤制度、休息休假制度、奖惩制度与绩效考核制度,都是与劳动者切身利益相关的,因此,企业在制定制度的时候,都应当考虑进去;其次,某项具体制度的内容要完整,如制定奖惩制度,要有奖惩制度的制定目的、基本原则,奖励适用的范围,奖励的主要方式,不同奖励方式适用的范围、奖励的审批程序,惩处的方式,不同惩处所适用的范围,惩处的审批等。

3. 有较强的操作性

规章制度在制定时,固然需要一些原则性、指导性的内容作为基础,但是在执行时,所依据的条款规定要具体,要有可操作性。有不少单位在规章制度中都规定了劳动者应当怎么做、禁止怎么做,但是对于职工做或不做某一事情,并未规定该如何处理;或者是制度条款的原则性过强,导致不同的人有不同的理解。新建公司没有制度不行,但光顾埋头写制度,甚至制定制度者也忘记了制度的内容,结果只会使制度成为企业的摆设,不会有多少人去遵守。

4. 要体现人性化管理的内容

规章制度所适用的对象是人,而人是有感情的动物。在设计规章制度时,要处处体现以人为本的思想。有些单位的规章制度非常严格,甚至超出了常人所能想象的范围。例如,某运输公司规定,司机迟交货一天,扣款1 500元。这种制度虽然在短时间内能起到震慑职工、严肃纪律的目的,但是从一个企业的长远发展来看,肯定会导致人心背离。

5. 及时修订

制度是经营管理理念的体现,经营管理理念必须渗透到制度中。制度的制定应循序渐进,当遇到问题时,应马上予以补充和修正,在管理的实践中不断丰富和完善。对于国家新出台或调整的法律法规,企业要及时对照学习,发现本企业劳动规章制度有与之不相适应的条款要及时修订。另外,制度还应体现出预防效果,建立制度的目的不仅仅是纠正,更是为了预防——预防有损企业整体利益的行为发生,预防可能发生的错误和可能造成的损失。

二、市场调查

(一) 了解市场调查的作用

市场调查是市场营销活动的起点,通过对市场的了解和把握,在调查活动中收集、整理、分析市场信息,掌握市场发展变化的规律和趋势,为企业进行市场预测和决策提供可靠的数据和资料,从而帮助企业确立正确的发展战略。市场调查对于企业而言,是能够准确把握消费者需求的工具。不经市场调查,就无从了解市场情况,无从制定企业的经营战略。

1. 市场调查的概念

市场调查(marketing research)亦译为营销研究或市场研究。目前学术界存在多种有关市场调查的定义,美国市场营销协会(American Marketing Association,AMA)和菲利普·科特勒(PhiliP Kotler)博士的定义如下。

① 美国市场营销协会给市场调查下的定义是:"市场调查是对商品及服务市场相关问题的全部数据进行系统的收集、记录、分析的过程,是一种通过信息将消费者、顾客和公众与营销者连接起来的职能。"

② 菲利普·科特勒认为:"市场调查是系统地设计、收集、分析和报告与公司所面临的具体

市场形势有关的数据和发现的过程。"

我们认为,市场调查就是指运用科学的方法,有目的地、系统地搜集、记录、整理有关市场营销信息和资料,分析市场情况,了解市场的现状及发展趋势,为市场预测和营销决策提供客观的、正确的资料。

师傅教我做

如何提高企业的执行力

① 构建企业的执行力文化。构建企业执行力文化的核心是提高员工队伍的整体素质,营造"不讲任何借口"的文化环境和思想氛围,以高度负责的态度去对待并做好每一项工作。

② 坚强有力的领导是提高执行力的前提。组织的成功,领导者是关键。要求下级做到,领导者必须先做到。一个成功的组织与成功的领导密不可分。

③ 建立先进的企业文化。首先,培养员工对公司的忠诚和"坚决服从"的意识。允许大家在决策前提建议,但一旦做出了决策,就应坚决执行。其次,树立美好的愿景,让大家为共同的奋斗目标而努力。

④ 抓培训是夯实完美执行力的思想基础。培训工作要坚持从实际出发的原则,既要立足当前,又要考虑长远;既要看到一般员工的岗位需要,又要想到专业人员的知识更新。做到有计划、分层次地进行。

⑤ 树典型起模范带头是执行力的标榜。注意搞好对典型的培养,帮助典型总结经验教训,充分发挥典型的示范作用和带动效应。

⑥ 明晰的业务流程是提升执行力的关键。企业管理流程和业务流程的标准化为企业 ERP 系统的实施奠定基础,信息技术管理系统的导入实际上是对流程的一次优化和重组。要做到事前有计划、事中有监督、偏差有良策。

⑦ 合理的绩效考核是提升执行力的动力。要建立有效的考核评价体系,要做的工作实际有 3 点:具有竞争力的薪酬体系和激励机制,良好的职业发展通道,以人为本的企业文化氛围。

⑧ 建立起有效的监督机制。通过稽核检查、宣传舆论等渠道的监督,确保政令畅通、执行无误。

资料来源:陈富生,黄顺春. 现代企业管理教程[M]. 上海:上海财经大学出版社,2004.

2. 市场调查的特点

① 客观性。市场调查必须采用科学的方法;必须不带偏见,不受感情的影响;对事实、证据的阐述必须排除主观性,进行合乎逻辑的推断。

② 系统性。市场调查必须针对某一问题进行,目的明确;必须先行设计、经过认真的策划和实施;必须收集充分的、有代表性的数据,并加以精确计算。

经验之谈

调研人员的座右铭应该是:"寻找事物的本来面目,说出事物的本来面目。"

③ 社会性。市场调查研究的内容和应用范围涉及社会经济生活的各个领域。

④ 目的性。市场调查的最终目的是为有关部门和企业进行预测和决策提供科学的依据。

3. 市场调查的作用

市场调查是企业生产经营活动的基本出发点。有时候,人们会把市场调查比作企业营销业

务的"耳目"。这种比喻是恰如其分的,它从总的方面形象而生动地道出了市场调查在企业营销活动中所起的重要作用。具体地说,市场调查对企业的作用主要表现在以下4个方面。

(1) 市场调查是企业实现生产目的的重要环节

企业的生产目的是满足人民日益增长的物质文化需要,为此,首先要了解民众需要什么,以便按照消费者的需要进行生产,尤其是消费者的需要在不断变化,这就不但要调查,而且要及时进行调查。因此,市场调查是国民经济各部门制订计划及企业实现生产目的的重要一环。

(2) 市场调查是企业进行决策的客观依据

企业进行经营决策,首先要了解内部和外部的环境及信息,要掌握信息,就必须进行市场调查。如下所示。

① 产品在哪些市场的销售前景较好?
② 产品在某个市场上的销售预计可达到什么样的数量?
③ 怎样才能扩大企业产品的销路,增加销售量?
④ 如何去掌握产品的价格?
⑤ 应该使用什么方法去组织产品推销?

类似问题,只有通过市场调查后才能得到具体答案,才能作为决策或修正策略的客观依据。

(3) 市场调查是增强企业竞争力的重要手段

市场的竞争是激烈的,情况也在不断发生变化。市场上的各种变化因素可以归结为两类:一是可控制因素,如产品、价格、分销、广告和推广等;二是非可控制因素,如国内环境和国际环境所包括的有关政治、经济、文化、地理条件、战争与国外分支机构等因素。这两类因素的关系是相互联系、相互影响,而且不断发生变化的。及时调整可控制因素以适应非可控制因素的变化情况,才能应付市场上的竞争。只有通过市场调查才能及时了解各种非可控制因素的变化情况,从而有针对性地采取某种应变措施去应付竞争。通过市场调查所了解的情况或所获得的资料,除了解市场目前状况外,还可预测未来的市场。

经验之谈

了解市场调研的一般规律

① 调动一切因素。市场调研是一项繁杂的工作,即使是具备独立市场部门或专职市场调研人员的大公司,市场调研工作也不是由市场调研人员"包干到底"的,它需要动员上至总经理下至业务员、门卫等企业一切人员的积极性、创造性方能奏效。

② 构建良性循环。市场调研应当建立起策划、组织、实施、反馈、修正、实施、评估和再策划的良性循环。

③ 倚重销售人员。总经理是负责市场调研的策划、组织、领导和控制工作的,实践工作还是应由销售人员借工作之便进行调研或临时执行调研任务。这是因为销售人员是冲锋陷阵的"战士",他们最了解"敌情",也是最需要了解"敌情"的人。倚重销售人员,一方面可以节省公司人力、物力、财力,起到事半功倍之效;另一方面可以督促销售人员深入了解市场。

④ 借中间商之力协助完成市场调研工作。经销商或代理商在做好本地区市场以获取最大利润这一基本愿望上是与企业完全一致的。在这一前提下,企业可以策划、指导、支持经销商或代理商做好本地区的市场调研工作;了解本地区基本状况、消费状况、购买力水平、竞争品牌状况、当地媒介状况、当地政府的政策、方针、态度和民间组织活动等。

（二）选择市场调查方法

1. 按商品消费目的的不同划分

① 消费者市场调查。消费者市场的商品购买者是消费者个人或家庭,市场购销活动对象主要是最终产品——生活资料。消费者的购买活动是经常性的、零星的,由于商品消费的替代性较强,购销活动有一定的弹性。服务质量的高低,对商品销售量影响很大。对消费者市场进行调查,除直接了解需求数量及其结构外,还必须对诸多的影响因素进行调查。

② 生产者市场调查。生产者市场是指为了满足加工制造等生产性活动需要而形成的市场。按照我国的习惯,通常称为生产资料市场。生产者市场的购买者主要是生产企业、单位,购买的产品多为初级产品和中间产品或生产资料,购销活动具有定期、大量和缺乏一定弹性的特点。这是因为许多生产过程需要特定的原材料,否则就不能生产出合格的产品或有一定特征的产品。同时,生产者市场的购买者多具有专门知识,有固定主见,不能轻易被说服。

2. 按调查目的的不同划分

① 描述性调查,是指对需要调查研究的客观事实资料,进行收集、记录及分析的正式调查。它是要解决 5 个 W,即"谁"、"什么"、"什么时间"、"什么地点"和"怎样"的问题。假设一家快餐店开设分店,公司想知道人们是如何光顾这家分店的,就要描述下列问题:光顾者是谁,他们的性别、年龄和居住地点及他们是如何来这里的,他们对快餐产品和服务的要求是什么等。当然这些描述问题必须根据调查的目的而定。如果是用来制订促销计划,重点应放在人们是如何知道这家店的;如果是决定开店的位置,重点应放在分析快餐的商圈上。

② 探测性调查,是指企业对市场上发生的某种条件原因不明或趋势不明时,为了找出问题的症结和明确进一步深入调查的具体内容和重点而进行的非正式的初步调查。探测性调查的目的是发现新的想法和新的关系。企业将调查问题产生原因的情况假设,然后展开市场调查,验证假设是否成立,进而针对问题采取改进方法。

③ 因果性调查,是指为了弄清有关市场变量之间的关系而进行的专题调查。它是调查一个变量是否引起或决定另一个变量的研究过程,其目的是识别变量之间的因果关系。例如,在某一时期,影响自行车销量的因素有哪些,其中哪些为主要影响因素,哪些为次要影响因素。又如,快餐店的销售额受地点、价格和广告等因素的影响,我们就要明确因变量与自变量之间的关系,通过改变其中一个重要的自变量来观察因变量受到影响的程度。

④ 预测性调查,是指为了预测未来市场变动趋势而进行的调查,属于市场预测的范围。它是在描述性调查和因果性调查的基础上,对市场的潜在需求进行的估算、预测和推断。因此,预测性调查实质上是市场调研结果在预测的应用。在市场竞争日益激烈的情况下,为了避免企业决策错误,就必须进行调查和预测市场潜在需求,这样才能把握市场机会。例如,在快餐店的经营中,通过建立销售与广告的因果关系,得知广告与销售额成正比,据此就可以预测下年由于提高广告费可以增加多少销售额。

3. 按调查对象范围的不同划分

① 全面调查,是指对调查对象中的所有单位全部进行调查。目的是了解市场的基本情况,对市场状况做出全面、准确的描述,从而为制定有关政策、规划提供可靠的依据。其调查结果虽比较正确,但不易进行,需要具备一定的人力、物力。

② 非全面调查,是指对调查对象中的一部分单位进行调查,但所调查的单位应具有较充分的代表性。它又分为市场典型调查、市场重点调查和市场抽样调查。

● 市场典型调查是从总体中选择具有代表性的部分单位作为典型进行调查,其目的是通过

典型单位的调查来认识同类市场现象总体的规律性及其本质。
- 市场重点调查是从调查对象总体中选择少数重点单位进行调查,其目的是通过对这些重点单位的调查,反映市场的基本情况。
- 市场抽样调查是根据概率原则抽出适当样本进行调查,其结果可以控制,在市场调查中应用较广。

4. 按调查内容的不同划分

① 定量市场调查,主要是指收集和了解有关市场变化的各种数据进行量化或模型分析,预测潜在的需求量和商品销售的变化趋势。

② 定性市场调查,是根据性质和内容对市场进行调查,如对市场环境、政治经济环境,以及来自消费者各个方面的反应等进行定性分析,为企业的营销决策提供可靠依据。

5. 按调查时间连续性的不同划分

① 经常性调查,是指随着事物在时间上的发展变化连续不断地进行调查。企业在市场营销活动中,需要随时根据市场变化,不断地做出经营管理决策。为了科学决策,需要掌握必要的市场信息,由此也就要经常开展市场调查活动。按照企业管理、经营决策的要求,每次调查的时间、内容一般都是不固定的。

② 定期调查,是指企业针对市场情况和经营决策的要求,按时间定期所做的市场调查。它的形式有月末调查、季末调查和年终调查等。通过定期调查,分析研究一定时间内企业经营活动的内外部情况,以便科学地认识市场环境,定期按计划指导经营活动。

③ 一次性调查,是指对那些短期内变动不大的研究对象一般不做连续性调查,而是为了某一特定目的组织的定期或不定期的一次性调查。

6. 按市场调查基本方法的不同划分

① 实地调查,是指调查者自身收集第一手市场资料的方法。它包括观察法、实验法和访问法等。实地调查在借助科学研究方法的基础上,能够得到比较真实的资料和信息。

② 文献调查,是指对现有资料进行搜集整理的一种调查方法。通过收集各种历史和现实的动态统计资料,从中摘取与市场调查课题有关的信息。文献调查具有简单、快速、节省调查经费等特点,尤其是用于历史资料和现状的了解,既可以作为一种独立方法来运用,也可作为实地调查的补充。

③ 网络调查,又称网上调查或联机调查,是指通过网络进行有系统、有计划、有组织地收集调查、记录整理,分析与产品或劳务有关的市场信息,客观地测定及评价现在市场及潜在市场,其结果可作为各项营销决策的依据。网络调查借助于互联网的各种特点和优势,收集顾客和潜在顾客的有关信息,较传统调查具有快速性、广泛性和及时性等优点。

7. 按地域的不同划分

① 国内市场调查,是指以国内市场为对象进行的调查。它可以分为全国性市场调查和地区性市场调查,还可以分为城市市场调查和农村市场调查。

② 国际市场调查,是指以世界市场的需求动向为对象进行的调查。我国国内市场是国际市场的重要组成部分,国际市场同时也影响着我国国内市场。按不同空间组织的市场调查资料,对于研究不同空间市场的特点,合理组织各地区商品生产与营销,进行地区间合理的商品流通,都具有十分重要的价值。

此外,市场调查的分类方法还有:按市场调查主体的不同,分为企业组织的市场调查、政府部门组织的市场调查、个人组织的市场调查和社会其他机构组织的市场调查;按调查者的角度的不同,分为需求调查与供给调查;按购买商品目的的不同,分为消费者市场调查和产业市场调查;按商品流通环节的不同,分为批发市场调查和零售市场调查,等等。

(三)开展市场调查的步骤

市场调查的步骤如图 3.12 所示。

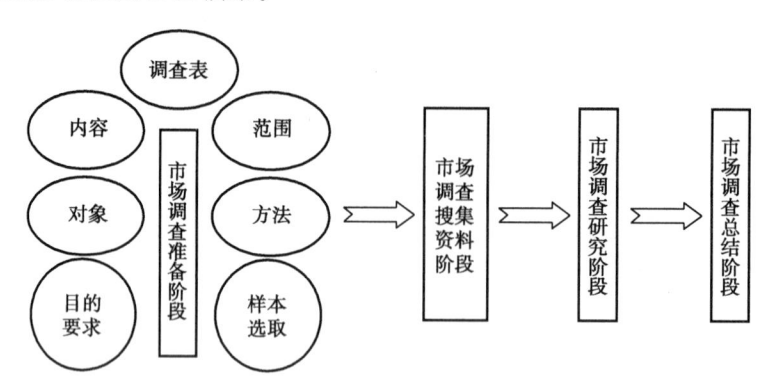

图 3.12 市场调查的步骤

1. 市场调查准备阶段

对企业提供的资料进行初步的分析,找出问题存在的征兆,明确调查课题的关键和范围,以选择最主要也是最需要的调查目标,制订出市场调查的方案。一个完善的市场调查方案一般包括以下几方面内容。

① 明确调查目标。例如,本次市场调查的目的设计是了解某产品的消费者购买行为和消费偏好情况等。

② 明确调查对象。市场调查的对象一般为消费者、零售商和批发商。零售商和批发商为经销调查产品的商家,消费者一般为使用该产品的消费群体。在以消费者为调查对象时,要注意到有时某一产品的购买者和使用者不一致,如对婴儿食品的调查,其调查对象应为孩子的母亲。此外,还应注意到一些产品的消费对象主要针对某一特定消费群体或侧重于某一消费群体,这时调查对象应注意选择产品的主要消费群体,如对于化妆品,调查对象主要选择女性;对于酒类产品,调查对象主要选择男性。

③ 明确调查内容。调查内容是收集资料的依据,是为实现调查目标服务的,可以根据市场调查的目的确定具体的调查内容。例如,调查消费者行为时,可按消费者购买、使用和使用后评价 3 个方面列出调查的具体内容项目。调查内容的确定要全面、具体,条理清晰、简练,避免面面俱到,内容过多,过于繁琐,避免把与调查目的无关的内容列入其中。

④ 设计调查表。调查表是市场调查的基本工具,调查表的设计质量直接影响到市场调查的质量。设计调查表要注意以下几点。

- 调查表的设计要与调查主题密切相关,重点突出。设置的问题要容易让被调查者接受,避免出现被调查者不愿回答或令被调查者难堪的问题。
- 调查表中的问题次序要条理清楚,符合逻辑顺序,一般可遵循以下次序:一是容易回答的问题放在前面,较难回答的问题放在中间,敏感性问题放在最后;二是封闭式问题在前,开放式问题在后。
- 调查表的内容要简明,尽量使用简单、直接、无偏见的词汇,保证被调查者能在较短的时间内完成调查表。

⑤ 确定调查范围。调查地区范围应与企业产品销售范围相一致。当在某一城市做市场调

查时,调查范围应为整个城市。但由于调查样本数量有限,调查范围不可能遍及城市的每一个地方,一般可根据城市的人口分布情况,主要考虑人口特征中收入、文化程度等因素,在城市中划定若干个小范围调查区域,划分原则是使各区域内的综合情况与城市的总体情况分布一致,将总样本按比例分配到各个区域,在各个区域内实施访问调查。这样可相对缩小调查范围,减少实地访问工作量,提高调查工作效率,降低费用。

⑥ 样本选取。调查样本要在调查对象中抽取,抽取数量可根据市场调查准确程度的要求确定,市场调查结果准确度要求越高,抽取样本数量应越多。实际市场调查中,在一个中等以上规模的城市进行市场调查的样本数量,按调查项目的要求不同,可选择200～1 000个样本,样本的抽取可采用抽样法。具体抽样时,要注意对抽取样本人口特征因素的控制,以保证抽取样本的人口特征分布与调查对象总体的人口特征分布相一致。

⑦ 选择调查方法。市场调查中,常用的资料收集方法有调查法、观察法和实验法,一般来说,前一种方法适宜于描述性研究,后两种方法适宜于探测性研究。企业做市场调查时,常采用的调查法有面谈法、电话调查法、邮寄法和留置法等。这几种调查方法各有其优缺点,适用于不同的调查场合,企业可根据实际调研项目的要求来选择。

2. 市场调查搜集资料阶段

数据收集必须通过调查员来完成,调查员的素质会影响到调查结果的正确性。因此,应选择恰当的调查员或对调查员进行事先培训,以尽量提高调查资料的实用性和准确性。这是市场调查的关键步骤,直接影响到整个市场调查工作的最终成果,应按照之前的计划并灵活地开展调查工作。

3. 市场调查研究阶段

资料收集后,应检查所有答案,不完整的答案应考虑剔除,或者再询问该应答者,以求填补资料空缺。然后对这些资料进行编组或分类,使之成为某种可供备用的形式。最后把有关资料用适当的表格形式展示出来,以便说明问题或从中发现某种典型的模式。资料分析应将结果编成统计表或统计图,方便读者了解分析结果,并可从统计资料中看出与调查主题之间的关系。

4. 市场调查总结阶段

经过对调查材料的综合分析整理,便可根据调查目的写出一份调查报告,得出调查结论。值得注意的是,调查人员不应当把调查报告看作是市场调查的结束,而应继续注意市场情况变化,以检验调查结果的准确程度,并发现新的市场趋势,为改进以后的调查打好基础。

(四) 分析市场调查的结果

市场调查的结果是经过科学方法处理分析后的基础性数据和资料,可以用各种形式的调研报告向社会或委托人公布(如果有协议或合同,应根据文件的要求执行)。调查中发现的问题,受到的启示及有关的建议都应在报告中提出,以帮助管理决策部门利用这些信息并做出相应的反应或行为。但必须强调指出,市场调查的结果只是用于帮助管理部门做出正确的决策,其结果本身不是一种目的。

一般来说,市场调查的结果都会以市场调研报告的形式体现出来。下面就来看一下应该如何编写市场调研报告。

市场调研报告的格式一般由标题、目录、概述、正文、结论与建议、附件等几部分组成。

① 标题。标题和报告日期、委托方、调查方,一般应打印在扉页上。同时,还应把被调查单位、调查内容明确而具体地表示出来,如《关于哈尔滨市家电市场调查报告》。有的调查报告还采用正、副标题形式,一般正标题表达调查的主题,副标题则具体表明调查的单位和问题,如《消费

者眼中的〈物流快报〉——〈物流快报〉读者群研究报告》。

② 目录。如果调查报告的内容、页数较多,为了方便读者阅读,应当使用目录或索引形式列出报告所分的主要章节和附录,并注明标题、有关章节号码及页码。一般来说,目录的篇幅不宜超过一页。如下所示。

目录
- 调查设计与组织实施。
- 调查对象构成情况简介。
- 调查的主要统计结果简介。
- 综合分析。
- 数据资料汇总表。
- 附录。

③ 概述。概述主要阐述课题的基本情况,它是按照市场调查课题的顺序将问题展开,并阐述对调查的原始资料进行选择、评价、得出结论和提出建议的原则等。它主要包括以下 3 方面内容:第一,简要说明调查目的,即简要地说明调查的由来和委托调查的原因;第二,简要介绍调查对象和调查内容,包括时间、地点、对象、范围、调查要点及所要解答的问题;第三,简要介绍调查研究的方法。介绍调查研究的方法,有助于使人确信调查结果的可靠性,因此,对所用方法要进行简短叙述,并说明选用方法的原因。如果这部分内容很多,应有详细的工作技术报告加以说明补充,附在市场调查报告最后部分的附件中。

④ 正文。正文是市场调查分析报告的主体部分。这部分必须准确阐明全部有关论据(包括问题的提出到引出的结论)论证的全部过程,分析研究问题的方法,还应当有可供市场活动的决策者进行独立思考的全部调查结果和必要的市场信息,以及对这些情况和内容的分析评论。

⑤ 结论与建议。结论与建议是撰写综合分析报告的主要目的。这部分包括对引言和正文部分所提出的主要内容的总结,以及提出如何利用已证明为有效的措施和解决某一具体问题可供选择的方案与建议。结论和建议与正文部分的论述要紧密对应,不能提出无证据的结论,也不能没有结论性意见的论证。

⑥ 附件。附件是指调查报告正文包含不了或没有提及,但与正文有关必须附加说明的部分。它是对正文报告的补充或更详尽的说明,包括数据汇总表及原始资料背景材料和必要的工作技术报告,如为调查选定样本的有关细节资料及调查期间所使用的文件副本等。

三、市场定位

(一)了解市场细分

市场细分就是企业根据市场需求的多样性和购买者行为的差异性,把整体市场即全部顾客和潜在顾客,划分为若干具有某种相似特征的顾客群,以便选择确定自己的目标市场。在今后很长一段时间内,中国物流市场的需求在地区和行业上都将存在着差别,因此,物流市场细分可以根据地区和行业来进行,对不同地区和不同行业的市场又可根据产品的时效性要求、企业接受服务价格的能力和客户在供应链中所处的地位等因素进一步划分出子市场。

1. 物流市场细分的概念

物流市场细分是指物流企业根据市场需求的多样性和购买者行为的差异性,把整体市场即全部顾客和潜在顾客,划分为若干具有某种相似特征的顾客群,以便选择确定自己的目标市场。通过细分不同目标市场的需求者存在着需求和特点的明显差异。某物流企业市场细分过程如

图 3.13 所示。

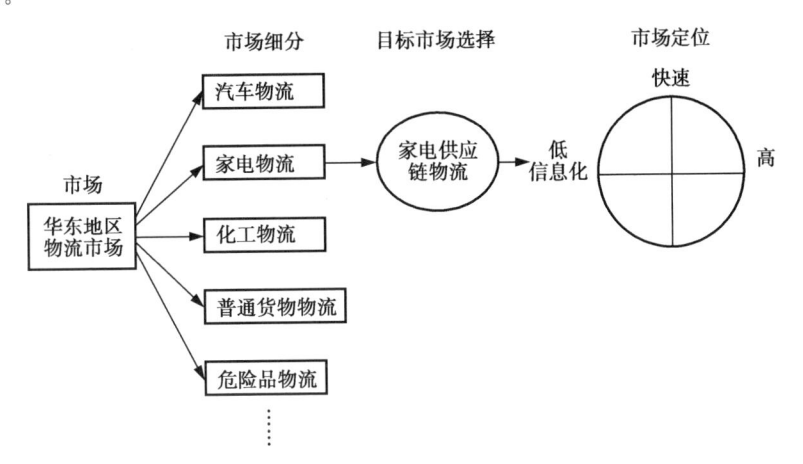

```
市场细分              目标市场选择           市场定位
       汽车物流                              快速
       家电物流       家电供应
市场                  链物流       低        │        高
华东地区  化工物流              信息化 ──┼──
物流市场
       普通货物物流
       危险品物流
       ⋮
```

图 3.13　某物流企业市场细分过程

师傅教我做

如何分析市场需求

企业分析市场需求即估计目前市场规模的大小及产品潜在需求量,这种预测分析的操作步骤如下。

1) 确定目标市场。在市场总人口数中确定某一细分市场的目标市场总人数,此总人数是潜在顾客人数的最大极限,可用来计算未来或潜在的需求量。

2) 确定地理区域的目标市场。算出目标市场占总人口数的百分比,再将此百分比乘以地理区域的总人口数,就可以确定该区域目标市场数目的多少。

3) 考虑消费限制条件。考虑产品是否有某些限制条件足以减少目标市场数量。

4) 计算平均每位顾客每年的购买数量。从购买率(购买习惯)中,即可算出平均每人每年的购买量。

5) 计算同类产品每年购买的总数量。区域内的顾客人数乘以平均每人每年的购买数量就可算出总购买数量。

6) 计算产品的平均价格。利用一定的定价方法,算出产品的平均价格。

7) 计算购买的总金额。把第 5) 项求得的购买总金额,乘以第 6) 项求得的平均价格,即可算出购买的总金额。

8) 计算企业的购买量。将企业市场占有率乘以第 7) 项的购买总金额,再根据最近 5 年来公司和竞争者市场占有率的变动情况,做出适当的调整,就可以求出企业的购买量。

9) 需要考虑的有关产品需求的其他因素。例如,如果经济状况、人口变动、消费者偏好及生活方式等有所改变,则必须分析其对产品需求的影响。根据这些信息,客观地调查第 8) 项所获得的数据,即可合理地预测在总销售额及顾客人数中公司的潜在购买量。

资料来源:李永平. 市场营销:理论、案例与实训[M]. 北京:中国人民大学出版社,2007.

2. 物流市场细分的作用

企业可针对不同的细分市场,采取相应的市场营销战略,使物流企业的产品(服务)更符合各种不同特点的客户需要,从而在各个细分市场上扩大市场占有率,提高产量和服务的竞争能力。物流市场细分对物流企业的生产、营销起着重要的作用。

① 有利于企业发现新的市场机会,选择新的目标市场。
② 有利于企业选择目标市场和制定市场营销策略。
③ 有利于企业集中资源、提升核心竞争能力。

3. 物流市场细分的标准

物流市场中,客户对物流服务的需求,无论是在产品的质量和数量上,还是在产品的特性和要求上都存在着明显的差异。虽然客户从根本要求上都是为了完成物品从供应地向接收地的实体流动过程,但是物流活动或物流作业的具体运作活动却各不相同,这就为物流市场的细分提供了客观依据。因此,物流企业必须致力于分析确认客户的需求差别,进行市场细分,从而选择和确定目标市场,来提高企业物流服务营销的效率和效益。根据物流市场的特点,物流企业可按照客户所属行业、地理区域、物品属性、客户规模、时间长短、服务方式和外包动因等对物流市场进行细分。

① 按客户所属行业性质的不同,可将物流市场分为农产品物流市场(见图3.14)、汽车物流市场(见图3.15)和家电物流市场等。

图 3.14　农产品物流市场

图 3.15　汽车物流市场

② 按地理区域的不同,可将物流市场分为区域物流市场、跨区域物流市场和国际物流市场。
③ 按客户规模的不同,可将物流市场细分为大客户市场、中等客户市场和小客户市场。
④ 按时间长短的不同,可将物流市场细分为长期客户市场、中期客户市场和短期客户市场。
⑤ 按服务方式的不同,可将物流市场细分为单一型物流服务方式市场和综合型物流服务方式市场。
⑥ 按外包动因的不同,可将物流市场细分为关注成本型市场、关注能力型市场、关注资金型市场和多动因型市场。

(二)实施市场定位

1. 物流市场定位的定义

物流市场定位是指物流企业通过自身的物流服务创立鲜明个性,塑造出与众不同的市场形象,使之在顾客心目中占据一定的位置,从而更好地抓住客户、赢得客户。市场定位为物流服务差异化提供了机会,使每一家企业及其服务在客户心目中形成特定的形象,从而影响其购买决定。

2. 物流市场定位要体现的原则

① 以"需求为中心"的物流服务精神。
② 以"最低成本完成最佳任务"为根本的物流服务目标。

③ 以"绿色、双赢策略"为标准的物流服务模式。

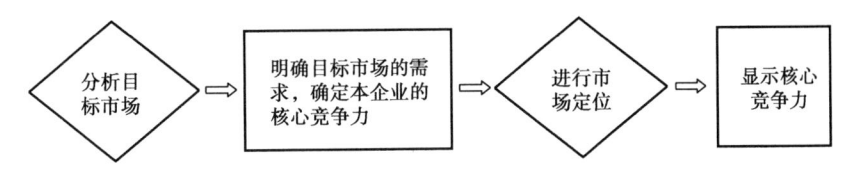

3. 物流市场定位的步骤

物流市场定位的步骤如图 3.16 所示。

分析目标市场 ⇒ 明确目标市场的需求，确定本企业的核心竞争力 ⇒ 进行市场定位 ⇒ 显示核心竞争力

图 3.16　物流市场定位的步骤

1）分析目标市场。

根据物流服务产品价格、质量、功能等特征来分析市场构成，明确竞争对手的数量和实力；也可以通过竞争结构图或市场结构表来表现目标市场。

2）明确目标市场的需求，确定本企业的核心竞争力。

在市场分析基础之上，物流企业应该明确 3 个问题：目标市场上竞争对手的服务产品定位如何？目标市场上足够数量的顾客的物流需求是什么，他们的欲望满足程度如何？本企业能为此做些什么？通过对以上 3 个问题的回答，物流企业可以更清楚如何做才能吸引客户。

3）进行市场定位。

市场定位分两步走，初步定位后，还要经过调研、试销、校正偏差等正式定位，需要强调的是，随着目标市场供求状况的不断变化，企业在目标市场上的定位将不断得到修正。

4）显示核心竞争力。

凸显企业优势，显示核心竞争力是赢得客户的关键。首先，建立与市场定位相一致的形象，计目标顾客知道、了解和熟悉本企业的市场定位，使目标顾客对本企业的市场定位产生认同、喜欢和偏爱。其次，巩固与市场定位相一致的形象，通过强化目标顾客的印象、保持目标顾客的了解、稳定目标顾客的态度和加深目标顾客的感情等来实现。最后，矫正与市场定位不一致的形象。有时候，目标顾客对企业及其市场定位的理解会出现偏差，如定位过低或过高，定位模糊与混乱，易造成误会，必须及时纠正。

4. 物流市场定位的方法

物流企业推出的每种服务产品，都需要选定其特色和形象。现有产品在其原有定位已经不再具有生命力时，亦需要重新做出定位决定。对服务产品的市场定位，可以应用多种方法，主要有以下几种。

(1) 按具体的产品特色定位

产品特色定位是根据其本身特色，确定它在市场上的位置。这时广告宣传应侧重介绍作为定位的依据，如产品质量、价格和特色等。例如，中海北方物流有限公司组建的同时拥有普货、冷藏货班列，冠名为"中国海运一号"的五定班列。

"中国海运一号"由沈阳铁路局、大连铁路局、长春铁路分局组织运行，大连港务局、大连中海物流有限公司共同组织货源。该班列每周一、周四由大连发车，周三、周六由长春出发，实施"五定"：定地点、定日期、定线路、定运价和定时间。该集装箱班列自当年 6 月开通至年底，共运行班列 88 班次，运载集装箱 1.4 万多个标箱。

(2) 按所提供的利益和解决问题的方法定位

产品本身的属性和由此衍生的利益、解决问题的方法及重点需要的满足程度也能使客户感

受到它的定位。例如,物流行业中人性化专业物流服务的定位——"满足客户的需要、做到客户想要的、发现客户将要的"服务理念。

(3) 按产品的专门用途定位

为老产品找到一种新用途,是为该产品创造新的市场定位的好方法。例如,物流的概念未传入我国之前,类似物流的行业在我国已经存在,包括流通业、仓储业、交通运输和邮政业等。但是进一步完善市场经济之后,就需要我们重新对物流行业进行定位,完善现代物流产业,呼唤具有现代物流运作模式的现代物流企业,以满足市场经济的发展。

(4) 按使用者的类型定位

这是指把产品指引给适当的潜在使用者,根据使用者的心理和行为特征及特定消费模式塑造出恰当的形象。例如,中海北方物流有限公司把物流同农业生产联系到一起,为物流产业获得了适宜的形象:"中海人"以先进的现代物流理念,率先在国内物流界推出了"以现代化物流产业服务于现代农业"的经营方针。在海南和大连采用"公司+农户"的方式建成投产了数万亩现代化水果蔬菜种植基地,并通过集团强大的海上实力开通了国内精品航线——海上绿色通道,反季节果菜汇集到两地物流配送基地,精加工后配送给超市,使物流产业同大众更加亲近了。

(5) 按竞争定位

这是指按竞争者的特色与市场位置,结合企业自身发展需要,将本企业的产品,或者定位于与其相似的另一类竞争产品的档次,或者定位于与竞争直接有关的不同属性或利益。以上定位方法往往是相互关联的,物流企业在进行市场定位时可在综合考虑各方面因素的基础上,将各种方法结合起来使用。

(三)选择目标市场

1. **无差异性市场营销策略**

无差异性市场营销策略是指企业将产品的整个市场视为一个目标市场,用单一的营销策略开拓市场,即用一种产品和一套营销方案吸引尽可能多的购买者。无差异营销策略只考虑消费者或用户在需求上的共同点,而不关心他们在需求上的差异性(见图3.17)。UPS在20世纪60年代以前采取的就是单一服务内容、统一价格、同一广告的无差异策略。优点是有利于标准化及大规模生产,降低生产、存货、运输、研发等方面的成本。缺点是单一的产品要以同样的方式销售希望所有的消费者满意是不可能的。

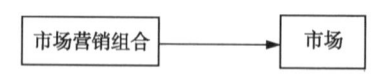

图 3.17 无差异性市场营销策略

2. **差异性市场营销策略**

差异性市场营销策略是指企业同时为几个子市场服务,设计不同的产品,并在渠道、促销、定价方面都加以相应的改变,以适应各个子市场的需要(见图3.18)。

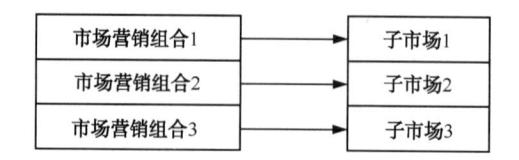

图 3.18 差异性市场营销策略

企业的产品种类如果同时在几个子市场都占有优势,就会提高重复购买率。而且通过多样化的渠道和产品线进行销售,总销售额也会明显增加。差异性市场营销策略的不足是会增加企业的生产成本和市场营销成本及管理费用。

3. 集中性市场营销策略

实行无差异性市场营销策略和差异性市场营销策略,企业均是以整体市场作为营销目标,试图满足所有消费者在某一方面的需要。集中性市场营销策略则是集中力量进入一个或少数几个细分市场,实行专业化生产和销售。实行这一策略,企业不是追求在一个大市场角逐,而是力求在一个或几个细分市场占有较大份额。例如,生产空调机的企业不是生产各种型号和款式、面向不同顾客和用户的空调机,而是专门生产安装在汽车内的空调机,汽车轮胎制造企业只生产用于换胎业务的轮胎,这些都采用了此策略,早期的宝供物流基本上是为宝洁一家公司提供物流服务的,它采用的也是集中性市场营销策略。

经验之谈

市场细分和选择目标市场的关系

两者的区别在于:市场细分是企业寻求市场上不能得到满足的需求和按不同的购买欲望划分客户群体的过程,而选择目标市场则是企业根据自身的条件,确定某一个细分市场作为营销对象的过程。

两者的联系在于:市场细分是选择目标市场的基础,而目标市场的选择又是市场细分的目的和结果。

小结:思路决定出路!

要点回顾

一、模拟企业(公司)成立
(一)认识企业
1. 企业的概念 2. 企业类型
(二)筹集企业资金
1. 发行股票和债券 2. 依靠企业自有资金 3. 从金融机构借款 4. 利用外资
(三)企业员工招聘
1. 员工招聘的概念 2. 员工招聘的原则 3. 员工招聘的程序 4. 员工激励
(四)构建企业组织结构
1. 直线型组织结构 2. 职能型组织结构 3. 直线—职能型组织结构 4. 事业部型组织结构 5. 矩阵型组织结构 6. 虚拟组织 7. 集团型和微型组织结构
(五)制定企业管理制度
1. 内容要合法 2. 内容要系统全面 3. 有较强的操作性 4. 要体现人性化管理的内容 5. 及时修订

二、市场调查
(一)了解市场调查的作用
1. 市场调查的概念 2. 市场调查的特点 3. 市场调查的作用
(二)选择市场调查方法
1. 按商品消费目的的不同划分 2. 按调查目的的不同划分 3. 按调查对象范围的不同划

项目二 构建企业

分
4. 按调查内容的不同划分　5. 按调查时间连续性的不同划分　6. 按市场调查基本方法的不同划分　7. 按地域的不同划分

（三）开展市场调查的步骤

1. 市场调查准备阶段　2. 市场调查搜集资料阶段　3. 市场调查研究阶段　4. 市场调查总结阶段

（四）分析市场调查的结果

三、市场定位

（一）了解市场细分

1. 物流市场细分的概念　2. 物流市场细分的作用　3. 物流市场细分的标准

（二）实施市场定位

1. 物流市场定位的定义　2. 物流市场定位要体现的原则　3. 物流市场定位的步骤
4. 物流市场定位的方法

（三）选择目标市场

1. 无差异性市场营销策略　2. 差异性市场营销策略　3. 集中性市场营销策略

练一练

1. 参观几家不同类型的物流企业，比较其企业组织结构图和主要管理规章制度，分析各自的优缺点。

2. 将学生分成几个小组，给出情景，模拟面试，以熟悉和了解企业招聘员工的步骤。

3. 联系一家物流企业，为其编制市场调查表或调查问卷，开展实际调查并写出调查报告。

4. 工学结合项目：教师带领学生参观一家物流企业，根据顾客群的资料，分析这家物流企业的市场定位情况。如果定位不准确，请提出合理化建议和调整后的方案，以电子版模式提交。

学习资源库

1. 叶茂中营销策划机构网站，http://www.yemaozhong.net.
2. 中国管理传播网，http://www.manage.org.cn.
3. 中华广告网，http://www.a.com.cn.
4. 中国人力资源网，http://www.hr.com.cn.

测一测

一、单项选择题

1. 企业向金融机构筹集资金，手续简单，借款空间大，资金成本低，但长期借款（　　）。
　　A. 利息较高　　B. 需提供抵押资产　　C. 有限额　　D. 不必还本付息

2. 利用外资可弥补我国经济建设资金不足的缺陷，减轻就业压力，外资企业筹集资金的形式可以是政府间贷款，合资经营，合作经营，外资参股和（　　）。
　　A. 国内控股　　　　　　　　　　B. 外资控制
　　C. 企业共同管理资金　　　　　　D. 资金、设备分管

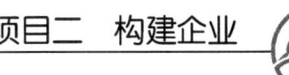

3. 有效的员工招聘不仅可以提高员工素质、改善人员结构,更可以为企业带来技术、管理上的重大革新。而( )应该始终是补充人员的主渠道。
   A. 领导指派　　　B. 借助猎头　　　C. 外部招聘　　　D. 内部招聘
4. 属于物质激励的是( )。
   A. 先进个人　　　B. 劳动模范　　　C. 优秀工作者　　　D. 10万元
5. 集中政策、分散经营、独立经营、单独核算是指( )组织结构。
   A. 直线型　　　B. 事业部型　　　C. 职能型　　　D. 直线—职能型
6. ( )不是按调查时间的连续性分类的。
   A. 定量调查　　　B. 定期调查　　　C. 一次性调查　　　D. 经常性调查
7. 在现实生活中,供应链内企业之间的关系是( )。
   A. 一对一　　　B. 多对一　　　C. 一对多　　　D. 多对多
8. 在物流市场划分类型中,不属于按地理区域划分的是( )。
   A. 国际物流　　　B. 汽车物流　　　C. 跨区域物流　　　D. 区域物流
9. 物流企业一般不包括( )。
   A. 制造业物流企业　　　　　　B. 批发业物流企业
   C. 金融业企业　　　　　　　　D. 零售业物流企业
10. 现代物流管理以实现( )为第一目标。
    A. 顾客满意　　　B. 企业利益最大化　　　C. 提高物流效率　　　D. 降低成本
11. 哪一项不是物流市场细分的作用?( )。
    A. 抓住市场机会　　　　　　B. 选择目标市场
    C. 选择战略伙伴　　　　　　D. 集中资源提升竞争力
12. 供应链的战略内涵不包括( )。
    A. 确定利益共享机制　　　　B. 达成长期共识
    C. 高标准的信任和合作关系　D. 低廉的成本
13. 企业物流合理化的意义不在于( )。
    A. 降低物流费用　　　　　　B. 缩短生产周期
    C. 提高管理水平　　　　　　D. 增加物流复杂度
14. 企业需求预测的过程一般包含这样几个步骤,其中正确的排序方式是( )。
    1) 确定预测目标　　　　　　2) 企业资料的搜集整理和分析
    3) 初步预测将来的需求量　　4) 调整需求预测的结果
    5) 执行和评估
    A. 1)2)3)4)5)　　　　　　　B. 1)3)2)4) 5)
    C. 1)3)4)2)5)　　　　　　　D. 2)1)3)4)5)
15. ( )的理论基础是成本的经济性。
    A. 集中性市场营销策略　　　B. 差异性市场营销策略
    C. 无差异性市场营销策略　　D. 多元化策略

二、多项选择题

1. 股票按股东承担风险和享有权益的大小,可分( )两种。
   A. 普通股　　　B. 优先股　　　C. 成长股
   D. 潜力股　　　E. 绩优股

2. 员工招聘的主要形式有（　　　　）。
   A. 外部招聘　　　B. 内部招聘　　　　　C. 领导指派
   D. 猎头推荐　　　E. 员工推荐
3. 不属于现代物流业主体行业的是（　　　　）。
   A. 铁路运输业　　B. 通运业　　　　　　C. 配送业　　　　D. 制造业
4. 现代物流企业应具备的条件包括（　　　　）。
   A. 规模化　　　　B. 网络化　　　　　　C. 信息化　　　　D. 专业化
5. 招聘测试一般包括（　　　　）。
   A. 面试　　　　　B. 政治审核　　　　　C. 心理测试　　　D. 操作技术考核
6. 对招聘工作的评价一般应根据（　　　　）来判断。
   A. 招聘人员的数量　　　　　　　　　　　B. 招聘工作的效率
   C. 录用人员的表现　　　　　　　　　　　D. 领导是否喜欢
7. 市场调查的特点是（　　　　）。
   A. 主观性　　　　B. 系统性　　　　　　C. 社会性　　　　D. 目的性
8. 关于企业需求预测方法的描述正确的有（　　　　）。
   A. 客户意见推测法属于客观预测方法
   B. 专家意见推测法以经验为基础，在预测资料不足的情况下可以发挥作用
   C. 预测时应该综合运用各种可能的方法，不能只拘泥于某一种方法
   D. 时间序列分析法是企业进行需求分析预测时最具有代表性的方法
   E. 客户意见推测法使得客观性增强
9. 按调查的目的性的不同，调查可以分为（　　　　）。
   A. 探测性调查　　B. 描述性调查　　　　C. 因果性调查　　D. 预测性调查
10. 常用的资料收集方法有（　　　　）。
    A. 调查法　　　　B. 电话调查　　　　　C. 实验法　　　　D. 留置法
11. 理解客户需要与期望的方法主要有（　　　　）。
    A. 客户陈述　　　B. 主动了解　　　　　C. 不满与抱怨　　D. 共同探索
12. 按外包动因的不同，可将物流市场细分为（　　　　）。
    A. 关注成本型　　B. 关注能力型　　　　C. 关注资金型　　D. 多动因型
13. 差异性市场营销策略的优点是（　　　　）。
    A. 资源配置效率性　　　　　　　　　　　B. 节省费用
    C. 针对性强　　　　　　　　　　　　　　D. 生产机动灵活
14. 现代物流业由（　　　　）组成。
    A. 交通运输业　　B. 仓库业　　　　　　C. 通运业　　　　D. 配送业
15. 差异性市场营销策略的不足之处主要体现在（　　　　）。
    A. 增加营销成本　　　　　　　　　　　　B. 产品统一
    C. 成本低　　　　　　　　　　　　　　　D. 使企业的资源配置不能有效集中

三、判断题

1. 外部招聘应该始终是补充人员的主渠道。　　　　　　　　　　　　　　　　（　　）
2. 内激励指工作之外的回报、奖赏、赞扬。　　　　　　　　　　　　　　　　（　　）
3. 物流一体化与供应链管理已成为现代物流管理的一个方向。　　　　　　　　（　　）

4. 当今,企业的发展趋势应该是凭借整条供应链竞争。( )
5. 企业制定规章制度是自己的事情,有些内容可以不遵循法律、行政法规及政策规定。( )
6. 市场调查可以帮助企业捕捉到市场机会。( )
7. 供应链的战略内涵就是指低廉的成本。( )
8. 典型调查是从调查对象总体中选择少数重点单位进行调查。( )
9. 市场调查的结果只是帮助管理部门做出正确的决策,其结果本身不是一种目的。( )
10. 结论是市场调查分析报告的主体部分。( )
11. 市场调查结果准确度要求越高,抽取样本数量应越少,但调查费用也越低。( )
12. 物流在流通过程中的作用是创造了空间价值和时间价值。( )
13. 客户服务是静态的。( )
14. 选择目标市场是市场细分的基础,而市场细分又是目标市场选择的结果。( )
15. 物流市场定位要体现以"降低客户的经营成本"为根本的物流服务目标。( )

四、实务操作题

1. 某公司近期招聘了一批员工,其中有位是原公司的中层管理人员。请问:如何最大限度激发该员工的工作潜力。

2. 东北一家大型国有企业因为经营不善导致破产,后来被日本一家财团收购。厂里的人都在翘首盼望日本人能带来先进的管理方法。出乎意料的是,日本只派了几个人来,除了财务、管理、技术等要害部门的高级管理人员换成了日本人外,其他的根本没动。制度没变,人没变,机器设备没变。日方就一个要求:把先前制定的制度坚定不移地执行下夫!结果不到一年,企业就扭亏为盈了。请问:该企业为什么这么快就扭亏为盈?具体是怎样操作的?

操作内容:企业如何提高执行力。
操作要求:结合教材内容分析。

扩一扩

案例赏析一:奇瑞QQ,从时尚名品到潮流代言

2009年,俞灏明签约QQ品牌代言人仪式,一场万人见证的"QQ me"上市活动为奇瑞QQ吸引了无数眼球。紧接着,持续了近4个月的"笔意QQ"大型征文活动也将接近尾声。接连不断的文化营销大戏,已使奇瑞QQ成为汽车文化营销界中最闪亮的明星。

延续着相同的营销理念,QQ品牌2009年年初隆重推出的"笔意QQ"大型网络征文活动,以高达300多项大奖的强大诱惑力,在网上激起了一轮轮"Q义争霸"的写作热潮。QQ上市以来,不同年龄、不同类型的Q友风采被一一呈现,奇瑞QQ所崇尚的"时尚、开心、积极、友爱"精神得到完美渗透和传播。作为已实现微型轿车销量第一、出口第一、汽车文化第一、微轿关注第一等优秀成绩的行业先锋,奇瑞QQ的"时尚名片"形象通过"笔意QQ"获得了最清晰的印证和强化。QQ me上市代言小车潮流文化,QQ品牌系列产品QQ mc的问世,则把QQ一举推向了更富潮流色彩的代言者的地位,QQ品牌的文化营销再次标新立异、大胆创新,输入当今流行的娱乐营销模式。

承袭了QQ家族"笑脸基因"的QQ me,造型独特、张扬、色彩艳丽、炫目,定位更加年轻、新潮。为了将它更好地推向市场,奇瑞在一系列的文化营销活动中融入了强大的互动性与娱乐性,以迎合今天活跃在时尚最前沿的新潮一族。从天娱明星俞灏明代言的签约仪式,到"寻me计划

三部曲"的大型汽车娱乐秀;从湖南卫视《一呼百应》QQ me 专场的上市活动,再到与湖南卫视《天天向上》《快乐购》等栏目的合作。短短几个月,接连的营销动作已使奇瑞QQ 成为娱乐营销的活力标兵、跨界文化营销的杰出典范,小车的潮流文化也被推向了更高的巅峰。

2010 年,奇瑞公司投资拍摄的中国第一部汽车浪漫童话短剧《恋上你的ME》在央视六套隆重播出,各大视频网站也在第一时间转载该剧。观众在收看短剧后普遍反响不错。业内人士也对奇瑞QQ 此次别出心裁的宣传形式给予了好评。从反馈来看,大部分观众觉得短剧温馨浪漫,演员的表演真实自然。有位网友发帖说道:"短剧的总体感觉很清新、很自然,男女主角演得也很到位,3 位'明女郎'的演技也都不错!"还有部分 QQ 车友围绕奇瑞新颖的宣传形式发起讨论,他们认为,通过此次活动,奇瑞QQ 与消费者之间的距离变得更近了,而且感觉 QQ 品牌的年轻含义被再一次重树和强化了。

随着文化营销的力量日益成为市场主流,奇瑞QQ 的个性时尚文化也经历了不同的发展阶段,并日益表现出强大的营销活力。对于汽车消费市场而言,QQ 所代表的不同阶段的生活方式与长期的文化积淀,已经成为中国小车市场的重要特色,并见证了一段经典品牌的成长之路。

资料来源:易车网,http://news.bitauto.com/

案例点评

在营销界,文化营销向来被认为是一种境界最高、最彻底,也是最畅销的营销模式。汽车文化营销更是成为继价格战、促销战之后,备受汽车企业重视的营销趋势。而奇瑞QQ 作为小车时尚文化的最佳代言人,一直是汽车文化营销史上的先驱,已先后通过网络价格有奖竞猜、个性汽车装饰大赛、QQ 摄影大赛、一年一度的 QQ 文化节等文化营销活动树立了在中国小车界的"时尚名片"形象,凝聚了极具特色的"Q族"文化。

案例赏析二:某公司仓库管理制度

1. 目的。

为了保障仓库货品保管安全、提高仓库工作效率和物流对接规范,制定仓库管理制度,以确保本公司的物资储运安全。

2. 范围。

针对物流部仓库和理货区。

3. 内容。

(1) 严格遵守公司和部门的各项规章制度。

① 严格按照公司规定的作息时间上下班,做到不迟到、不早退、不旷工、不罢工、不代人打卡;上班时间内在各自岗位上尽职尽责,不串岗、不做与工作无关的事情。

② 非物控室和仓管室员工不得进入仓库,因工作需要的其他人员经请示上级同意后,在仓管员的陪同下方可进入仓库,任何进入仓库的人员必须遵守仓库管理制度。

③ 非物流部员工不得进入理货区,因工作需要的其他人员经请示上级同意后,在理货员的陪同下方可进入理货区;物流部配送人员在进入理货区后,及时完成各配送线路的包装箱交接清点和单据签收工作,任何进入理货区的人员必须遵守仓库管理制度。

④ 所有人员不得携带能够装手机或配件的包装物品(如手提包、纸袋等)进入仓库和理货区,因工作需要携带的,在出仓库时必须接受仓管员或理货员的检查。

⑤ 任何人员不得在仓库和理货区内吸烟。

⑥ 仓管员、理货员不得将水杯、饭盒和零食等东西带入仓库或理货区,更不得在仓库或理货区内吃东西。

⑦ 服从上级的工作安排,并按时保质、保量完成上级交代的任务。

(2) 严格执行仓库的货物保管制度。

① 仓管员严格按照 ISO 9000 和 6S 的标准要求,规范仓库货物管理。

② 仓管员、理货员必须全面掌握仓库所有货物的储存环境、堆层和搬运等注意事项,以及货品配置(包括礼品等)、性能和一些故障及排除方法。

③ 理货员对所有入库货物的质量进行严格检查和控制。

④ 储存在仓库的货物,按照货物的品牌、型号、规格和颜色等分区归类整洁摆放,在货架上做相应的标志,并制作一个仓库货物摆放平面图,张贴在仓库入口处。

⑤ 同类型、不同批次的货物入库要分开摆放,发放货物时,要按照先进先出的顺序出库。

⑥ 严格遵照货物对仓库的储存环境要求(如温度、湿度等)进行储存保管,定时对货物进行清洁和整理。

⑦ 保证仓库环境卫生、过道畅通,并做好防火、防潮和防盗等安全防范的工作,学会使用灭火器等工具,每天下班前必须检查各种电器、电源等的安全情况。

⑧ 仓管员按照财务要求及时记录好所有货物进出仓的账目情况,每天做好盘点对数工作,保证账目和实物一致。

⑨ 仓管员、理货员不得挪用、转送仓库内的任何物品,其他人员需要到仓库借用货物的,必须由本部门负责人在借条上批准后才能将其借走。

⑩ 仓库、理货区、包装箱及其他贵重物品的专柜锁、钥匙由各组长保管,不得转借、转交他人保管和使用,更不得随意配制。

(3) 严格执行货物进出仓库的规程。

① 严格执行仓库的货物进出仓运作流程,确保仓库区域货物的储存安全。

② 理货员在收发时请参照《理货规程》。

③ 仓管员在接到理货员入库通知时,按照入库单与理货员做好货物清点交接工作,并要求理货员在调拨单上签字确认。

④ 仓管员在接到理货员出库通知时,按照调拨单与理货员做好货物清点交接工作,并要求理货员在调拨单上签字确认。

⑤ 仓管员、理货员必须按照进出仓流程做好各项交接工作。

资料来源:广州物流网,http://guangzhou-logistics.com/

案例赏析三:关于全球著名快递公司 UPS 的调查问卷

第1题【单项选择题】请问您是否用过快递?(　　)。(必答)

A. 是　　　　　　　　　　B. 否

第2题【单项选择题】如果用过快递,会选择哪个快递公司?(　　)。(选答)

A. EMS(中国邮政快递)　　B. UPS　　　　　C. DHL

D. FedEx(联邦快递)　　　E. 其他

第3题【单项选择题】您通过什么途径了解快递公司的信息?(　　)。(必答)

A. 宣传广告　　B. 递送员　　C. 网络　　D. 亲戚朋友

第4题【单项选择题】您觉得自己对 UPS 快递公司的印象如何?(　　)。(必答)

A. 不错,信誉挺好的　　　　　B. 了解不深,感觉还行

C. 完全不了解　　　　　　　　D. 信誉很差

第5题【多项选择题】您认为一个让你满意放心的快递公司,最需要具备的是什么?(　　)。(至多选3个)(必答)

A. 运送准时　　　　　B. 服务态度好　　　　　　C. 历史悠久
D. 资金雄厚　　　　　E. 社会声誉好　　　　　　F. 服务网点密布

第6题【单项选择题】您对曾用过的快递公司有哪些方面的不满？（　　）。（必答）
A. 运送不准时　　　　　　　　　　B. 服务态度差
C. 经常有负面新闻　　　　　　　　D. 服务网点不够多

第7题【多项选择题】在选择快递公司时，影响您选择的因素主要有哪些？（　　）。（必答）
A. 价格　　　　　　　B. 品牌　　　　　　C. 效率　　　　　D. 安全
E. 服务网点分布　　　F. 历史悠久　　　　G. 服务态度

第8题【单项选择题】你认为UPS区别于其他快递公司的最大特点是什么？（　　）。（必答）
A. 价格　　　　　　　B. 品牌　　　　　　C. 效率　　　　　D. 安全
E. 服务网点分布　　　F. 历史悠久　　　　G. 服务态度

第9题【扩展多项选择题】对快递公司的负面新闻，您知道的有哪些？（　　）。（必答）
A. 货物遗失　　　　　B. 送递延迟　　　　C. 服务态度问题
D. 服务网点问题　　　E. 价格问题　　　　F. 其他（　　　　　　）（请填写）

第10题【单项选择题】您听到速递公司负面报道后的反应是什么？（　　）。（必答）
A. 停止光顾　　　　　　　　　　　B. 选择较为放心的速递公司
C. 在心理谴责这种行为，没有其他动作　　D. 觉得离自己很遥远，没有什么感觉

第11题【单项选择题】您是否会偏好于光顾某一家速递公司？（　　）。（必答）
A. 是　　　　　　　　B. 在某段时间内是　　　C. 否

第12题【单项选择题】是什么原因让您偏向于光顾该种速递品牌的呢？（　　）。（必答）
A. 价格　　　　　　　B. 品牌　　　　　　C. 效率　　　　　D. 安全
E. 服务网点分布　　　F. 历史悠久　　　　G. 服务态度

资料来源：知己知彼网，http://www.zhijizhibi.com/

案例赏析四：市场调查有高招

市场调查与预测对于许多精英企业来说已成为一种竞争武器。自1919年美国柯帝斯出版公司首次运用成功，立即在世界范围内迅速扩展开来，并由最初的简单收集、记录、整理、分析有关资料和数据发展成为一门综合性科学。随着世界经济的不断发展，国际上一些著名企业更是把精确而有效的市场调查与预测作为企业经营、发展的必修课，各种手法可谓洋洋大观，高招迭出。

①"经理捡纸条"。在澳大利亚昆士兰州，许多远道而来的顾客，特别是生怕忘事的家庭主妇，在到商店购物前总喜欢把准备购买的商品名字写在纸条上，买完东西后则随手丢弃。一家大百货公司的采购经理注意到这一现象后，除了自己经常捡这类纸条外，还悄悄发动其他管理人员也行动起来。他以此作为重要依据，编制了一套扩大经营的独家经验，结果可想而知：许多妇女从前要跑很远的路才能购买到的商品，现在到附近分店同样也能买到。

②"顾客的影子"。找人充当顾客影子是美国一些市场营销调研公司的杰作，这些公司专门为各商场提供市场营销调研人员。这些人接受商场聘请之后，便时刻不离顾客左右，设法了解顾客购买了哪些商品，停留了多久，多少次会回到同一件商品面前及为什么在挑选很长时间后还是失望地离开等信息。美国许多企业得益于这类调查，并因而使经营更具针对性，更贴近消费者。

③"半日游逛"。德国的哈夫门公司格外善于捕捉市场信息，享有"新鲜公司"之雅号。它们

的方法是经理和高级职员每天半日坐班,半日深入社会,广抓信息。一次,公司的管理部长进剧院看戏,三心二意难进剧情,而不远的一对青年男女的对话,却声声入耳:"你能给我买顶有朵白花饰物的绒帽吗?我们公司的女孩们都想得到那样一顶漂亮的帽子。只有赫得公司卖过一批,可以后再也见不到了。""亲爱的,我保证给你买到。你知道吗,我们公司的同事们都想买那种双背带背包,省力又不会使肩膀变形,你要是能为我买来,他们肯定既羡慕又嫉妒。"管理部长坐不住了,出门直奔几家商店,得到的信息是问的人多,可没货。部长连夜找来几位设计师,两周后,白花绒帽和双带背包作为哈夫门公司献给大家的圣诞礼物摆上了柜台,生意之红火就不用说了。

④ "皱眉信息"。秘鲁一家百货公司经理库克,提出要捕捉"皱眉信息"。即当看到顾客挑选商品时,如果皱眉便说明顾客不满意,售货员要主动承认商品的不足之处,求得顾客的信息,然后商场便想方设法加以改进。库克这一招使百货公司的效益魔术般上升。

⑤ 开设"意见公司"。日本企业家一向以精明著称,这方面自不甘落后。某"意见公司"由日本实践技术协会开设,有员工近百人。他们与不同年龄、不同层次的消费者建立固定联系,经常请他们对各种商品提出意见。同时还刊登广告征求意见,并提供相应报酬。他们将收集到的各种意见整理分类及时反馈给有关企业,自身也从中得到回报。公司的人员来自各个层次,知识结构也力求搭配合理。

⑥ "巧设餐馆"。日本企业界有一则流传甚广的故事:日本人对英国的纺织面料在世界久享盛誉一直不服,却无从得知其中奥秘,于是便萌生一计——集中本国丝绸行业的部分专家进行烹调培训,然后派往英国,在最有名的纺织厂附近开设餐馆。很多厂里的人都前来就餐,日本人便千方百计搜集情报,结果还是一无所获。不久餐馆宣布"破产",由于很多"厨工"已同工厂的主管人员混熟,所以部分人就进入到这家工厂工作。一年后,这些人分批辞职回国,成功地把技术带回了日本,并改进为更先进的工艺返销给英国。为了得到技术情况,日本人可谓煞费苦心打了一个迂回战,有人指责说这完全超出了市场营销调研方法的内容范围,近乎是间谍行为了。

点评:市场信息是现代人类社会的重要资源,而市场调查则是帮助企业获取直接市场信息的重要手段。随着我国经济的持续繁荣发展,身处竞争激烈的市场环境中的各类企业都有市场调查的强烈需求。当然,市场调查的结果真实与否、有用与否,则要依赖于调查人员的素质和方法运用。借鉴其他企业的有用方法和实战经验,可以帮助物流服务企业更好地应对市场竞争。

心灵悟语:机会总是留给有准备的人的。

项目三 仓储商务管理

财富故事

一个古老的财富故事

春秋末期帮助越王勾践灭吴的楚人范蠡,人称"陶朱公",不但政治上谋略过人,做生意更是一把好手,是当时最有钱的人,更是中国历史上弃政从商的鼻祖,以至于后人都把"陶朱公"当成富翁的代名词。当时齐国人慕名想请他为相,更有很多人羡慕他的富有,向他请教致富之道。

有个鲁国人叫猗顿,原来是雕刻陶砖的,手艺很好。有一天,范蠡向他订购一块陶匾,很急。猗顿说,他愿意连夜雕刻,到天亮时就可以完成,但是唯一的条件是范蠡要告诉他致富的秘诀。

范蠡同意了这个条件,到天亮时,猗顿完成了陶匾的雕刻工作,范蠡也兑现了他的诺言,他告诉猗顿:"致富的秘诀是:你赚的钱中有一部分要存下来,然后要用钱赚钱。""财富就像树一样,从一粒微小的种子开始成长,第一笔你存下来的钱就是你财富成长的种子,不管你赚的多么少,你一定要存下十之一二。"

一年后,当范蠡再来的时候,他问猗顿是否有照他的话去做,把赚来的钱省下十之一二。

猗顿很骄傲的回答,他确实照他的方法做了。范蠡就问:"那存下来的钱,你如何使用的呢?"

猗顿说:"我把钱给了对门的泥瓦匠,因为他会到北方很远的地方买回稀有的珠宝,当他回来的时候,我们将把这些珠宝卖很高的价格,然后平分这些钱。"

范蠡责骂道:"只有傻子才会这么做,为什么买珠宝要相信泥瓦匠的话呢? 你存下来的钱已经泡汤了! 年轻人,你把财富的树连根拔掉了。下次你买珠宝应该去请教珠宝商,买绸缎去请教绸缎商,别和外行人合伙做生意!"

正如范蠡所说,泥瓦匠被人骗了,买回来的是不值钱的玻璃,看起来像珠宝。猗顿再次下定决心存下所赚的钱的十之一二。当第二年范蠡再来的时候,他又询问猗顿钱存的如何。

猗顿回答:"我把存下来的钱借给了铁匠去买青铜原料,然后他每3个月付我一次利钱。"

范蠡说:"很好,那么你如何使用赚来的利钱呢?"

猗顿说:"我把赚来的利钱拿来吃了一顿丰富大餐,并买了一身很体面的衣服,我还计划买一匹好马来骑。"

范蠡笑了,说:"你把存下的钱所衍生的子息吃掉了,你如何期望它们及它们的子孙能再为你工作,赚更多的钱? 只有当你赚到足够的财富时,你才能尽情享用而无后顾之忧。"

又过了两年,范蠡问猗顿:"你是否达到梦想中的财富?"

猗顿说:"还没有,但是我已存下了一些钱,也不乱花钱。我将存下的钱交给牧羊人,让他们多买羊崽,卖了钱分给我一半。这样我就可以钱滚钱,钱又滚钱。"

范蠡又问:"好极了,那你是否还会向泥瓦匠请教事情?"

猗顿说:"有关盖房子的事情请教他能得到很好的建议。"

范蠡说:"好了,你已学会了致富的秘诀。首先,你学会了从赚来的钱中省下钱;其次,你学会了向内行的人请教意见;最后,你学会了如何让钱为你工作,使钱赚钱。也就是说,你已学会如何获得财富、保持财富、运用财富。"

后来,猗顿在10年之间,赚取了可比王公的财富,成为史上最富有的人。

成功的人都善于管理、维护、创造财富。致富之道在于听取专业的意见,并且终生奉行不渝。这则古老的故事当中,蕴含着金钱的三大金科玉律。

金钱的第一定律:金钱是慢慢流向那些愿意储蓄且懂得保护它的人。每月至少存入1/10的钱,久而久之可以累积成一笔可观的资产。重视时间报酬意义,耐心谨慎地维护它的价值,让它持续增值,而不贪图暴利。

金钱的第二定律:金钱愿意为懂得运用它的人工作。那些愿意打开心胸,听取专业意见,将金钱放在稳当的生利投资上,让钱滚钱、利滚利,将会源源不断创造财富。对于拥有金钱而不善理财的人,一眼望去,四处都有投资获利的机会,事实上却处处隐藏陷阱,误导误判,从而损失金钱。

金钱的第三定律:金钱会从那些渴望获得暴利的人身边溜走。金钱的投资报酬有一定的回收,渴望投资获得暴利的人常被愚弄,因而失去金钱。

资料来源:http://www.55like.net/jrcf/ShowMagazine.asp? ID = 208.

在这个故事中,你能悟出什么道理?

知识点

1. 仓储合同概念及订立。
2. 仓储合同的主要条款。
3. 仓储合同的无效、变更和终止。
4. 仓储合同当事人的权利与义务。
5. 违约责任的承担方式。
6. 仓单的概念、性质。
7. 仓单的功能。
8. 仓单的形式与内容。
9. 仓单的签发。
10. 仓单的分割、转让、提货。

学习目标

1. 知识目标
- 掌握仓储合同涉及的主要条款及订立程序。
- 掌握的仓储合同的无效、变更与终止。
- 掌握仓单的功能。
- 掌握仓单的内容及使用操作方法。

2. 素质目标
- 培养运用所学的仓储法律知识分析问题、解决问题的能力。
- 培养良好的团队合作与社会沟通能力。

3. 技能目标
- 能够模拟订立仓储合同并审核。
- 能够防范和处理仓储合同纠纷。
- 能够进行仓单填写、转让、提货。

实训项目

1. 宏天进出口有限公司与红日仓储有限公司拟签订一份仓储保管合同。要求学生每2人为一组，分别代表合同中的一方当事人，签订一份仓储保管合同，合同的具体内容由双方协商确定。合同应包括合同主体、仓储货物描述、验收标准和方法、保管条件要求、出入库流程和手续、损耗处理、费用结算、违约责任等。

2. 对签订的仓储保管合同进行审核。根据已签订的仓储保管合同，同学们进行交换，认真审查合同的主体是否合法，内容是否有遗漏、错误及违法之处，并判断是否是有效的仓储保管合同，提出修改意见。

3. 模拟一次仓储交易，根据交易的过程模拟制作仓单，根据交易进程完成仓单流转的过程。

引例1

宏天进出口有限公司是一家生产家用电器的企业，由于公司的库房所限，经考察，认为红日仓储有限公司不论公司规模、仓储设施设备，还是企业经营管理水平、公司信用等都能够满足要求，于是在2014年1月10日宏天进出口有限公司向红日仓储有限公司去函，请求红日仓储公司储存保管一批电器。双方需签订一份仓储保管合同。合同约定保管期限为自2014年2月1日至8月1日，储存费用为2万元，任何一方违约，均按储存费用的20%支付违约金。请同学2人一组分别代表两个公司的谈判员，从维护自身权益出发，就仓储合同有关条款进行谈判和协商，拟订合同条款，签订仓储保管合同。

引例分析

要签订一份正式的仓储保管合同，作为宏天进出口有限公司的谈判员需要做一系列相关的工作。

① 收集红日仓储有限公司的资料(包括历史资料、企业规模、仓库情况、保管条件、履约情况、社会评价等)。

② 初步拟订仓储保管合同的条款(重点考虑本公司所储存物资的保管条件要求、保管期限、仓储费、违约责任等)。

③ 与对方公司的谈判员积极协商(使自己的利益最大化)。

④ 最终签订正式的仓储保管合同。

⑤ 监督合同的履行。

引例2

某年9月，某服装公司与红日仓储有限公司签订仓储合同，约定储存20万套羽绒服，储存费2万元，储存至同年12月20日。合同签订后，服装公司依约存货并交纳了仓储费，红日仓储有限公司验收后签发了仓单。

同年12月，某百货公司向该服装公司订购了这20万套羽绒服，并取得该公司背书转让仓单,服装公司事后通知了红日仓储有限公司。

然而百货公司持仓单提货时,被红日仓储有限公司以不是合法仓单持有人为由拒绝交付,双方一直争执至天气转暖,耽误了羽绒服销售的高峰期,百货公司遭受了损失,遂向法院起诉,要求红日仓储有限公司赔偿。

请回答以下问题。

① 仓单有哪些性质?《合同法》对仓单转让有何规定?
② 服装公司转让的仓单有效吗?
③ 百货公司能取得损失赔偿吗?

引例分析

要回答引例中的问题,必须熟知以下知识。

① 仓单的性质。
② 仓单的生效。
③ 仓单转让的方法。
④ 仓储各方的权利义务。

任务四 仓储合同业务

一、认识仓储合同

(一) 仓储合同的定义与特点

仓储合同是指保管人储存存货人交付的仓储物,存货人支付仓储费的合同。提供储存保管服务的一方称为保管人,接受储存保管服务并支付仓储费的一方称为存货人,交付保管的货物为仓储物。与其他合同相比,仓储合同具有以下特点。

① 保管人须有仓储设施并专门从事仓储保管业务。仓储合同中为存货人保管货物的一方,必须具备仓储设备和专门从事仓储保管业务的资格,这是从事仓储保管业务的重要条件。从事仓储保管业务的资格是指仓储保管人必须取得工商行政管理机关核准的营业执照,这是仓储合同主体上的重要特征。

② 仓储合同的标的物为动产。在仓储合同中,存货人将仓储物交付给保管人,由保管人按照合同的约定进行储存和保管。因此,根据合同性质,存货人交付的仓储对象必须是动产,不动产不能成为仓储合同的标的物。

③ 仓储合同为双务、有偿合同。双务合同是指双方当事人互负对待给付义务的合同,而有偿合同是指当事人一方享有合同规定的权益,须向对方当事人偿付相应代价的合同。《合同法》第三百八十一条规定:"仓储合同是保管人储存存货人交付的仓储物,存货人支付仓储费的合同。"由此可见,仓储合同是双务、有偿合同。

④ 仓储合同为诺成合同。为约束仓储合同双方的行为,更好地维护双方利益,法律规定仓储合同自双方达成合意时起成立,而不需以存储货物的实际交付为准。《合同法》第三百八十二条规定:"仓储合同自成立时起生效。"

⑤ 仓储合同为不要式合同。当事人既可以口头形式订立仓储合同,也可以书面形式订立仓储合同,不过实践中的仓储合同多为书面形式,而且是事先印好的格式合同。

⑥ 仓单是仓储合同的重要特征。在仓储合同中,存货人按照合同约定将仓储物交付保管人

时,保管人应当给付仓单。仓单是保管人收到仓储物后给存货人开付的提取仓储物的凭证。仓单是仓储合同的重要特征。存货人的货物已交付或返还请求权以仓单为凭证,仓单具有仓储物所有权凭证的作用。作为法定的提取或存入仓储物的书面凭证,仓单是每一份仓储合同中必备的。

(二)仓储合同的种类

1. 一般仓储保管合同

一般仓储保管合同是指是保管人根据存货人的要求为其储存保管物品,在保管期满将仓储物原样交还给存货人,存货人向保管人支付商品储存的有关费用而订立的合同。这类仓储保管合同的仓储物是明确的、确定的,保管人必须原物返还。存货人将储存物交付给仓储经营人,其主要目的在于保管,储存物的所有权不会因交付而转移。这是最常见、最主要的仓储合同。

2. 混藏式仓储合同

混藏式仓储合同是指存货人将一定品质、一定数量、一定种类的仓储物交付给保管人,保管人将不同存货人的同样仓储物混合保管,储存保管期限届满时,保管人只需将相同种类、品质、数量的商品返还给存货人,并不需要原物归还的仓储方式。这类合同的标的物为种类物。混藏式仓储主要适用于农业、建筑业、粮食加工等行业中对品质无差别、可以准确计量的商品。

3. 消费式仓储合同

消费式仓储合同是指存货人不仅将一定数量、一定品质的种类物交付给仓储保管人储存保管,而且与保管人相互约定,将储存物的所有权也移转于保管人处,在合同期满时,保管人以相同种类、相同品质、相同数量的替代品返还的仓储合同。消费式仓储主要适用于粮食加工、加油站的油料仓储。

消费式仓储合同与前两类仓储合同的不同之处在于,消费式仓储合同涉及仓储物所有权的转移,保管人的收益由约定的仓储费收益和消费仓储物与到期购回仓储物所带来的差价收益两者共同组成。

4. 仓库租赁合同

仓库租赁合同是指仓库所有人将仓库、场地、仓库设备出租给存货人,由存货人自行保管货物的合同。

(三)仓储合同的订立

1. 仓储合同订立的原则

(1)平等原则

《合同法》第三条规定:"合同当事人的法律地位平等,一方不得将自己的意志强加给另一方。"此原则表现在不管是存货人还是保管人,无论其性质如何,都不能凌驾于他人之上,将自己的意志强加于人,双方均享有独立的法律人格,独立地表达自己的意思,双方是在平等基础上的利益互换。

(2)公平原则及等价有偿原则

公平原则要求当事人应当遵循公平原则确定各方的权利和义务。在民事活动中,除法律另有规定或当事人另有约定外,当事人取得他人财产利益应向他方给付相应的对价。在仓储合同中,任何一方当事人既要享有权利,又要承担相应的义务,在取得利益的时候,要付出相应的代价。禁止无偿划拨、调拨仓储物,也禁止强迫保管人或存货人接受不平等利益交换。

(3)自愿原则

自愿原则是贯彻合同活动整个过程的基本原则,是合同法律关系的本质体现。自愿原则是指当事人依法享有在缔结合同、选择交易伙伴、决定合同内容,以及在变更和解除合同、决定合同方式、选择合同补救方式等方面的自由,任何单位和个人都不得非法干预。仓储合同的订立只有在自愿和协商一致的基础上,才能最充分地体现出双方的利益,从而保证双方依约定履行各自承担的合同义务。

(4) 诚实信用原则

《合同法》第六条规定:"当事人行使权利、履行义务应当遵循诚实信用原则。"诚实原则表现在当事人在订立仓储合同时,应诚实守信,以善意的方式履行其义务,不得滥用权利及规避法律和合同规定的义务。具体包括:①在订立合同时,应当善意行使权利,不得欺诈,不得假借订立合同恶意磋商和进行其他违背诚实信用原则的行为;②在履行合同义务时,当事人应当按照诚实信用的要求,根据合同的性质、目的和交易习惯,履行通知、协助、提供必要的条件、防止损失扩大、保密等义务;③合同终止后,也应当根据合同约定和交易习惯,履行通知、协助、保密等义务。

(5) 合法原则

《合同法》第七条规定:"当事人订立、履行合同,应当遵守法律、行政法规,尊重社会公德,不得扰乱社会经济秩序,损害社会公共利益。此原则要求仓储合同当事人从订立合同至履行合同必须合法。否则,不仅不能达到当事人预期的目的,而且还会引起不利的法律后果。例如,双方订立一份储存保管盗窃、走私及毒品等物品的仓储合同,不仅违反了我国法律,还要承担相应的法律责任。

2. 仓储合同的形式

仓储合同的形式是合同内容的外在表现形式,也是合同内容的载体。仓储合同有以下几种形式。

① 书面形式。书面形式是指以文字表现当事人所订合同的形式。我国《合同法》第十一条规定:"书面形式是指合同书、信件和数据电文(包括电报、电传、传真、电子数据交换和电子邮件)等可以有形地表现所载内容的形式。"书面形式的特点是合同有据可查,发生纠纷时容易举证,易于分清责任。仓储合同一般采取书面形式订立。

② 口头形式。口头形式是指当事人只通过口头不用书面订立仓储合同的形式,如当面交谈、电话联系等。凡合同当事人没有约定,法律未规定特定形式的合同均可采用口头形式。其特点是简便易行,在日常生活中经常采用;但它的缺点是发生争议时,难以取证,不易分清责任。

③ 其他形式。其他形式是指除书面形式、口头形式之外表达合同内容的形式。其他形式主要是推定和沉默等方式。

法律、行政法规规定采用书面形式的,应当采用书面形式;当事人约定采用书面形式的,应当采用书面形式。

3. 仓储合同订立的程序

合同的订立是指两个或两个以上的当事人依法就合同的主要条款协商一致达成合意的法律行为。《合同法》第十三条规定:"当事人订立合同,采取要约、承诺的方式进行。"要约和承诺是合同成立的两个必经阶段。就仓储合同而言,只要存货人与保管人之间依法就仓储合同的有关内容经过要约与承诺的方式协商一致达成合意,仓储合同即告成立。

(1) 要约

要约是希望和他人订立合同的意思表示,是一方当事人以缔结合同为目的向对方做出的意思表示。发出要约的当事人称要约人,接受要约的对方当事人称受要约人。

要约是要约人向受要约人所做的意思表示。而有效的要约应该具备如下条件。

① 要约必须是要约人向受要约人发出的意思表示。

② 要约的具体内容确定,包含足以使合同成立的主要条件与条款,如仓储合同标的物的数量、质量、仓储费用、保管期限、保管条件、履行地点和履行方式等。要约的内容越明确具体,越有利于受要约人了解合同内容,快速做出承诺。

③ 要约必须具有订立合同的目的。要约要表明一经受要约人承诺,要约人即受该意思表示的约束。发出要约的目的就是订立仓储合同,整个要约的内容必须能够表明,如果对方接受要约,合同即告成立。

(2) 承诺

承诺是受要约人同意要约的意思表示。承诺的法律效力在于,承诺一旦生效,合同即告成立。作为一项有效的承诺应具备如下条件。

① 承诺必须由受要约人在要约的有限期限内向要约人做出。即必须是受要约人向要约人做出,受要约人之外的第三人因不是受要约人,其所做的意思表示也不是法律上的承诺,而仅仅是一项要约。

② 承诺应当以通知的方式做出,但根据交易习惯或要约表明可以通过行为做出承诺的除外。

③ 承诺的内容应当与要约的内容一致。承诺是对要约的同意,其内容必须与要约的内容一致,才构成意思表示的一致即合意,从而使仓储合同成立。受要约人对合同的内容做出实质性变更的,为新要约。例如,对仓储合同的标的物的数量、质量、仓储费用保管行期限、履行地点和方式、违约责任和解决争议的方法等的变更,是对要约的实质性变更,只能构成一项新要约,而非承诺。对非实质性内容做出的变更,不影响合同的成立。

在仓储合同订立过程中,受要约人一经承诺,且承诺通知到达要约人,仓储合同即告成立并生效。《合同法》规定,仓储合同自成立时生效。因此,仓储合同是诺成合同,合同的成立与生效同时发生。仓储合同生效后,对双方有约束力,任何一方不履行合同,对方有权要求违约方支付违约金或赔偿其因此所受到的损失。

(四) 仓储合同的标的和标的物

仓储合同的标的是仓储保管行为,是指仓储合同关系中存货人与保管人的权利义务共同指向的对象,即保管人提供仓储空间、仓储时间和精心保管,存货人要为此支付仓储费。

仓储合同的标的物即仓储物,是仓储合同标的的载体和表现。作为仓储合同标的物的物品,一般没有太大限制,无论是生产资料还是生活资料,无论是特定物质还是种类物,无论可分物与不可分物,都可以成为仓储合同的标的物。但是,不动产不能成为仓储物,因为订立仓储保管合同的目的在于对物的安全储存,保管人要在存储期限届满时完好地返还存货人所储存的物品,如果仓储物为不动产则无从谈起存储,所以仓储合同的标的物只能为动产,而不能为不动产。对于一些易燃、易爆、易腐烂、有毒的危险品,以及一些易渗漏、超限的特殊货物,只需存货人与保管人在订立仓储合同时约定一些必要的特别仓储事项即可。

(五) 仓储合同的内容

仓储合同的内容,是仓储合同当事人的权利与义务,具体体现为合同条款。仓储合同一般包括以下条款。

1. 存货人、保管人的名称和住所

存货人、保管人的名称(或姓名)和住所是每一个合同必须具备的条款。存货人、保管人的名称(或姓名)是合同当事人,是合同法律关系的主体,是合同权利的享有者和义务的承担者。而住所涉及债务的履行、诉讼的管辖等,因此,当事人的名称(或姓名)和住所应记载准确、清楚。

2. 仓储物的品名或品类

在仓储合同中,要明确地标明仓储物的品名或品类。仓储合同中储存保管的货物是特定物或特定化的种类物,是保管人接受存货人的委托代为保管的,其所有权仍属于存货人,在合同有效期届满时,保管方必须将原货物及孳息完好无损地归还货人,因此,必须在合同中对货物的品名和品类做出明确、详细的规定。

3. 仓储物的数量、质量和包装

数量是仓储合同标的物的数量,是以计量单位和数字来衡量的标的物的尺度。数量直接决定着民事权利义务的大小,因此,仓储物的数量要准确,应采用国家规定的计量单位和计量方法,如以包、扎、捆、把等计算的,就必须明确每包、扎、捆、把有多重或多少根、块,防止对计量单位有不同理解,产生歧义,发生纠纷。仓储物的质量必须在合同中做出明确的规定。对于质量有国家标准的,执行国家标准;没有国家标准,有行业标准的,执行行业标准;没有国家标准和行业标准的,由双方当事人协商确定质量标准。仓储物的包装,一般应由存货人负责,有国家或专业标准的,按照国家或专业标准的规定执行;没有国家或专业包装标准的,应当在仓储物便于运输和储存安全的前提下,由存货人与保管人商定。

4. 仓储物验收的内容、标准、方法和时间

货物验收是保管人对交付的仓储物进行检验和核查,以确定该货物是否具备堆藏保管的良好状态的过程。保管人验收的项目有:货物的品种、规格、数量、外包装状况,以及无须开箱、拆捆而直观可见可辨的质量情况。包装内的货物品名、规格、数量,以外包装或货物上的标记为准;外包装或货物上无标记的,以供货方提供的验收资料为准。散装货物按国家有关规定或合同规定验收。验收的期限,国内货物不超过 10 天,国外到货不超过 30 天,法律另有规定或当事人另有约定的除外。

货物验收期限是指自货物和验收资料全部送达保管人之日起,至验收报告送出之日止。货物验收期限的日期均以运输、邮政部门的戳记或送达的签收日期为准。超过验收期限所造成的实际损失,由保管人负责。如果保管人未能按照合同约定或法律法规规定的项目、方法和期限验收仓储物或验收仓储物不准确,应当承担因此造成的损失。存货人未能提供验收资料或提供资料不齐全、不及时,所造成的验收差错及贻误索赔期由存货人承担。

5. 保管条件和保管要求

仓储合同中的货物种类繁多、性质各异,不少货物由于本身的性质需要特殊的保管条件或保管方法,因此,合同当事人应根据货物性质、要求的不同,在合同中明确规定保管条件和保管要求。保管人如因仓库条件所限,不能达到存货人提出的要求,则不能接受。对某些比较特殊的货物,如易燃、易爆、易渗漏、有毒等危险物品,保管人保管时,应当有专门的仓库、设备,并配备有专业技术知识的人负责管理。必要时,存货人应向保管人提供货物储存、保管、运输等方面的技术资料,防止发生货物毁损、仓库毁损和人身伤亡事故。存货人在交存特殊货物时,应当明确告知保管人货物的有关保管条件、保管要求。否则,保管人可以拒绝接收存货人所交付的危险货物。

6. 货物出入库的手续、时间、地点和运输方式

入库是指货物进入仓库时所进行的清点检验和接收工作。它是仓储合同业务的第一道环节,是履行仓储合同的基础。仓储合同的当事人双方,应当重视货物入库环节。在仓储合同中,要明确入库应办理的手续、理货方法、入库的时间和地点及货物运输、装卸搬运的方式等内容。

货物出库须按照先进先出或易坏先出的原则办理,保管人没有按合同规定的时间、数量交货,应承担违约责任;保管人已通知货物出库或合同期已到,由于存货人(含用户)的原因不能如

期出库,存货人应承担违约责任;由于存货人调拨凭证上的差错所造成的实际损失,由存货方负责。

运输方式,由保管方代办运输的,由保管方负责向运输部门申报运输计划,办理托运和发运手续。

7. 仓储物的损耗标准及损耗的处理

仓储物的损耗标准是指货物在储存过程中,由于自然原因(如干燥、风化、散失、挥发、黏结等)和货物本身的性质及度量衡的误差等原因,不可避免地要发生一定数量的减少、破损或计量误差。合同当事人应事先商定货物的自然减量标准和破损率及合理磅差等。在确定仓储物的损害标准时,要注意易腐货物的损耗标准应该高于一般货物的损耗标准。除了对货物按照保管条件和要求保管外,损耗标准应当根据储存时间的长短来确定。损耗的处理是指仓储物实际发生的损耗,超过标准或没有超过标准规定的,应当如何处理的问题。例如,仓储物出库时与入库时实际验收数量不一致,在损耗标准范围之内的视为货物完全交付;如果损耗数量超过约定的损耗标准,应核实后做出验收记录,由保管人负责处理。

8. 计费项目、标准和结算方式、开户银行、账号、时间

货物储存和运输过程中的计费项目,应按仓储保管部门制定的标准执行,也可由当事人双方协商确定。计费项目包括:保管费、转仓费、出入库装卸搬运费、车皮、站台、专用线占有、包装整理、商品养护等费用。除明确上述费用由哪一方承担外,还应明确各种费用的计算标准、支付方式、支付时间、地点、开户银行、账号等。

9. 责任划分和违约处理

在订立仓储合同时,应从货物入库、货物验收、货物保管、货物包装、货物出库等方面明确双方当事人的责任,同时应规定违反仓储合同时应承担的违约责任。违约责任承担方式有:支付违约金、损害赔偿及采取其他补救措施。

10. 合同的有效期限

合同的有效期限,即货物的保管期限。合同有效期限的长短,与货物本身的有效储存期有关。所谓有效储存期,是指某些货物由于本身的特性,不能长时间存放,如食品、药品、化妆品、胶卷、化学试剂等,一般都注明了有效使用期限。根据有效使用期限确定的储存保管期限,称为有效储存期。对于仓库保管人员来说,保管这种产品不仅要注意仓库温度、湿度的变化,还应注意其储存期限。特别是对一些接近失效期的产品,应及时通知存货人要按时出库,出库前还要注意留给产品调运、供应和使用的时间,以使其在失效之前能够进入市场,投入使用。根据有关规定,储存的货物在临近失效期时,保管人未通知存货人及时处理,因超过有效储存期限所造成的货物损失,保管人负有赔偿责任;保管人通知后,如果存货人不及时处理,以致超过有效储存期限而造成货物损坏、变质的,保管人不负赔偿责任。

11. 变更和解除合同的程序及期限

仓储合同是当事人协商一致的结果,在合同未履行或未完全履行之前也可变更或解除。当事人如果需要变更或解除合同的,必须事先通知另一方,双方协商一致即可变更或解除合同。变更或解除合同的建议和答复,必须在法律规定或合同约定的期限内提出。如果发生了法律或合同中规定的可以单方解除合同的情形,那么,拥有解除权利的一方可以解除合同。

以上是仓储合同所应具备的主要条款,一般只起示范和指导作用,并不是仓储合同成立必须具备的条款,当事人可根据所订立的合同性质的不同有所选择,这也是合同自愿原则的体现。

师傅教我做

订立仓储合同
① 由存货人向保管人提出订立合同的建议和要求。
② 由存货人和保管人协商,拟订仓储合同的主要条款。
③ 存货人和保管人根据协商结果,签订正式的保管合同。

(六) 仓储合同的无效、可变更或撤销及效力待定

当事人就合同内容协商一致,合同即告成立,而合同的生效是依法成立的合同具有法律约束力。《合同法》规定,仓储合同自成立时生效。因此,仓储合同成立后就生效,对合同双方产生法律约束力。有时,仓储合同成立之后,可能因违反法律规定而无效,因意思表示不完全而可变更、可撤销或因存在法定事由而效力待定。

1. 仓储合同的无效

仓储合同的无效是指仓储合同因欠缺一定生效条件,而自始不发生法律效力。常见的无效仓储合同的情形有以下几种。

① 一方以欺诈、胁迫的手段订立合同,损害国家利益。欺诈是指仓储合同的当事人一方故意告知对方虚假情况,或者故意隐瞒真实情况,诱使对方当事人做出错误意思表示的行为。胁迫是指以将来要发生的损害或直接施加损害相要挟,迫使对方做出违背真实意思表示的行为。一方以欺诈、胁迫的手段订立的仓储合同无效,仅限于损害国家利益的情形,该合同才绝对无效,否则是可变更、可撤销的合同。

② 恶意串通,损害国家、集体或第三人利益。仓储合同的恶意串通是指当事人明知其所订立的仓储合同将会造成国家、集体和第三人利益的损害,而相互配合、非法串通在一起合谋实施该行为。

③ 以合法形式掩盖非法目的。以合法形式掩盖非法目的的仓储合同是指当事人采取合法的形式实施内容违法的行为。这是一种规避法律的违法行为。

④ 损害社会公共利益。社会公共利益体现了全体社会成员的最高利益,违反社会公共利益或公序良俗的仓储合同无效,这是各国立法普遍确认的原则。

⑤ 违反法律、行政法规的强制性规定。强制性规定在法律上表现为"必须"、"应当"等命令性的规定,或者是禁止性的规定。法律、行政法规的强制性规定是当事人必须遵守的。

2. 可变更、可撤销的仓储合同

可变更、可撤销的合同是仓储合同已经成立,但因仓储合同当事人的意思表示不真实,一方当事人可以向法院或仲裁机构请求变更或撤销该合同,使已经生效的合同内容发生变更或归于无效。可撤销合同是一种相对无效的合同,其效力取决于当事人的意志,仓储合同未被依法撤销之前仍然有效。可撤销的合同主要有以下3种情形。

① 因重大误解而订立的仓储合同。重大误解是指仓储合同当事人对仓储合同的内容有重大误解,使行为的后果与自己的意思相悖,给行为人造成较大损失。这里的重大误解主要是指对双方当事人、仓储物、保管数量、质量、合同性质等做出的误解。

② 因显失公平订立的仓储合同。显失公平的合同是指一方当事人利用优势或利用对方缺乏经验而订立的,仓储合同双方当事人权利义务明显不对等,使一方受到较大损失的合同。显失公平的合同明显违反了公平、等价有偿原则。

③ 一方以欺诈、胁迫的手段或乘人之危订立的合同。一方以欺诈、胁迫的手段或乘人之危订立的合同是指利用他人的危难处境或紧迫需要,强迫对方接受某种明显不公平的条件并违背其真实意愿而订立的合同。

在上述3种情形下订立的仓储合同,因违背了受害方的真实意思,法律赋予受害方享有请求人民法院或仲裁机构变更或撤销仓储合同的权利。法院或仲裁机构应当根据当事人请求的内容做出裁判,当事人请求变更的,法院和仲裁机构不得做出撤销合同的裁判。

但是,有下列情形之一的,撤销权消灭。

① 具有撤销权的当事人自知或应当知道撤销事由之日起1年内没有行使撤销权。

② 具有撤销权的当事人知道撤销事由后明确表示或以自己的行为放弃撤销权。

3. 效力待定的仓储合同

效力待定的仓储合同是指合同虽然已经成立,但是否生效尚未确定,而有待于其他行为使之确定的仓储合同。效力待定的仓储合同只有经权利人的追认,才具有法律效力;如果权利人在一定期限内不予承认,则仓储合同不生效。

效力待定仓储合同主要有以下几种。

① 限制民事行为能力人订立的仓储合同。限制民事行为能力人订立的仓储合同,经法定代理人追认后,该仓储合同有效。相对人可以催告法定代理人在一个月内予以追认,法定代理人未做表示的,视为拒绝追认。仓储合同被追认之前,善意相对人有撤销的权利。撤销应当以通知的方式做出。

② 无权代理人订立的仓储合同。行为人没有代理权、超越代理权或代理权终止后以被代理人名义订立的仓储合同,未经被代理人追认,对被代理人不发生法律效力,由行为人承担责任。相对人可以催告被代理人在1个月内予以追认。被代理人未做表示的,视为拒绝追认。仓储合同被追认之前,善意相对人有撤销的权利。撤销应当以通知的方式做出。因此,在与代理人以被代理人名义签订仓储合同时,一方当事人应注意审查对方是否具有代理人资格。

③ 法定代表人、负责人超越权限订立的仓储合同。法人或其他组织的法定代表人、负责人超越权限订立的仓储合同,除相对人知道或应当知道其超越权限的以外,该代表行为有效。

④ 无处分权的人订立的仓储合同。无处分权的人处分他人财产,经权利人追认或无处分权的人订立仓储合同后取得处分权的,该仓储合同有效。

4. 仓储合同被确认无效或被撤销的处理

仓储合同被确认无效或被撤销以后,自始没有法律效力。仓储合同部分无效,不影响其他部分的效力,其他部分仍然有效。仓储合同无效、被撤销或终止的,不影响仓储合同中独立存在的有关解决争议方法的条款的效力。仓储合同被确认无效或被撤销的处理方式有以下几种。

① 返还财产。仓储合同被确认为无效或被撤销后,因该仓储合同保管人取得的存货人的财产,应当予以返还存货人;不能返还或没有必要返还的,应当折价补偿。

② 赔偿损失。仓储合同被确认无效或被撤销后,有过错的一方应当赔偿对方因此所受到的损失;双方都有过错的,应当按各自的过错大小承担相应的责任。

③ 追缴财产。当事人恶意串通,损害国家、集体或者第三人利益的,因此取得的财产收归国有或返还集体、第三人。

（七）仓储合同的变更和终止

1. 仓储合同的变更

仓储合同成立以后,在尚未履行或尚未完全履行之前,当事人可以对仓储合同的内容进行修改或补充。

仓储合同的变更应符合这些条件：①当事人之间存在着有效合法的仓储合同；②要有合同内容的变化，合同内容的变更主要是对仓储物、保管数量、质量、保管费、履行期限、存储地点、履行方式、违约责任等的变更，当事人对仓储合同变更的内容约定不明确的，推定为未变更；③当事人各方协商一致，在原来仓储合同内容的基础上达成新的协议；④遵守法定的形式和按程序进行。当事人变更仓储合同，应该依照约定。法律、行政法规规定变更仓储合同应当办理批准、登记等手续的，依照其规定，否则仓储合同变更不生效。

变更仓储合同的程序按照仓储合同订立的程序进行，即当事人一方发出变更仓储合同的要约，另一方做出承诺，仓储合同变更。仓储合同变更后，对合同当事人具有法律约束力，当事人应该按照变更后内容履行各自承担的合同义务。仓储合同的变更不影响当事人要求赔偿损失的权利。

2. 仓储合同的终止

合同的终止是仓储合同关系在客观上不复存在，仓储合同权利和义务归于消灭。有下列情形之一的，仓储合同的权利义务予以终止。

（1）债务已经按照约定履行

仓储合同一经履行，合同权利便得以实现，当事人设立合同的目的得以实现，合同关系也就自然终止。在实践中，履行是仓储合同终止最为主要的原因。

（2）仓储合同的解除

仓储合同订立后，在合同尚未履行或尚未全部履行时，当事人提前终止合同，从而使原仓储合同设定的双方当事人的权利义务归于消灭。它是仓储合同终止的一种情形。仓储合同解除分为约定解除和法定解除。

① 约定解除。约定解除是仓储合同当事人通过协议或行使约定的解除权而进行的合同解除。约定解除又分为两种：一是协议解除，即当事人双方通过协商将合同解除；二是约定解除，即当事人以合同形式，约定一方解除合同的条件，解除合同的条件成就时，解除权人可以解除仓储合同。

② 法定解除。法定解除是在仓储合同成立以后，没有履行或没有完全履行之前，根据法律规定的解除条件，行使法定的解除权而使仓储合同效力终止的行为。法定解除的特点是：解除仓储合同的条件是由法律直接规定的，而不是当事人的约定。在法定解除条件具备时，享有解除权的当事人就可以行使法定解除权而解除仓储合同，不必征得对方当事人的同意。

《合同法》规定，有下列情形之一的，可以解除合同。

- 因不可抗力致使不能实现合同目的的。
- 在履行期限届满之前，当事人一方明确表示或以自己的行为表明不履行主要债务的。
- 当事人一方延迟履行主要债务，经催告后在合理期限内仍未履行的。
- 当事人一方延迟履行债务或者其他违约行为，致使不能实现合同目的的。
- 法律规定的其他情形。

在上述情形中，不可抗力是法定的免责事由，因不可抗力导致的仓储合同目的无法实现不可归责于任何一方当事人，在这种情形下，双方当事人都可行使解除权。而其他几种情形均是可归责于当事人一方的违约行为，只有享有解除权（守约）的一方当事人才可通知对方解除合同，而无须对方同意。

（3）债务抵销

债务抵销是指双方当事人互负债务时，各以其债权充当债务的清偿，而使其债务与对方的债务在对等额内相互消灭。因此,抵销也是合同的权利义务终止的原因之一。抵销分为法定抵销和约定抵销两种。

① 法定抵销是指当事人互负到期债务,该债务的标的物种类、品质相同的,任何一方可以将自己的债务与对方的债务抵销,但依照法律规定或按照合同性质不得抵销的除外。当事人主张抵销的,应当通知对方,通知自到达对方时生效,而且抵销不得附条件或附期限。例如,甲欠乙仓储费 5 000 元,而乙欠甲运费 3 000 元,那么双方可抵销 3 000 元。

② 约定抵销因当事人双方协商一致所为的抵销,即当事人互负到期债务,标的物种类、品质不相同的,经双方协商一致,也可以抵销。

(4) 提存

提存是由于债权人的原因,债务人将无法清偿的标的物提交给提存机关,以消灭合同债务的行为。债务的履行往往需要债权人的协助,如果债权人无正当理由而拒绝受领或不能受领,债权人虽然应负受领迟延责任,但债务人的债务却并未消灭,债务人仍要随时准备履行,为债务履行提供的担保也不能消灭,显失公平。为此法律设立了提存制度,规定在债权人拒绝受领或不能受领标的物时,债务人可以将标的物提交有关部门保存。一经提存即认为债务人已经履行了其义务,债权债务关系即行终止。例如,甲储存在乙仓库的货物已到期,乙多次催甲提货,甲无正当理由就是不提货,影响了乙仓库的使用,那么乙可将甲的货物提存。

标的物提存后,毁损、灭失的风险由债权人承担。提存期间,标的物的孳息归债权人所有,提存费用由债权人负担。但标的物不适于提存或提存费用过高的,债务人依法可以拍卖或变卖标的物,提存所得的价款。

标的物提存后,合同虽然终止,但债务人还负有后合同义务,除债权人下落不明的以外,债务人应及时通知债权人或债权人的继承人、监护人。

债权人领取提存物的权利,自提存之日起 5 年内不行使而消灭,提存物扣除提存费用后归国家所有。

(5) 免除

免除是指债权人免除债务人的债务而使合同权利义务部分或全部终止的意思表示。免除是债权人的单方法律行为。

免除的效力是使合同消灭。债务全部免除的,合同债即全部消灭;债务部分免除的,合同于免除的范围内部分消灭。主债务因免除而消灭的,从债务也随之免除。但是,免除不得损害第三人的利益。

(6) 混同

混同是指债权债务同归于一人,致使合同关系消灭的事实。《合同法》规定,债权和债务同归于一人的,合同的权利义务终止,但涉及第三人利益的除外。

(7) 法律法规规定的或当事人约定终止的其他情形

除了上述合同权利与义务终止的情形外,出现了法律规定终止的其他情形时,合同的权利义务也可以终止。

二、履行仓储合同

当事人订立合同的目的就是实现合同当事人的利益,这种利益必须通过当事人履行合同的行为才能实现。因此,合同的履行是《合同法》的核心。仓储合同当事人应按照合同约定或法律规定,全面、适当地完成各自承担的合同义务,以使债权人的债权得以实现。

(一) 仓储合同履行的基本规则

1. 仓储合同条款约定不明确时的履行规则

仓储合同条款应当明确、具体,以便合同的履行,由于客观情况的复杂性和当事人主观认识的局限性,合同条款欠缺或约定不明的现象是不可避免的。仓储合同生效后,当事人就仓储物的质量、保管费、履行地点等合同内容没有约定或约定不明确的,可以协议补充;不能达成补充协议的,按照合同有关条款或交易习惯确定。如果按前面两种方式仍不能确定的,适用下列规定。

① 质量要求不明确的,按照国家标准、行业标准履行;没有国家标准、行业标准的,按照通常标准或符合合同目的的特定标准履行。

② 价款或报酬不明确的,按照订立合同时履行地的市场价格履行。

③ 履行地点不明确,给付货币的,在接受货币一方所在地履行;其他标的,在履行义务一方所在地履行。

④ 履行期限不明确的,债务人可以随时履行,债权人也可以随时要求履行,但应当给对方必要的准备时间。

⑤ 履行方式不明确的,按照有利于实现合同目的的方式履行。

⑥ 履行费用的负担不明确的,由履行义务一方负担。

2. 执行政府定价或政府指导价的合同的履行规则

执行政府定价或政府指导价的,在合同约定的交付期限内政府价格调整时,按照交付时的价格计价。逾期交付标的物的,遇价格上涨时,按照原价格执行;价格下降时,按照新价格执行。逾期提取标的物或逾期付款的,遇价格上涨时,按照新价格执行;价格下降时,按照原价格执行。

3. 涉及第三人的仓储合同履行规则

涉及第三人的仓储合同又称涉他合同,是当事人双方为当事人之外的第三方设定了权利或义务的仓储合同,包括如下两种。

① 向第三人履行的仓储合同。仓储合同的当事人可以约定由债务人向第三人履行债务,由于第三人不是订立仓储合同的当事人,其仅能依照债权人与债务人的约定享有请求履行的权利。债务人未向第三人履行债务或履行债务不符合约定的,应当向债权人而不是第三人承担违约责任;债务人对债权人可行使的抗辩权,对该第三人也可行使;因向第三人履行债务增加的费用,除当事人双方另有约定外,由债权人承担。

② 第三人代为履行的合同。仓储合同的当事人可以约定由第三人代替债务人向债权人履行债务,但第三人并没有因履行债务而成为仓储合同当事人,所以第三人不履行债务或履行债务不符合约定的,应当由债务人,而不是第三人向债权人承担违约责任;债权人请求第三人履行债务时,债务人对于债权人的一切抗辩权,第三人均可行使,第三人向债权人履行债务所发生的费用,一般应由债务人承担,除非当事人双方另有约定。

4. 仓储合同主体发生变化时的履行规则

债权人分立、合并或变更住所没有通知债务人,致使履行债务发生困难的,债务人可以中止履行或将标的物提存。合同生效后,当事人不得因姓名、名称的变更或法定代表人、负责人的变动而不履行合同义务,否则承担违约责任。

5. 债务人提前履行债务或部分履行债务的处理规则

① 债务人的提前履行债务。债权人可以拒绝债务人提前履行债务,但提前履行不损害债权人利益的除外。债务人提前履行债务给债权人增加的费用,由债务人负担。

② 债务人的部分履行债务。债权人可以拒绝债务人部分履行债务,但部分履行不损害债权

人利益的除外。债务人部分履行债务给债权人增加的费用,由债务人负担。

(二)保管人的义务和权利

1. 保管人的义务

① 提供仓储条件的义务。仓储人经营仓储保管的前提条件就是具有功能完备的仓储保管条件,具有从事保管货物的保管设施和设备,包括适合货物储存要求的场地、容器、仓库、货架、作业搬运设备、计量设备、保管设备、安全保卫设施等条件。同时还应配备一定数量的保管人员、商品养护人员、装卸搬运人员,制定行之有效的管理制度和操作规程等。

② 接收、验收货物的义务。保管人应按合同的约定,接受存货人交付储存的仓储物。保管人在接受存货人交存仓储物入库时,应当按照合同的约定对入库仓储物进行验收,并签发验货单证。保管人验收后,发现入库仓储物的品种、数量、质量不符合约定的,应当及时通知存货人。验收包括实物验查和样本验查。保管物有包装的,验收时应以外包装或仓储物标记为准;无标记的,以存货人提供的验收资料为准。保管人未按规定的项目、方法、期限验收或验收不准确的,应负责承担由此造成的实际损失。在双方交接仓储物中发现问题的,保管人应妥善暂存,并在有效验收期间内通知存货人处理,暂存期间所发生的一切损失和费用由存货人负担。仓储物验收时保管人未提出异议的,视为存货人交付的仓储物符合仓储合同约定的条件。保管人验收后,发生仓储物的品种、数量、质量不符合约定的,保管人应当承担损害赔偿责任。

③ 给付仓单的义务。保管人在接受货物后,保管人应当向存货人给付仓单,这是保管人的一项合同义务。仓单是存货人交付、提取仓储物的凭证。保管人给付仓单的前提是仓储合同成立,存货人已交付仓储物,保管人则根据实际收取的货物情况签发仓单。在存期届满时,保管人应根据仓单的记载向仓单持有人交付货物,并承担仓单所明确的责任。保管人应根据合同条款确定仓单的责任事项,避免将来向仓单持有人承担超出仓储合同所约定的责任。

④ 妥善保管义务。保管人应当按照仓储合同约定的储存条件和保管要求,妥善保管仓储物。保管人储存易燃、易爆、有毒、有腐蚀性、有放射性等危险物品的,应当具备相应的保管条件,并按照国家或合同规定的要求操作和储存;在储存保管过程中不得损坏货物的包装物,如因保管或操作不当使包装发生毁损的,保管人应当负责修复或按价赔偿。保管人对保管物负有较一般保管合同的保管人更重的保管责任。凡因保管人保管不善而非因不可抗力、自然因素或货物(包括包装)本身的性质而发生储存的货物灭失、短少、变质、损坏、污染的,保管人均应承担损害赔偿责任。因仓储物的性质、包装不符合约定或超过有效仓储期造成仓储物变质、损坏的,保管人不承担损害赔偿责任。

⑤ 返还仓储物及其孳息的义务。保管人应在约定的时间和地点向存货人或仓单持有人交还约定的仓储物。仓储合同没有明确存期和交还地点的,存货人或仓单持有人可以随时要求提取,保管人应在合理的时间内交还存储物。作为一般仓储合同,保管人在交返仓储物时,应将原物及其孳息、残余物一同交还。

⑥ 危险通知义务。保管人负有对仓储物妥善管理的义务。当入库仓储物发生变质或其他损坏的,应当及时通知存货人或仓单持有人。当入库仓储物发生变质或其他损坏,危及其他仓储物的安全和正常保管的,应当时通知存货人或仓单持有人做出必要的处置。因情况紧急,保管人可以做出必要的处置,防止危害扩大,但事后应当将该情况及时通知存货人或仓单持有人。所谓仓储物有变质或有其他损坏,即如发现仓储物出现异状,仓储物发生减少或价值的变化。对于外包装或仓储物标记上标明或合同中申明了有效期的仓储物,保管人应当提前通知失效期包括在货物验收时发现不良情况、发生不可抗力损害、仓储物的变质、仓储事故的损坏及其他涉及仓储

物所有权的情况,都应该告知存货人或仓单持有人。

⑦ 同意检查仓储物的义务。保管人根据存货人或仓单持有人的要求,应当同意其检查仓储物或提取样品。因存货人或仓单持有人是仓储物的所有权人,或者是仓储物的质权人,有权检验仓储物,保管人不得拒绝。

2. 保管人的权利

① 收取仓储费的权利。仓储费是保管人订立合同的目的,是对仓储物进行保管所获得的报酬,是保管人的合同权利。保管人有权按照合同约定收取仓储费或在存货人提货时收取仓储费。

② 保管人的提存权。储存期间届满,存货人或仓单持有人不提取货物的,保管人可以催告其在合理期限内提取,逾期不提取的,保管人可以提存仓储物,以消灭与存货人或仓单持有人之间的债权债务关系。提存程序一般来说,首先应由保管人向提存机关呈交提存申请书。在提存书上应当载明提存的理由、标的物的名称、种类、数量及存货人或提单所有人的姓名、住所等内容。其次仓管人应提交仓单副联、仓储合同副本等文件,以证明保管人与存货人或提单持有人的债权债务关系。此外保管人还应当提供证据证明自己催告存货人或仓单持有人提货而对方没有提货,致使该批货物无法交付其所有人的证据。只要保管人依法将储存期满的货物提存,保管人和存货人的合同关系即告终止。

③ 验收货物的权利。验收货物不仅是保管人的义务,也是保管人的一项权利。保管人有权对货物进行验收,在验收中发现货物溢短,对溢出部分可以拒收,对于短少的部分有权向存货人主张违约责任。对于货物存在的不良状况,有权要求存货人更换、修理或拒绝接受,否则需如实编制记录,以明确责任。

(三) 存货人的权利和义务

1. 存货人的义务

(1) 告知义务

存货人的告知义务包括两个方面:对仓储物的完整明确的告知和瑕疵告知。完整明确的告知即在订立仓储合同时,存货人要完整、详细地告知保管人仓储物的准确名称、数量、质量、包装方式、性质、保管要求等涉及验收、作业、仓储保管、交付的资料,特别是储存易燃、易爆、有毒、有放射性等危险物品或易腐物品,存货人应当向保管人说明物品的性质和预防危险、腐烂的方法,提供有关的保管、运输等技术资料,并采取相应的防范措施。存货人违反该义务的,保管人有权拒收该货物,也可以采取相应措施以避免损失的发生,因此产生的费用由存货人承担。如果由于存货人的隐瞒造成保管人损失的,存货人还应承担相应的赔偿责任。

瑕疵告知包括仓储物及其包装的不良状态、潜在缺陷、不稳定状态等已存在的缺陷或将会发生损害的缺陷。保管人只有了解仓储物所具有的瑕疵才可以采取针对性的操作和管理,以避免损害和危害发生。因存货人未告知仓储物的性质、状态造成的保管人验收错误、作业损害、保管损坏,由存货人承担赔偿责任。

(2) 妥善处理和交存货物

存货人应对仓储物进行妥善处理,根据仓储物的性质进行分类、分储,根据合同约定妥善包装,使仓储物适合仓储作业和保管。存货人应在合同约定的时间向保管人交存仓储物,并提供验收单证。交存仓储物不是仓储合同生效的条件,而是存货人履行合同的义务。存货人未按照约定交存仓储物,构成违约,应承担违约责任。

(3) 支付仓储费和偿付必要费用

仓储合同为有偿合同,除非当事人之间另有约定,存货人应当按照约定向保管人支付保管费。存货人未支付仓储费,保管人有权对仓储物行使留置权,即有权拒绝将仓储物交还存货人,并可通过拍卖留置的仓储物等方式获得有关款项。仓储物在仓储期间发生的应由存货人承担责任的费用支出或垫支费,如保险费、货物自然特性的损害处理费用、有关货损处理、运输搬运费、转仓费等,存货人应及时支付。

（4）及时提取仓储物的义务

该义务包括以下两方面的内容。

① 仓储合同约定保管期限的,储存期限届满,存货人或仓单持有人应凭仓单提取仓储物。仓单是仓储物的物权证明,保管人认单不认人,存货人或仓单持有人提取货物时须提示仓单并缴回仓单。存货人或仓单持有人逾期提取的,应当加收仓储费;提前提取的,不减收仓储费。原因在于保管人根据仓储合同的约定安排仓库的使用计划,如果存货人未将仓储物提离或提前提取,会使得保管人已签订的下一个仓储合同无法履行,也打乱保管人的计划。因此由于存货人或仓单持有人不能使货物如期出库造成压库时,存货人或仓单持有人应负违约责任。

② 保管期限约定不明确,当事人对储存期间没有约定或约定不明确的,存货人或仓单持有人可以随时提取仓储物,保管人也可以随时要求存货人或仓单持有人提取仓储物,但应当给予对方必要的准备时间。

2. 存货人的权利

（1）查验、取样权

在仓储保管期间存货人有对仓储物进行查验、取样查验的权利,有权提取合理数量的样品进行查验。查验可能会影响保管人的工作,取样还会造成仓储物的减量,但存货人合理进行的查验和取样,保管人不得拒绝,应予以配合。

（2）保管物的领取权

当事人对保管期间没有约定或约定不明确的,保管人也可以随时要求存货人或仓单持有人提取仓储物,但应当给予必要的准备时间;约定保管期间的,保管人无特别事由,不得要求存货人提前领取保管物。

（3）获取仓储物孳息的权利

《合同法》第三百七十七条规定:"保管期间届满或者寄存人提前领取保管物的,保管人应当将原物及其孳息归还寄存人。"可见,如果仓储物在保管期间产生了孳息,存货人有权获取该孳息。

（四）违约责任

《合同法》规定,当事人一方不履行合同义务或履行合同义务不符合约定的,应当承担继续履行、采取补救措施或赔偿损失等违约责任。由此,我国《合同法》在对待违约责任的问题上采取严格责任原则,不考虑合同当事人是否在主观上存在过错,只要一方不履行仓储合同义务或履行合同义务不符合约定的,就应承担违约责任,除非存在法定和约定的免责事由。

1. 违约行为

（1）不履行合同义务

① 履行不能。仓储合同的履行不能是指债务人由于某种情形导致事实上已经不可能再履行债务。履行不能可能由于客观原因不能履行,如仓储物因毁损、灭失而不能履行、因地震库房倒塌而不能履行;也可能是由于主观过错而不能履行义务,如由于保管人的过错使库房不适于储存存货人的货物,但主要还是由于客观原因导致的。履行不能的情况自仓储合同成立时就已经存在的,则为原始不能;如果是在合同关系成立以后才发生的,则为嗣后不能,如仓储物于交付前灭失。如果仓储物部分灭失,则为部分不能;如果全部灭失的,则为全部不能。

② 拒绝履行。拒绝履行是仓储合同当事人一方明确表示或以自己的行为表明不履行合同义务。构成拒绝履行必须具备的条件：第一，须债务人负有债务而且能够履行债务；第二，须债务人表示不履行，至于债务人不履行的意思表示为明示还是默示，则在此不问；第三，须债务人拒绝履行为无正当理由。仓储合同不履行的表现，不以明示为限，单方毁约、没有履行仓储义务的行为、将应当交付的仓储物做其他处分等，均可以推断为不履行义务的表现。例如，储存期间届满，保管人履行了仓储义务，存货人不支付仓储费；保管人在约定的期限内不返还仓储物或将仓储物挪作他用等。拒绝履行与不能履行存在着明显的不同，前者强调当事人有履行可能而不履行，后者则主要强调客观上不能履行。如果仓储合同的义务人拒绝履行义务，对方当事人可以在履行期限届满之前要求其承担违约责任。

(2) 履行合同义务不符合约定

① 履行迟延。履行迟延是指仓储合同当事人的履行违反了履行期限的规定，包括给付迟延（债务人的迟延）和受领迟延（债权人的迟延）两种。在仓储合同中，保管人未在合同规定的期限内返还仓储物、存货人未在合同约定的期限内将货物入库、存货人未在约定的期限内支付仓储费用等行为均属于履行迟延。在给付迟延情形下，债务人履行迟延，经催告后在合理期限内仍未履行或不能实现合同目的的，债权人可以解除合同并请求赔偿损失。在迟延受领的情况下，债权人应依法支付违约金，如因此给债务人造成损害，则应负损害赔偿责任。债务人得依法自行消灭其债务，如以仓储物提存的方式消灭债务。

② 履行不适当。履行不适当即未按法律规定、合同约定履行债务的行为。在仓储合同中，在货物的入库、验收、保管、包装、出库等任何一个环节未按法律规定或合同的约定履行，即属不适当履行。例如，保管人交付仓储物的数量不足或品质不合要求，或者履行的时间、地点或方式不符合要求等。债务人履行不适当的，应当采取补救措施，以使其履行符合法律规定或约定的条件。在一般情况下，债务人不适当履行的，债权人有权请求赔偿因此而受到的损害。

2. 承担违约责任的方式

根据《合同法》的规定，违约责任的承担方式有支付违约金、赔偿损失、继续履行、采取补救措施、定金制裁等。

(1) 支付违约金

违约金是当事人在合同中约定的，在一方违约时，向对方支付一定数额的货币。违约金是双方协商确定的，当事人双方可以约定一方违约时根据违约情况向对方支付一定数额的违约金，也可以约定因违约产生的损失赔偿额的计算方法。违约金的性质主要是补偿性，违约方承担违约金后，不再承担继续履行或赔偿损失的违约责任。但当事人就迟延履行约定违约金的，违约方支付违约金后，还应当履行债务。为了体现公平、诚实信用的原则，《合同法》对违约金责任做了必要的限制。《合同法》规定，约定的违约金低于造成损失的，当事人可以请求人民法院或仲裁机构予以增加；如果约定的违约金过分高于造成的损失的，当事人可以请求人民法院或仲裁机构予以适当减少。

当事人可以约定违约金的计算方法。例如，由于保管方的责任造成退仓或不能入仓而应支付违约金____元，存货方不按期存货，支付违约金____元；超议定储存或逾期不提货的，除交纳保管费外，还应偿付违约金____元/天；违反货物入库和出库规定，付违约金____元。

(2) 赔偿损失

赔偿损失是合同的一方当事人在不履行合同义务或履行合同义务不符合约定的情形下，在违约方履行义务或采取其他补救措施后，在对方还有其他损失时，违约方承担赔偿损失的责任。损失赔偿额应当相当于因违约所造成的损失，包括直接损失和间接损失。直接经济损失，又称实际损失,是指仓储合同的一方当事人因对方的违法行为所直接造成的财物的减少、支出的增加等。例如,仓储合同中仓储物本身灭失或毁损,为处理损害后果的检验费、清理费、保管费、劳务费或采取其他措施防止损害事态继续扩大的直接费用支出等。间接经济损失,是指因仓储合同一方当事人的违约行为而使对方失去实际上可以获得的利益。它包括利润的损失,主要是指被损害的财产可以带来的利润;利息的损失、自然孳息的损失等。

具体适用时,在合同约定有违约金的情况,损失赔偿额是用来补偿违约金的不足部分,如果违约金已能补偿经济损失,就不再支付赔偿金;如果合同没有约定违约金,只要造成了损失,就应向对方支付赔偿金。由此可见,赔偿金是对受害方实际损失的补偿,是以弥补损失为原则的。尽管违约方承担的是完全赔偿责任,但是损失赔偿额不得超过违反合同一方当事人于订合同时预见到或应当预见到的因违反合同可能造成的损失。因此,在确定损害赔偿责任时,应注意避免损害赔偿的扩大。在违约行为发生时,受害一方当事人有及时采取防止损失扩大的义务,没有及时采取措施致使损失扩大的,无权就扩大的部分要求赔偿。当事人可以在合同中约定因违约产生的损失赔偿额的计算方法。

(3) 继续履行

继续履行是指一方当事人违反合同后,非违约方有权要求其依照合同约定继续履行合同,而不得以支付违约金和赔偿损失的方式代替履行,也称强制实际履行。

通常来说,继续履行应符合的条件:①仓储合同的一方当事人有违约行为;②违约一方的仓储合同当事人要求继续履行;③继续履行不违背合同本身的性质和法律;④违约方能够继续履行。在仓储合同中,要求继续履行作为非违约方的一项权利,是否需要继续履行,取决于仓储合同非违约一方的当事人,可以请求支付违约金、赔偿金,也可以要求继续履行。

继续履行必须建立在能够并应该实际履行的基础上。《合同法》规定,对于非金钱债务的违约,有这样情形之一的,权利人不能再向债务人提出继续履行的请求:①法律上或事实上不能履行;②债务的标的不适于强制履行或费用过高;③债权人在合理期限内未要求继续履行。

(4) 采取补救措施

所谓补救措施,是指在违约方给对方造成损失后,为了防止损失的进一步扩大,由违约方依照法律规定承担的违约责任形式,如仓储物的更换、补足数量等。从广义而言,各种违反合同的承担方式,如损害赔偿、违约金、继续履行等,都是违反合同的补救措施,它们都是使一方当事人的合同利益在遭受损失的情况下能够得到有效的补偿与恢复。因此,这里所说的采取补救措施仅是从狭义上而言,是上述补救措施之外的其他措施。在仓储合同中,这种补救措施表现为当事人可以选择偿付额外支出的保管费、保养费、运杂费等方式,一般不采取实物赔偿方式。

(5) 定金制裁

定金是指合同当事人为了确保合同的履行,由一方预先给付另一方一定数额的货币。定金作为合同的担保,具有实践性,要以定金的实际交付为成立要件,定金交付后,定金合同即成立。定金合同从定金实际交付之日起生效。定金的数额由当事人约定,但不得超过主合同标的额的20%,超过的部分,人民法院不予支持。债务人履行债务后,定金应当抵做价款或收回。给付定金的一方不履行债务的,无权要求返回定金;接受定金的一方不履行债务的,应当双倍返还定金。《合同法》规定,当事人既约定违约金,又约定定金的,一方违约时,对方可以选择适用违约金或定金条款。可见,定金与违约金作为两种独立的违约责任形式,不能同时并用,只能选择其一适用,适用了定金责任就不能再适用违约金责任,适用了违约金责任就不能再适用定金责任,守约方享有选择权。

(五)违约责任的免除

违约责任的免除是不履行合同或法律规定的义务,致使他人财产受到损害时,由于有不可归责于违约方的事由,法律规定违约方可以不承担民事责任的情况。仓储合同订立后,如果客观上发生了某些情况阻碍了当事人履行仓储合同义务,这些情况如果符合法律规定的条件,违约方的违约责任就可以依法免除。《合同法》上的免责事由可分为两大类,即法定免责事由和约定免责事由。法定免责事由是指由法律直接规定、不需要当事人约定即可援用的免责事由,主要指不可抗力;约定免责事由是指即当事人约定的免责条款。

1. 不可抗力

不可抗力是指当事人不能预见、不能避免并且不能克服的客观情况。它包括自然灾害和某些社会现象。前者如火山爆发、地震、火灾、台风、冰雹和洪水侵袭等,后者如战争、罢工等。因不可抗力造成仓储保管合同不能履行或不能完全履行,违约方不承担民事责任。

合同签订后因出现不可抗力的时间不同,会有几种不同的法律后果:当出现不可抗力以后,再要求义务人继续履行义务已无任何可能性时,可以全部免除当事人的履行义务;不可抗力的出现只对合同的部分履行带来影响,在此情况下只能免除不能履行部分的责任;如果不可抗力的出现只是对合同的履行暂时产生影响,等不可抗力的情势消失后,当事人应继续履行合同。但是,当事人延迟履行后发生不可抗力的,不能免除责任。

不可抗力的免责是有条件的,在不可抗力发生以后,作为义务方必须要采取以下积极的措施才可以免除其违约责任。

① 发生不可抗力事件后,应当积极采取有效措施,尽最大努力避免和减少损失,如果当事人有能力避免损失的加剧,但未采取有效措施致使损失扩大,扩大的损失不属于不可抗力造成的损失。

② 发生不可抗力事件后,应当及时向对方通报不能履行或延期履行合同的理由。及时通报的目的是使对方当事人根据合同不能履行的具体情况,采取适当措施,尽量避免或减少由此而造成的损失。如果遭受不可抗力的一方没有及时通报,由此而加重了对方的损失,则加重部分不在免责之列。

③ 发生不可抗力事件后,应当取得有关证明。即遭遇不可抗力的当事人要取得有关机关的书面材料,证明不可抗力发生及影响当事人履行合同的情况,这样如果日后发生纠纷,也可以做到有据可查。

2. 仓储物的自然特性

根据《合同法》及有关规定,由于储存货物本身的自然性质和合理损耗,造成货物损失的,当事人不承担责任。

3. 存货人的过失

由于存货人造成仓储物的损害,如包装不符合约定、未提供准确的验收资料、隐瞒和夹带、存货人的错误指示和说明等,保管人不承担赔偿责任。

4. 合同约定的免责

基于当事人的利益,双方在合同中约定免责事项,对负责事项造成的损失,不承担互相赔偿责任。例如,约定货物入库时不验收重量,则保管人不承担重量短少的赔偿责任;约定不检验货物内容质量的,保管人不承担非作业保管不当的内容变质损坏责任。

仓储合同范本如下所示。

仓储合同样本

保管方：_____　　　　　住所：_____
存货方：_____　　　　　住所：_____
合同签订地：_____

保管方和存货方根据仓储能量的情况，双方协商一致，签订本合同，共同信守。

第一条，储存货物的名称、规格、数量、质量。

也可采用如下表格。

编　号	包　装	货物名称	品种规格	数　量	质　量

第二条，货物包装。

1. 存货方负责货物的包装，包装标准按国家或专业标准规定执行，没有相应标准的，在保证运输和储存安全的前提下，由合同当事人议定。

2. 包装不符合国家或合同规定，造成货物损坏、变质的，由存货方负责。

第三条，保管方法。根据有关规定进行保管，或者根据双方协商方式进行保管。

第四条，保管期限。从____年____月____日至____年____月____日。

第五条，验收项目和验收方法。

1. 存货方应当向保管方提供必要的货物验收资料，如未提供必要的货物验收资料或提供的资料不齐全、不及时，所造成的验收差错及贻误索赔期或发生货物品种、数量、质量不符合合同规定时，保管方不承担赔偿责任。

2. 保管方应按照合同规定的包装外观、货物品种、数量和质量，对入库物进行验收，如果发现入库货物与合同规定不符，应及时通知存货方。保管方未按规定的项目、方法和期限验收，或者验收不准确而造成的实际经济损失，由保管方负责。

3. 验收期限。国内货物不超过____日，国外到货不超过____日。超过验收期限所造成的损失由保管方负责。货物验收期限，是指货物和验收资料全部送达保管方之日起，至验收报告送出之日止。日期均以运输、邮电部门的戳记或直接送达的签收日期为准。

第六条，入库和出库的手续。

按照有关入库、出库的规定办理，如无规定，按双方协议办理。入库和出库时，双方代表或经办人都应在场，检验后的记录要由双方代表或经办人签字。该记录就视为合同的有效组成部分，当事人双方各保存一份。

第七条，损耗标准和损耗处理。按照有关损耗标准和损耗处理的规定办理，如无规定，按双方协议办理。

第八条，费用负担、结算办法。_____

第九条，违约责任。

一、保管方的责任。

1. 由于保管方的责任，造成退仓或不能入库时，应按合同规定赔偿存货方运费和支付违约金。

2. 对危险物品和易腐物品，不按规程操作或妥善保管，造成毁损的，负责赔偿损失。

3. 货物在储存期间，由于保管不善而发生货物灭失、短少、变质、污染、损坏的，负责赔偿损失。如属包装不符合合同规定或超过有效储存期而造成货物损坏、变质的，不负赔偿责任。

4. 由保管方负责发运的货物，不能按期发货，赔偿存货逾期交货的损失；错发到货地点除按合同规定

无偿运到规定的到货地点外,并赔偿存货方因此而造成的实际损失。

二、存货方的责任。

1. 易燃、易爆、有毒等危险物品和易腐物品,必须在合同中注明,并提供必要的资料,否则造成货物毁损或人身伤亡,由存货方承担赔偿责任直至由司法机关追究刑事责任。

2. 存货方不能按期存货,应偿付保管方的损失。

3. 超议定储存量储存或逾期不提时,除交纳保管费外,还应偿付违约金。

三、违约金和赔偿方法。

1. 违反货物入库和货物出库的规定时,当事人必须向对方交付违约金。违约金的数额,为违约所涉及的那一部分货物的____个月保管费(或租金)或____倍的劳务费。

2. 因违约使对方遭受经济损失时,如违约金不足抵偿实际损失,还应以赔偿金的形式补偿其差额部分。

3. 前述违约行为,给对方造成损失的,一律赔偿实际损失。

4. 赔偿货物的损失,一律按照进货价或国家批准调整后的价格计算;有残值的,应扣除其残值部分或残件归赔偿方,不负责赔偿实物。

第十条,由于不能预见并且对其发生和后果不能防止或避免的不可抗力事故,致使直接影响合同的履行或约定的条件履行时,遇有不可抗力事故的一方,应立即将事故情况电报通知对方,并应在____天内,提供事故详情及合同不能履行、或部分不能履行、或需要延期履行的理由的有效证明文件,此项证明文件应由事故发生地区的公证机构出具。按照事故对履行合同影响的程序,由双方协商决定是否解除合同,或者部分免除履行合同的责任,或者延期履行合同。

第十一条,其他_____。

保管方:	_____(盖章)	存货方:	_____(盖章)
法定代表人:	_____	法定代表人:	_____
地址:	_____	地址:	_____
银行账户:	_____	银行账户:	_____

签订日期:____年____月____日

资料来源:中国仓储与物流网,http://www.caws.org.cn/

经验之谈

仓储合同风险与防范

订立仓储合同应事前准备充分,做好资信调查。

① 存货方认真审查仓储保管人的资质——优先选择保管条件优、保管水平高和重合同守信用的保管方。

② 保管方要谨防存货人欺诈——考核对方的主体资格、履行合同能力和信用情况等。

③ 仓储合同用词准确,防范异议。

④ 仓储合同内容要详尽完善。

⑤ 明确约定合同双方的权利与义务。

⑥ 违约责任条款约定清楚。

⑦ 事先约定合同纠纷的解决方式和诉讼管辖地。

⑧ 监督合同的实际履行,实现合同双方的目的。

项目三　仓储商务管理

小结:竭诚合作求双赢!

要点回顾

一、认识仓储合同

(一)仓储合同的定义和特点

(二)仓储合同的种类

1. 一般仓储保管合同　2. 混藏式仓储合同　3. 消费式仓储合同　4. 仓库租赁合同

(三)仓储合同的订立

1. 仓储合同订立的原则　2. 仓储合同的形式　3. 仓储合同订立的程序

(四)仓储合同的标的和标的物

(五)仓储合同的内容

1. 存货人、保管人的名称和住所　2. 仓储物的品名或品类　3. 仓储物的数量、质量和包装　4. 仓储物验收的内容、标准、方法和时间　5. 保管条件和保管要求　6. 货物出入库的手续、时间、地点和运输方式　7. 仓储物的损耗标准及损耗的处理　8. 计费项目、标准和结算方式、开户银行、账号、时间　9. 责任划分和违约处理　10. 合同的有效期限　11. 变更和解除合同的程序及期限

(六)仓储合同的无效、可变更或撤销及效力待定

1. 仓储合同的无效　2. 可变更、可撤销的仓储合同　3. 效力待定的仓储合同　4. 仓储合同被确认无效或被撤销的处理

(七)仓储合同的变更和终止

1. 仓储合同的变更　2. 仓储合同的终止

二、履行仓储合同

(一)仓储合同履行的基本规则

1. 仓储合同条款约定不明确时的履行规则　2. 执行政府定价或政府指导价的合同的履行规则　3. 涉及第三人的仓储合同的履行规则　4. 仓储合同主体发生变化时的履行规则　5. 债务人提前履行债务或部分履行债务的处理规则

(二)保管人的权利和义务

1. 保管人的义务　2. 保管人的权利

(三)存货人的权利和义务

1. 存货人的义务　2. 存货人的权利

(四)违约责任

1. 违约行为　2. 承担违约责任的方式

(五)违约责任的免除

1. 不可抗力　2. 仓储物的自然特性　3. 存货人的过失　4. 合同约定的免责

练一练

1. 学生理解并掌握仓储合同主要条款后,分别扮演保管人和存货人草拟仓储合同。
2. 从现实或网上收集仓储案例资料,运用相关法律知识解决纠纷。
3. 工学结合项目:去法院选择一个关于仓储合同的案件,进行听庭,分析案例的来龙去脉。

学习资源库

1. "物流综合模拟实训"院级精品课程:http://221.192.237.94/xxgcx/
2. "仓储管理实务"院级精品课程:http://ycrcc.kc.lszjy.com/
3. "合同法原理与实务"精品课:http://www.sdsfjy.com/shiwuchuli/hetongfa/
4. "合同法学"精品课:http://skynet.jxufe.cn/ec/C383/zwpj－2.htm/
5. 中国物流与采购教育认证网:http://www.clpp.org.cn/

测一测

一、单项选择题

1. 仓储合同是(　　)。
　　A. 诺成合同　　　　B. 实践合同　　　　C. 单务合同　　　　D. 买卖合同
2. 存货人在存放储存物时,同时将储存物的所有权也转移到了保管人处是(　　)。
　　A. 一般仓储保管合同　　　　　　B. 混藏式仓储合同
　　C. 消费式仓储合同　　　　　　　D. 其他
3. 仓储合同的当事人是(　　)。
　　A. 保管人和存货人　B. 代理人　　　　C. 承运人　　　　D. 经纪人
4. 甲果品有限公司于5月6日向乙仓储有限公司发出要约,5月7日乙仓储有限公司收到此要约,于5月9日回复同意甲果品有限公司的条件。甲果品有限公司于5月11日收到乙仓储有限公司表示同意的信件。那么合同成立的时间是(　　)。
　　A. 5月6日　　　B. 5月7日　　　C. 5月9日　　　D. 5月11日
5. 甲与乙订立仓储合同后,乙以甲有欺诈行为为由向人民法院提出撤销仓储合同申请,人民法院依法撤销了该仓储合同。有关被撤销仓储合同的法律效力的表述中正确的是(　　)。
　　A. 自仓储合同订立时无效　　　　B. 自乙提出撤销请求时起无效
　　C. 自人民法院受理撤销请求时无效　D. 自仓储合同被人民法院撤销后无效
6. 承担违约责任的方式有(　　)等。
　　A. 继续履行合同、采取补救措施、提起诉讼
　　B. 继续履行合同、采取补救措施、请求仲裁
　　C. 继续履行合同、采取补救措施、赔偿损失
　　D. 继续履行合同、追究对方侵权责任、赔偿损失
7. 具有撤销权的当事人自知或应知道撤销事由之日起(　　)内行使撤销权,否则,撤销权消灭。
　　A. 1年　　　　B. 2年　　　　C. 3年　　　　D. 4年
8. 承担违约责任的原则是(　　)。
　　A. 过错责任原则　B. 严格责任原则　C. 瑕疵担保责任　D. 以上都不是
9. 当事人一方以欺诈、胁迫或乘人之危订立的合同是(　　)。
　　A. 无效合同　　　　　　　　　　B. 可变更可撤销合同
　　C. 效力待定的合同　　　　　　　D. 以上都不是
10. 仓储合同的成立须经过两个必不可少的环节是(　　)。

A. 要约和承诺　　　　　　　　B. 要约邀请和承诺
C. 承诺　　　　　　　　　　　D. 要约

二、多项选择题

1. 仓储合同的特征有(　　　)。
   A. 保管人须有仓储设施并专门从事保管业务
   B. 仓储合同的标的物为动产
   C. 仓储合同为诺成合同
   D. 仓储合同为要式合同

2. 甲乙双方签订一份仓储合同后,约定由甲方为乙方储存一批货物,任何一方违约向对方支付违约金 30 万元。乙方的该批货物属易燃品,但未在合同中注明,货物入库后,因温度过高,发生自燃,造成甲方库房烧毁,经济损失达 50 多万元。根据法律规定,表述不正确的是(　　　)。
   A. 乙方应赔偿甲方的经济损失 50 万元
   B. 乙方只需向甲方只支付违约金 30 万元
   C. 乙方不需承担责任,因甲方也有过错
   D. 乙方和甲方共同承担经济损失

3. 某日河北某进出口有限公司向上海某仓储有限公司发信表示有一批货要在其仓库储存,并提出相应条件。同一天上海某仓储有限公司也致函河北某进出口有限公司表示有闲置仓库愿为其提供仓储服务,其提出的条件等与对方提出的完全相同。但双方收到信后都未做出答复。两个月后,河北某进出口有限公司即将货物发往上海仓储有限公司。但上海仓储有限公司拒绝收货,理由是对方未答复,合同不成立,所以仓库保管了别人的货物。表述正确的是(　　　)。
   A. 仓储合同关系未成立　　　　B. 仓储合同关系成立
   C. 上海仓储有限公司承担违约责任　　D. 上海仓储有限公司不承担违约责任

4. 甲、乙签订的仓储合同既约定了定金又约定了违约金条款。甲违约,造成乙经济损失。乙可选择追究甲违约责任的方式有(　　　)。
   A. 要求单独适用定金条款
   B. 要求单独适用违约金条款
   C. 要求同时适用定金和违约金条款
   D. 要求同时适用定金、违约金条款,并另行赔偿损失

5. 甲存货人和乙保管人双方签订一份仓储合同,在仓储合同履行过程中,发现该合同仓储费用约定不明确。根据法律的规定,在这种情况下,可供甲乙双方选择的履行规则有(　　　)。
   A. 双方协议补充　　　　　　　B. 按交易习惯确定
   C. 由履行义务一方负担　　　　D. 按合同有关条款确定

6. 甲和乙是好朋友,2013 年 12 月 31 日甲向乙借人民币 5 万元,借款期限 1 年,约定年息 1 000元。问:甲、乙之间借款合同是(　　　)。
   A. 有偿合同　　　B. 无偿合同　　　C. 单务合同　　　D. 双务合同体

7. 仓储合同的法律特征有(　　　)。
   A. 保管人须为有仓储设备并专事仓储保管业务的民事主体
   B. 其保管的对象是动产
   C. 其保管的对象是不动产

D. 为诺成、双务合同
8. 承担违约责任的方式有（　　　）。
   A. 支付违约金　　　B. 赔偿损失　　　C. 继续履行合同　　　D. 采取其他补救方式
9. 属于仓储合同变更的情形有（　　　）。
   A. 仓储物数量的增减　　　　　　　B. 仓储物质量标准的更改
   C. 履行期限的变更　　　　　　　　D. 当事人的变更
10. 属于解除权人能够直接行使解除权的合同的选项是（　　　）。
    A. 甲果品有限公司没有按照仓储合同约定时间向乙仓储有限公司交付仓储物,经催告后仍未交付
    B. 丙仓储有限公司与丁进出口有限公司订立仓储合同后,要求提高保管费用,丁进出口有限公司不同意,于是丙公司通知丁公司不提高费用就解除合同,丙属于解除权人
    C. 丙仓储有限公司与丁进出口有限公司订立仓储合同后,丁公司的货物失火全部毁损不能交付
    D. 某仓储有限公司所在地于5月12日发生地震,仓库全部倒塌

三、判断题

1. 在仓储合同中,仓单持有人提前提取仓储物的,应当减收仓储费。（　　　）
2. 保管期限届满时,保管人严格承担归还原物的责任,但仓储物在仓储期间自然增加的孳息,可自行留存,不用归还。（　　　）
3. 在存放期间发生仓储物损害或变化的,保管人应及时通知存货人处理,并且采取必要的处理措施,以减少损失。（　　　）
4. 仓储合同的标的是仓储保管行为,但标的物是仓储物。（　　　）
5. 仓储合同当事人一方因为利益需要向另一方提出变更合同的要求,如另一方在期限内未作答复,则合同不能变更。（　　　）

四、实务操作题

仓储合同起草和审查操作。假如你是一名仓储企业工作人员,为客户储存保管物品,请你本着公平、诚信的原则为企业拟定一份仓储合同。要求结合仓储合同的特征、内容进行拟制。起草后,同学相互交换进行审查,发现问题,解决问题,以掌握仓储合同的有关法律知识。

扩一扩

案例赏析一：某仓储合同纠纷

某汽车装配厂从国外进口一批汽车零件,准备在国内组装、销售。2013年3月5日,该汽车装配厂与某仓储公司签订了一份仓储合同。合同约定,仓储公司提供仓库保管汽车配件,期限为10个月,即从2014年4月15日起到2014年2月15日止,保管仓储费为10万元;还约定任何一方有违约行为,要承担违约责任,违约金总金额为总金额的20%;另外,汽车装配厂预交仓储公司定金2 000元。

合同签订后,仓储公司开始为履行合同做准备,清理了合同约定的仓库,并且从此拒绝了其他人的仓储要求。2013年3月27日,仓储公司通知装配厂已经清理好仓库,可以开始送货入库。但配装厂表示已找到更便宜的仓库,如果仓储公司能降低仓储费的话,就送货仓储。仓储公司不同意,配装厂明确表示不需要对方的仓库。4月2日仓储公司再次要求配装厂履行合同,配装厂

再次拒绝。

4月5日,仓储公司向法院起诉,要求汽车配装厂承担违约责任,支付违约金并支付仓储费。汽车装配厂答辩称合同未履行,因而不存在违约问题。

点评:《合同法》规定"仓储合同自成立时生效"。即仓储合同是诺成性合同,其成立不以交付标的物为要件,双方当事人就合同主要条款达成一致,合同成立并生效。原因是仓储合同涉及标的物通常较大,且仓储合同对仓储的条件要求较高、保管人须做大量准备,为了维护交易安全与稳定,法律对仓储合同成立通常不以仓储物的交付为准,而以合同签订为准。本案例中,双方订立的仓储合同成立且生效,其对当事人双方就有法律约束力,任何一方不得擅自变更或解除合同。虽然合同尚未履行,但汽车装配厂不履行合同,属违约行为,其不履行仓储合同,必然导致仓储公司经济损失。因此,汽车装配厂应承担违约责任。

案例赏析二:原物返还违约吗

某乡种粮大户张某种植的水稻喜获丰收,欲将刚收获的大米20 000袋交付本地的宏天粮食加工企业保管。为此,双方签订一份消费式仓储合同,保管期为2年,并约定了合同的其他条款。保管期限届满后,宏天粮食加工企业返还给张某的是当初存入的完整无损的大米,即以原物返还。问宏天粮食加工企业违反合同义务吗?

点评:宏天粮食加工企业违反了合同义务。因为张某和宏天粮食加工企业订立的是消费式仓储合同,保管期满后,保管人必须将相同种类、品质、数量的替代物归还给存货人。而张某存入宏天粮食加工企业的是刚收获的20 000袋新大米,保管期满张某应当领取的是同种类、同品质的新米,而不是2年前的陈米,所以宏天粮食加工企业违反了合同义务。

案例赏析三:合同双方的做法对吗

某商业企业在大通仓库寄存某设备一批共100台,价值共计100万元。双方商定保管期限自2014年1月1日至1月30日,商业企业分两批取走设备;1月30日商业企业取走最后一批设备时,支付保管费3 000元。1月30日,该商业企业前来取最后一批设备50台时,双方为保管费的多少发生争议。该商业企业认为自己的设备实际是在1月11日上午才进入大通仓库的,保管期限实际上是20天,所以应当给付保管费2 000元。但大通仓库拒绝减少保管费1 000元,理由是仓库早已为企业设备的到来准备了库房,企业的设备没能准时进库是商业企业自己的原因造成的,与大通仓库无关。该商业企业则认为,它已经通知了设备到库的准确时间,且大通仓库不可能空着货位,肯定会存放其他的货物,所以只同意支付保管费2 000元。于是大通仓库拒绝企业提取所剩余的设备。

点评:首先该商业企业应给付全部保管费。我国《合同法》第三百八十二条规定:"仓储合同自成立时生效。"因此合同签订后,因存货人原因货物不能按约定入库,依然要交付全部仓储费,本案例中应给付约定的仓储费3 000元。另外,大通仓库在该商业企业拒绝足额支付保管费的情况下有权留置仓储物,拒绝其提取仓储物,其行使的是留置权。但本案例中的保管人大通仓库明显过多留置了该商业企业的货物。因为在仓储物是可分物时,保管人在留置时仅可留置价值相当于仓储费部分的仓储物。而本案例中的仓储物恰恰是可分物,所以大通仓库没有理由留置剩下的50台设备,而只能留置相当于1 000元的设备。

案例赏析四:旺旺果品有限公司能解除合同吗

2013年10月7日红日仓储有限公司与旺旺果品有限公司订立了10吨果品的仓储合同约定:旺旺果品有限公司在11月1日之前向红日仓储有限公司的仓库存入10吨果品,保管期限3个月,保管费1万元,旺旺果品有限公司在提货时一次性给付仓储费。仓储合同签订后,旺旺果

品有限公司积极组织货源为履行做准备,但是同年 12 月 28 日红日仓储有限公司的仓库突然发生火灾,变成一片废墟而不能保管货物。试问,旺旺果品有限公司能要求解除合同吗？

点评:旺旺果品有限公司能解除合同。本案中,红日仓储有限公司不能履行合同是由于不可抗力造成的。《合同法》规定,因不可抗力致使不能实现合同目的,当事人有权解除合同。

任务五　仓单业务

一、认识仓单

(一) 仓单的概念和性质

1. 仓单的概念

《合同法》第三百八十五条规定:"存货人交付仓储物的,保管人应当给付仓单。"此处提到的仓单是指仓储保管人在收到仓储物时向存货人签发的表示仓储关系存在以及保管人愿向仓单持有人履行交付仓储物义务的法律文书。仓单表明保管人已接受仓单中所记载的货物;仓单是仓储保管人凭以返还保管物的凭证;仓单还是确定保管人和仓单持有人(或提货人)责任和义务的依据;仓单也是仓储合同关系存在的证明。另外,仓单也可以作为一种特殊的有价证券,它不但可以经背书转让,而且根据《中华人民共和国担保法》(以下简称《担保法》)的有关规定,仓单还可以作为权利质押。

2. 仓单的性质

(1) 仓单是有价证券

《合同法》第三百八十七条规定:"仓单是提取仓储物的凭证。存货人或者仓单持有人在仓单上背书并经保管人签字或者盖章的,可以转让提取仓储物的权利。"从这条可以看出,仓单是存货人已经交付仓储物的凭证,更是存货人提取仓储物的权利依据。它代表着仓单持有人对仓储物的所有权关系,仓单所载权利的行使与移转,以仓单的占有或者移转为必要条件。仓单经过存货人的背书及仓储保管人的签署后可转让于任何人,任何持有仓单的人都可以向仓储保管人要求给付仓储物。从本质上看,仓单是一种有价证券,它代表着与仓储物同值的财产权利,其价格受市场供求关系的影响。

(2) 仓单是要式证券

《合同法》第三百八十六条规定,仓单要经保管人签名或者盖章,并必须具备一定的法定记载事项,以此来确定保管人和存货人各自的权利和义务,是一种要式证券。

(3) 仓单是物权证券

仓单持有人依仓单享有对仓单上所记载的仓储物的所有权,可行使仓单上载明的权利或对这种权利进行处分,故仓单为物权证券。

(4) 仓单是文义证券,不是要因证券

所谓文义证券,是指证券上权利义务的范围以证券的文字记载为准。具体到仓单上,即仓单记载的权利义务范围,以仓单的文字记载为准,当事人只能依仓单上的记载来主张权利义务,故仓单为文义证券,不是要因证券。

(5) 仓单是自付证券

仓单是由保管人自己填发的,又由自己负担给付义务,故仓单为自付证券。

(6) 仓单是仓储合同的证明

仓单本身并不是仓储合同，但可以作为仓储合同的书面证明，证明仓储合同关系的存在。

3. 仓单的作用

仓单作为仓储保管的凭证，其作用是显而易见的，主要表现在以下几个方面。

① 仓单是保管人向存货人出具的货物收据。当存货人交付的仓储物经保管人验收后，保管人就向存货人填发仓单。仓单是保管人已经按照仓单所载状况收到货物的证据。

② 仓单是仓储合同存在的证明。仓单是存货人与保管人双方订立的仓储合同存在的一种证明，只要签发仓单，就证明了合同的存在。

③ 仓单是货物所有权的凭证。它代表仓单上所列货物，谁占有仓单就等于占有该货物，仓单持有人有权要求保管人返还货物，有权处理仓单所列的货物。仓单的转移，也就是仓储物所有权的转移。因此，保管人应该向持有仓单的人返还仓储物。也正由于仓单代表着其项货物的所有权，所以仓单作为一种有价证券，也可以按照《担保法》的规定设定权利质押担保。

④ 仓单是提取仓储物的凭证。仓单持有人向保管人提取仓储物时，应当出示仓单。保管人一经填发仓单，则持单人对于仓储物的受领，不仅应出示仓单，而且还应缴回仓单。如果仓单持有人为第三人，而该第三人不出示仓单的，除了能证明其提货身份外，保管人应当拒绝返还仓储物。

此外，仓单还是处理保管人与存货人或提单持有人之间关于仓储合同纠纷的依据。

（二）仓单的功能

1. 保管人承担责任的证明

仓单的签发意味着仓储保管人接管仓储物，对仓储物承担保管责任，保证在仓储期满向仓单持有人交还仓单上所记载的仓储物，并对仓储物在仓储期间发生的损害或灭失承担赔偿责任。

2. 物权证明

仓单作为提货的凭证就意味着合法获得仓单的仓单持有人具有该仓单上所记载仓储物的所有权。持有仓单就意味着具有仓储物当然的所有权，但这种所有权是一种确定的物权，只表示占有该仓单上所描述的具体"物"，并不意味着固定的价值。这种物权会因为不可抗力、自然损耗等保管人免责的原因造成灭失，还会因为保管到期产生超期费，以及保管人进行提存的风险，由于仓储物的原因造成保管人、其他财产损失的赔偿风险。

仓单持有人因持有仓单所获得的仓储物所有权，仅仅是仓单所明示的物权，并不当然获得存货人与保管人所订立仓储合同中的权利，只有这些权利在仓单中列明时才由仓单持有人承受。相应的保管人也不能采用未在仓单上明示的仓储合同的约定条款对抗仓单持有人，除非仓单持有人与存货人为同一人。

3. 物权交易

仓储物交给仓储保管人保管后，保管人占有仓储物，但是仓储物的所有权仍然属于存货人，存货人有权依法对仓储物进行处理，可以转让仓储物，这是存货人行使所有权的权利。但在保管人签发仓单的情形下，存货人和保管人达成了凭仓单提货的契约，保管人可以拒绝仓单持有人之外的其他人行使提货权。因而存货人要进行存储物转让就必须将仓单转让。另外，对于存货人在获得仓单后，需要转让仓储物时，如果要通过取出仓储物进行实物交割显然是极为繁琐的，又不经济。为了便利和节省交易费用，存货人通过直接转让仓单的方式转让仓储物，由受让人凭仓单提货。通过仓单转让即可实现仓储物所有权的转让交易，又不涉及仓储物的保管和交接，是一种简便和经济的方法。仓单转让机制的基础在于仓储保管人对于仓储物的理货验收、对仓储物的完整性承担责任、对所签发仓单的提货保证。

① 仓单的背书转让。由于仓单大都为记名证券，仓单的转让必须采用背书转让的方式进行。由出让人进行背书，并注明受让人的名称，保持仓单的记名性质。

② 仓单转让需经保管人签署。仓单通过背书转让，仓储物的所有权发生了转移，被背书人成为了仓单持有人。这也就意味着原先同保管人订立仓储合同的存货人将凭仓单提取货物的合同权利转让给了第三人，保管人将向第三人履行仓储合同义务。根据《合同法》第八十条规定："债权人转让权利的，应当通知债权人。"同时还规定债务人转让义务的，应当经债权人同意。仓单的转让可能仅涉及存货人债权的转让，也可能存在受让人支付仓储费等债务的转让，因而仓单转让就需要保管人的认可，经保管人签字或盖章，仓单受让人才能获得提取仓储物的权利。

4. 金融工具

由于仓单所具有的物权功能，仓单也代表着仓储物的价值，成为有价证券。因其所代表的价值可以作为一定价值的担保，因而仓单可以作为抵押、质押、财产保证的金融工具和其他的信用保证。在期货交易市场上，仓单交易是交易的最核心的部分。

(三) 仓单的形式与内容

仓单由保管人提供。仓储经营人准备好仓单簿，仓单簿为一式两联，第一联为仓单，在签发后交给存货人；第二联为存根，由保管人保存，以便核对仓单。仓单副本则根据业务需要复制相应份数，但需注明为"副本"。

《合同法》规定仓单的内容包括这些事项：①存货人的名称(或姓名)、住所；②仓储物的品名、数量、质量、包装、件数和标记；③仓储物的耗损标准；④储存场所；⑤储存期间；⑥仓储费；⑦仓储物的保险金额、期间及保险人的名称；⑧填发人、填发地和填发日期。仓单如图 5.1 所示。

仓 单						
公司名称：						
公司地址：						
电话： 账号： 储货人： 保险人名称： 保险期间： 保险金额：			传真： 批号： 发单日期： 起租日期：			
兹收到下列货物依本公司条款（见后页）储仓						
唛头及号码	数 量	所报货物	每件收费	每月仓租	进仓费	出仓费
总件数：			经手人：			
总件数（大写）：						
备注：						
核对人：						

图 5.1a 仓单的内容(正面)

项目三 仓储商务管理

	仓 单				
存货记录					
日　期	提单号码	提货单位	数　量	结　余	备　注

储货条款
一、本仓库所载之货物种类、唛头、箱号等，均系按照储货人所称填理，本公司对货物内容、规格等概不负责。
二、货物在入仓交接过程中，若发现与储货方填列内容不符，我公司有权拒收。
三、本仓库不储存危险物品，客户应保证入库货物绝非危险品，如果因储货人的货物品质危及我公司其他货物造成损失时，储货方必须承担因此而产生的一切经济赔偿责任。
四、本仓单有效期一年，过期自动失效。已提货之分仓单和提单档案保留期也为一年。期满尚未提清者，储货人须向本公司换领新仓单。本仓单须经我公司加印硬印方为有效。
五、客户（储货人）凭背书之仓单或提货单出货。本公司收回仓单和分提单，证明本公司已将该项货物交付无误，本公司不再承担责任。

图 5.1b　仓单的内容（反面）

1. 存货人的名称(或姓名)、住所

存货人是初始仓储物的所有人或占有人，有权对货物进行仓储处分。存货人是仓单法律关系的一方，承担着仓单所确定的存货义务和责任。存货人名称完整的纪录，也是判定仓单背书转让连续性的依据。

存货人的名称为存货人法人的完整名称，与法人证书的登记名称完全一致。当存货人为个人时，采用该人的完整姓名。住所为存货企业的所在地或主营业地所在地或发生仓储业务关系的分营业部所在地，个人的居住地或常驻地。住所地址要求采用完整的街牌号或乡村名称。住所地址是仓单发生司法争议时司法管辖权的确定因素之一，同时也是仓储业务中保管人与存货人联系的途径，因而一般还会注明联系电话等便利的联系方法。

2. 仓储物的品名、数量、质量、包装、件数和标记

仓储物是仓单的标的物，仓储物的品名、数量、质量、包装、件数和标记是保管人所接受的仓储物的准确描述，构成了仓储物的特定化；也是存储期满，保管人向仓单持有人交还物品的标准。保管人不能交还仓单所描述的仓储物，就需要给予赔偿。仓储物的品名、数量、质量、包装、件数和标记是保管人在接受仓储物时通过查验和理货所获得的准确结果，必要时可以通过商品检验获得。仓储物的品名应是标准名称，质量可以采用公认的等级质量标准或标明具体的质量水平或检验结论，包装必须是在存储期间存续的包装方式，一般为保管人所认可的包装方式。

3. 仓储物的耗损标准

仓储物因为长期保存和仓储作业会发生耗损和减量。仓储物自身特性（如干燥、分化、挥发等）的自然减量和公认的合理耗损（如计量误差、黏结、破损、氧化生锈、陈旧、黏尘等）由保管人承担显然不合理，或者不经济。仓储物的耗损标准就是在交还仓储物时仓储物数量短少在仓单所约定的仓储物耗损标准之内，保管人不予赔偿。

仓储物的耗损标准有国家或行业标准规定的按规定标准执行,无标准的由双方约定耗损标准。制定耗损标准后,保管人在归还仓储物时,对仓储物在耗损标准内的短量、质量变化等不予以赔偿。

4. 储存场所

储存场所涉及对仓储物的保管条件、保管标准、操作方法,仓储期间风险的大小,存入和提出仓储物的经济成本和便利条件,仓单持有人了解仓储物存放的位置等作用,同时也是发生仓储争议时的合同履行地、财产所在地司法管辖权的决定因素。

储存场所一般由仓储合同约定,也可以由保管人安排,在仓单中记载的储存场所为仓储物的实际存放地点。储存场所包括储存仓库的名称和地点,往往还明确注明存放仓储物的仓库号、堆场、货位号等存货的具体位置。

5. 储存期间

仓储合同是一种有时限的合同,保管人在约定的时期内对仓储物承担保管责任。为了使仓单持有人明确掌握储存期限,需要将储存期间特别是储存到期时间明确地记录在仓单之上。储存时间的表示可以采用开始期加期限的方式,如存储期 3 个月,从仓单签发日起算,到期日为节假日的,顺延到假日后的第一个工作日;也可以采用明确到期日的方式表达,如 *月*日。

储存期间是保管人承担仓储保管责任的期间,也是计算仓储费的依据、确定和计算超期费、空置费的依据,保管人采取提存保管物的时间条件。

6. 仓储费

仓储费是保管人开展仓储服务的回报,是其合同行为的目的。仓储费由保管人和存货人约定,包括仓储费的计费标准、支付方式、支付时间、地点等。当仓储费由提货人支付时,或者在提货时结算的,必须在仓单上准确记录,以便约束仓单持有人。同时也是仓单转让时,受让人所要承担的支付义务和支付额。

仓储费率还是超期保管费计算的基础。如超期保管费加倍计算。

7. 仓储物的保险金额、期间及保险人的名称

为了降低承担的风险,对仓储物进行投保保险是一种有效的方法。对仓储物投保的成本,原则上应该由仓储物所有人承担。如果保管未保险的仓储物,保管人为了降低风险,也可以采用由仓储人购买保险的方法,但其保险的成本必然通过仓储费等方式转移给仓储物的所有人。另外,仓储物是否购买保险,对仓单受让人具有直接的利益关系,仓单的转让只是转让了入库时仓储物的物权,入库后仓储物状态的变化是受让人要承担的风险。仓单受让人通过保险的方式获得仓储物的状态和价值保证,需要掌握保险金额、期间和保险人。

在仓单上记载保险资料,有利于发生事故时的保险处理,如通知保险人和保险索赔等。

8. 填发人、填发地和填发日期

填发人为仓储经营人的企业名称(公章)或法定代表人的姓名。填发人的签署表明仓单发生效力。填发地和填发日期不仅表示仓单发生效力的时间和地点,也是属地管辖的依据和时效起算时间的依据。

一份有效的仓单可以包含以上所有内容或其他保管人认为必要的内容,但是也可以缺省一些内容。只要仓单的内容能够充分表达仓储物的物权、保管人的责任承担程度、持有人提取仓储物的权利等仓单功能的事项,保管人签发的仓单就应该有效。缺乏保管人、存货人、仓储物、存货地点、保管人签署等条件事项的仓单显然是无效的仓单。

经验之谈

仓单应记载哪些事项方为有效

法律规定的仓单应记载事项是否均为绝对必要记载事项,即缺少其中的任何一项是否使仓单无效?对此问题,学者大有争论。日本旧时判例及部分学者认为,如果仓单缺少法定事项的任何一项,就足以使仓单无效。后来的判例和学说则认为,只要仓单记载了寄托物的个性及数量即为已足,其他事项的欠缺不影响对仓单的效力。判例认为,如果认为缺少法定事项中的任何一项记载事项,均使仓单无效的话,则不利于交易的安全。我国台湾地区有学者认为,除有关保管期间和有关寄托物保险的事项外,其他事项均为绝对必要记载事项,欠缺其一,仓单无效。这些事项包括寄托人的姓名及地址,保管之场所,受寄托物品的种类、品质、数量及其包皮之种类、个数及记号,保管费。但也有学者认为,法律中没有关于欠缺应记载事项使仓单为无效的明文规定,应认为除仓库营业人的署名及足以表示仓储物的性质和交付场所的事项为绝对必要记载事项之外,其他均为可记载事项。关于法定记载以外的事项的记载,只要不违背仓单的本质,应认为有效力。我国学者对《合同法》规定的仓单记载事项的理解也不完全相同。有人认为,《合同法》所规定的仓单记载事项应为指导性事项而非法定必要事项。因此,只要仓单缺乏的事项不足以影响权利义务的确定和仓储物的一致性,就应认定为有效,反之认定为无效。在仓单的记载事项中,除第一项和第二项为绝对必要记载事项外,其他记载事项的欠缺均不影响仓单的效力。也有人认为,仓单的绝对必要记载事项包括以下5项:存货人的名称和住所,仓储物的品种、数量、质量、包装、件数和标记,储存场所,仓储费,填发人、填发地和填发日期。还有人认为,《合同法》所规定的仓单记载事项中,以下4项为绝对必要记载事项:存货人的名称和住所,仓储物的品种、数量、质量、包装、件数和标记,储存场所,填发人、填发地和填发日期。对于绝对必要记载事项,如果欠缺记载,则仓单不发生效力;对于相对必要记载事项,如果欠缺记载,则可依《合同法》的有关规定予以处理。

二、仓单实务

(一)仓单的签发及生效

1. 仓单的签发

仓单由保管人向存货人签发。存货人要求保管人签发仓单时,保管人必须签发仓单。当存货人将仓储物交给保管人时,保管人对仓储物进行查验和理数,确认仓储物的状态,在全部仓储物收妥后,填制并签发仓单。保管人在填制仓单时必须将所接受的仓储物的实际情况如实记录在仓单上,特别是对仓储物的不良状况更是要准确描述,以便到期时能按仓单的记载交付仓储物。经保管人签署的仓单才能生效。

保管人对仓储物不良状态的批注必须实事求是,且准确、明确。当存货人不同意批注时,如果仓储物的瑕疵不影响仓储物的价值或质量等级,保管人可以接受存货人的担保而不批注,否则就必须批注,或者拒绝签发仓单。

2. 仓单的生效

仓单生效必须具备两个要件如下。

(1)保管人须在仓单上签字或盖章

保管人在仓单上签字或盖章表明保管人对收到存货人交付仓储物的事实进行确认。保管人

未签字或盖章的仓单说明保管人还没有收到存货人交付的仓储物,故该仓单不发生法律效力。当保管人为法人时,由其法定代表人或授权代理人及雇员签字;当保管人为其他经济组织时,由其主要负责人签字;当保管人为个体工商户时,由其经营者签字。盖章指加盖保管人单位公章。签字或盖章由保管人选择其一即可。

(2) 仓单须包括一定的法定必要记载事项

根据《合同法》第三百八十六条的规定,仓单的法定必要记载事项共有8项,其中,存货人的名称(或姓名)和住所,仓储物的品种、数量、质量、包装、件数和标记,储存场所,填发人、填发地和填发日期4项为绝对必要记载事项,不记载则不发生相应的证券效力。其余4项属于相对必要记载事项,如当事人不记载则按法律的规定来处理。

3. 仓单的物权效力

(1) 仓单交付的物权效力

根据《合同法》第三百八十七条的规定,存货人或仓单持有人在仓单上背书并经保管人签字或盖章之后,仓单上所具有的提取货物的权利随之转让于新的仓单持有人。民事主体占有仓单与其对仓储物本身的占有具有同样的法律意义,这是仓单交付的首要效力。仓单持有人依仓单享有对有关仓储物品的所有权,行使仓单上载明的权利或对权利进行处分。实际占有仓单者可依仓单所有权请求保管人交付仓单上所载的储存物品。

(2) 仓单交付的后果

① 仓储物风险承担随仓单而移转。根据《合同法》基本理论,风险自交付时转移,尽管仓单的交付不是货物的直接交付,但具有了法律上交付的意义,所有权的转移得到了实现,风险的转移也随之完成。

② 仓单仅具有单纯的物权效力。仓单毕竟只是低层次的有价证券,它远不及票据,仓单的交付只对于那些由仓单而发生的权利及对于仓储物上的权利而具有物权转移的效力,而不涉及其他方面的权利关系,如票据上的对前手背书人的追索权。

③ 仓单具有物权的排他性。在同一仓储物上,不能存在两份或多份内容相同的仓单。这是一物一权主义所决定的,即使在混藏仓储合同的情况下,也只能理解为各仓单持有人为共同所有人。

④ 仓储物的非所有人取得的仓单仍然具有物权效力。除盗窃、抢夺、拾得遗失物等违背所有权人本意占有他人之物外,只要是基于合法的占有而将物储存、保管于保管人,则据此取得的仓单同样具有物权效力。即在仓单交付时,被背书人基于仓储物已经交付储存与保管的事实,相信背书人即为仓储物的所有人,则在此情形下,被背书人取得仓储物的所有权。仓单上的权利义务的范围以仓单的文字记载为准,即使仓单上记载的内容与实际不符,保管人仍应按仓单上所载文义履行责任。

(二) 仓单的分割

存货人将一批仓储物交给保管人时,因为转让的需要,要求保管人签发分为几份的仓单,或者仓单持有人要求保管人将原先的一份仓单分拆成多份仓单以便向不同的人转让,这就遇到仓单的分割业务。仓单的分割不仅只是单证的处理,还意味着保管人需要对仓储物进行分劈,应该说是仓储保管人提供额外的服务。仓单分割的条件是仓储物必须能够被分劈,且达成对残损、地脚货的分配协议并对分割后的仓单持有人有约束力,分割后仓单的仓储物总和数与仓储物总数相同。保管人对已签发出的仓单进行分割,必须将原仓单收回。

(三) 仓单转让

仓单持有人需要转让仓储物时,可以通过背书转让的方式进行仓储物转让。仓单转让生效的条件为:背书过程完整,经保管人签署。

1. 背书转让方法

作为记名单证,仓单的转让采取背书转让的方式进行。背书转让的出让人为背书人,受让人为被背书人。背书格式如下所示。

兹将本仓单转让给×××(被背书人的完整名称)

×××(背书人的完整名称)

背书经办人签名、日期

仓单可以进行多次背书转让,第一次背书的存货人为第一背书人。在第二次转让时,第一次被背书人就成为第二背书人。因而背书过程是衔接的完整过程,任何参与该仓单转让的人都在仓单的背书过程中记载。

2. 保管人签署

存货人将仓单转让,意味着保管人需要对其他人履行仓储义务,保管人与存货人订立仓储合同的意境和氛围都因仓单的转让发生了改变,保管人对仓单受让人履行仓单义务需要了解义务对象的变化,对仓单受让人行使仓单权利也需要对债务人有足够的信任,因而需要对仓单的转让给予认可。因此,仓单的转让需要保管人签署,受让人方可凭单提取仓储物。

(四) 凭单提货

在保管期满或经保管人同意的提货时间,仓单持有人向保管人提交仓单并出示身份证明,经保管人核对无误后,保管人给予办理提货手续。

1. 核对仓单

保管人核对提货人所提交的仓单和存底仓单,确定仓单的真实性;查对仓单的背书完整,且过程衔接明白;核对仓单上的存货人或被背书人与其所出示的身份证明一致。

2. 提货人缴纳费用

如果仓单记载由提货人缴纳仓储费用的,提货人按约定支付仓储费;根据仓储合同约定并记载在仓单上的仓储物在仓储期间发生的仓储人的垫费、为仓储物所有人利益的支出、对仓储人或其他人所造成的损害赔偿等费用核算准确并要求提货人支付。

3. 保管人签发提货单证并安排提货

保管人收取费用、收回仓单后,签发提货单证,安排货物出库准备。

4. 提货人验收仓储物

提货人根据仓单的记载与保管人共同查验仓储物,签收提货单证,收取仓储物。如果查验时发现仓储物状态不良,现场编制记录,并要求保管人签署,必要时申请商品检验,以备事后索赔。

师傅教我做

仓单持有人如何提取仓储物

根据《合同法》第三百九十二条规定,仓单持有人在提取仓储物时应遵循以下原则。

① 仓单持有人应当在储存期间届满时提取仓储物。

② 仓单持有人逾期提取仓储物的,应当支付超期保管的仓储费。

③ 对超过储存期间的仓储物，虽经保管人采取必要的措施，仍无法避免仓储物出现损坏、变质等现象的，其损失由仓单持有人承担。

④ 仓单持有人提前提取仓储物的，不减收仓储费。

⑤ 仓单是提取仓储物的凭证，仓单持有人提取仓储物，应当凭仓单，并缴回仓单。

（五）仓单灭失的提货

仓单因故损毁或灭失，将会出现无单提货的现象。原则上提货人不能提交仓单，保管人不能交付货物，无论对方是合同订立人还是其他人。因为保管人签发出仓单就意味着承认只能对仓单承担交货的责任，不能向仓单持有人交付存储物就需要给予赔偿。仓单灭失的提货方法有以下两种。

① 通过人民法院的公示催告使仓单失效。根据《中华人民共和国民事诉讼法》，原仓单持有人或仓储合同人可以申请人民法院对仓单进行公示催告。当60天公示期满无人争议，人民法院可以判决仓单无效，申请人可以向保管人要求提取仓储物。在公示期内有人争议，则由法院审理判决，确定有权提货人，并凭法院判决书提货。

② 提供担保提货。提货人向保管人提供仓储标的物的担保后提货，由保管人掌握担保财产，将来另有人出示仓单而不能交货需要赔偿时，保管人使用担保财产进行赔偿。该担保在可能存在的仓单失效后，方解除担保。

（六）不记名仓单

如果保管人和存货人达成协议，由保管人签发不记名仓单，则所签发的仓单的存货人项就可以为空白。不记名仓单在转让时无须背书，存期届满由持有人签署，并提示同样的身份证明就能提货。不记名仓单不能提前提货。使用不记名仓单的存货人和保管人双方都存在一定的风险，仓储保管人不能控制仓单的转让，也不知道将来要向谁交货，仓单持有人遗失仓单就等于遗失仓储物。

在仓单的存货人项不填写真正的存货人或所有人，而只填写通知人或经手人等非实际仓储物的所有人的仓单也属于不记名仓单。

小结：同样的仓单，不一样的运作。

要点回顾

一、认识仓单

（一）仓单的概念和性质

1. 仓单的概念　2. 仓单的性质　3. 仓单的作用

（二）仓单的功能

1. 保管人承担责任的证明　2. 物权证明　3. 物权交易　4. 金融工具

（三）仓单的形式与内容

1. 存货人的名称（或姓名）、住所　2. 仓储物的品名、数量、质量、包装、件数和标记　3. 仓储物的耗损标准　4. 储存场所　5. 储存期间　6. 仓储费　7. 仓储物的保险金额、期间及保险人的名称　8. 填发人、填发地和填发日期

二、仓单实务

(一) 仓单的签发及生效

1. 仓单的签发　2. 仓单的生效　3. 仓单的物权效力

(二) 仓单的分割

(三) 仓单转让

1. 背书转让方法　2. 保管人签署

(四) 凭单提货

1. 核对仓单　2. 提货人缴纳费用　3. 保管人签发提货单证并安排提货　4. 提货人验收仓储物

(五) 仓单灭失的提货

(六) 不记名仓单

练一练

1. 甲超市拟将一批生活物资储存于 A 仓储有限公司,该批物资将于 2014 年 3 月 5 日入库,储存期限 3 个月。该批生活物资的详细情况如下表所示。

品　名	规　格	单价/元	单　位	数　量	包　装
金龙鱼色拉油	5 L	50.00	桶	40	4 桶/箱
红富士苹果	80 mm	60.00	箱	10	10 kg/箱
力士纯净去屑洗发水	400 g	25.00	瓶	24	12 瓶/箱
雕牌洗衣粉	1 000 g	12.00	袋	48	12 袋/箱

根据资料完成以下工作。

(1) 假设入库商品全部合格,请帮助 A 仓储有限公司开具仓单。

(2) 甲超市将该仓单于 2014 年 4 月 8 日转让给乙超市,请模拟完成转让过程。

(3) 2014 年 6 月 5 日,乙超市持仓单到 A 公司提货,请模拟完成提货过程。

2. 工学结合项目:教师带领学生参观合作企业的仓库,学生根据企业具体业务活动和合作企业仓单(样本),模拟完成业务的仓单签发工作。

学习资源库

1. "仓储管理实务"精品课程,http://xibu.sdwm.cn:9090/jpk/ccgl/

2. "现代仓储管理"精品课程,http://jpkc2.sdjtzyxy.com/cc/

3. 华律网,http://www.66law.cn/topic2010/cdzyrz/

4. 中国物流与采购网,http://www.chinawuliu.com.cn/xsyj/class_44.shtml/

5. 找法网,http://china.findlaw.cn/

测一测

一、单项选择题

1. 仓单是保管人在接受仓储物后签发的表明一定数量的保管物已经交付仓储保管的(　　)。

A. 提货凭证　　　　B. 有价证券　　　　C. 法律文书　　　　D. 仓储合同
2. 关于仓单的性质的说法不正确的是(　　　)。
   A. 仓单是提货凭证　　　　　　　　B. 仓单是有价证券
   C. 仓单是所有权的法律文书　　　　D. 仓单是仓储合同
3. 仓单签发后交给存货人的是(　　　)。
   A. 仓单正本第一联　B. 仓单正本第二联　C. 仓单副本　　　　D. 仓储合同
4. 仓单可以由(　　　)。
   A. 保管人亲自签发
   B. 保管人的代理人及其雇员签发
   C. 保管人亲自签发,或者由保管人的代理人及其雇员签发
   D. 只能由保管人及其雇员签发
5. 关于不记名仓单的说法不正确的是(　　　)。
   A. 仓单的存货人项只能为空白
   B. 不能提前提货
   C. 转让时无须背书
   D. 仓单持有人遗失仓单就等于遗失仓储物

二、多项选择题

1. 关于仓单物权效力的说法正确的有(　　　)。
   A. 仓单持有人具有该仓单上所记载的仓储物的所有权
   B. 表示占有仓单上所描述的具体"物",意味着占有固定的价值
   C. 仓单持有人因持有仓单所获得的仓储物所有权,仅仅是仓单所明示的物权
   D. 仓单持有人当然获得存货人与保管人所订立仓储合同中的权利
2. 关于仓单转让的说法正确的有(　　　)。
   A. 所有类型仓单的转让都必须采用背书转让的方式进行。
   B. 仓单背书转让只要由出让人进行背书,并注明受让人的名称即可生效
   C. 仓单背书转让后仓储物的所有权转移到受让人一方
   D. 仓单可进行多次转让
3. 仓单的绝对必要记载事项包括(　　　)。
   A. 存货人的名称(或姓名)和住所
   B. 仓储物的品种、数量、质量、包装、件数和标记
   C. 储存场所填发地
   D. 填发人、填发地和填发日期
4. 仓单生效必需的要件是(　　　)。
   A. 保管人须在仓单上签字或盖章
   B. 仓单须包括一定的法定必要记载事项
   C. 仓单须经过法律公证
   D. 仓单须经过背书转让
5. 可以提取货物的提货方式有(　　　)。
   A. 仓单持有人向保管人提交仓单并出示身份证明
   B. 不记名仓单存期届满由持有人签署,并提示同样的身份证明

C. 仓单灭失后通过人民法院的公示催告使仓单失效

D. 第三人持记名仓单申请提货

三、判断题

1. 仓单就是仓储合同。（　）
2. 仓单是由存货人向保管人签发的。（　）
3. 仓单不可以转让,也不能质押。（　）
4. 仓单也是自付证券。（　）
5. 谁占有仓单就等于谁占有该货物。（　）
6. 仓单具有金融工具的作用。（　）

四、实务操作题

个体户赵某于 2014 年 1 月 15 日将价值 100 万的 150 台彩电寄存到嘉兴利华仓库,期间保管为 1 月 15 日到 2 月 15 日,赵某分 3 批取走,赵某将于 2 月 15 日取走最后一批彩电时支付保管费用 2 000 元。请拟订一份仓单。

要求：

1. 仓单正反面内容完整。
2. 赵某去提货时才发现,自己的仓单遗失,仓单遗失了是否还可以提货？如何提货？

操作要求：

1. 通过人民法院的公示催告使仓单失效。
2. 提供担保提货。

扩一扩

案例赏析：另辟蹊径 开拓创新
——瑞金市速递物流公司仓单质押业务营销案例

1. 营销背景。

随着物流行业列入 2009 年至 2011 年国家十大产业调整和振兴规划,其市场发展空间日益广阔,而其行业竞争也渐趋激烈。如何应对市场变化,以差异化经营方式获取市场优势地位已成为物流企业制胜的关键。

为提升邮政物流差异化竞争能力,实现邮政物流业务向更高层次发展转型,省邮政速递物流公司与江西省信用担保股份有限公司达成战略合作协议,联合开展仓单质押业务,利用现代金融手段促进物流业务快速发展,以新的业务模式开辟了邮政物流发展的新天地。

2. 营销过程。

① 领导营销,与县信用担保公司建立良好合作关系。县信用担保公司作为省信用担保公司的分支机构,负责各项工作的具体操作事宜。瑞金市速递物流公司的领导意识到,与县担保公司加强联系,建立良好合作关系是成功开发仓单质押业务的前提。为此瑞金公司总经理多次亲自登门与县信用担保公司进行联络沟通,了解瑞金市有关企业的状况,为仓单业务的开发打下了良好的基础。

② 市场调查,寻找符合条件的合作企业。仓单质押是发展第三方物流的新形式,对业务管理要求极其严格,存在着一定的风险,用于质押的仓库物品必须具备易保管、价格稳定等条件。为寻找符合仓单质押业务开发条件的企业,该公司领导协同客户经理进行了市场调查,对瑞金市

规模较大的企业进行了筛选,把重点放在有融资需求且信誉度高的企业上,同时选择县信用担保公司推介的企业进行了重点跟进。

③ 反复论证,锁定最终目标客户。通过市场调查,该公司了解到瑞金市新都食品有限公司和新泰实业有限公司两家企业分别有1 500万元和300万元的融资需求,且两家企业多年来信誉度都很高。通过与县担保公司共同论证,最终把目标锁定在这两家企业上。新都食品有限公司以冷冻库藏的鳗鱼作为质押物,新泰实业有限公司以库存的钢铁作为质押物,两家企业将不低于贷款额度250%的库存交邮政监管。

④ 感情营销,加大对客户的宣传推介力度。由于是首次开展仓单质押业务,客户对业务的认知程度不高,对邮政物流实施仓库监管的能力感到质疑并对收取监管费用的行为感到不理解。为此,该公司领导多次与新都食品有限公司和新泰实业有限公司两家企业的领导及财务科长等关键人物沟通联络,反复宣传推介仓单业务的开展流程,强调邮政物流第三方企业参与仓单质押业务的必要性和可靠性,实施仓库监管必须付出相应的人工成本,同时还现场为客户演示了邮政仓储信息管理系统的应用。通过不懈的努力,客户被该公司领导和客户经理的诚意打动了,对邮政物流的仓库监管能力表示赞同,并认可了监管费用的支付,最终签订了动态质押监管合同和仓库保管安全协议。

3. 营销成果。

① 通过实施仓库监管,共实现监管收入9.6万元,其中新都食品有限公司8.5万元,新泰实业有限公司仓库1.5万元,且资金到账及时,两家企业在邮政物流实施监管前将监管费用一次性付清。

② 进一步带动了其他速递物流业务的发展。在仓单质押业务开展的基础上,瑞金邮政速递物流还与新都食品有限公司协商国际特快业务的合作,预计能实现国际特快收入10万元以上。

4. 营销启示。

① 勇于创新,敢为人先是开发仓单质押业务的前提。瑞金市邮政速递物流公司充分抓住省邮政速递物流公司与省信用担保股份有限公司达成战略合作协议这一契机,转变观念,大胆创新,在没有现成经验和模式的情况下勇于摸索,成为"第一个吃螃蟹的人",并实现了很好的经济效益。

② 省速递物流公司领导的重视和指导是业务开发的基础。瑞金市邮政速递物流公司在这次全省首例仓单业务开发的过程,得到了省速递物流公司领导的高度重视和支持,省公司领导多次亲临瑞金市现场指导工作,与客户联络沟通,解决了一系列的问题。

③ 风险控制是业务开发的关键。仓单质押是发展第三方物流的新形式,对业务管理要求极其严格,业务开发过程中必须加强对业务的管理和风险防范研究,在项目选择上慎之又慎,在项目运营上强化管理,加强检查把关,确保安全运营。

资料来源:胡胖,刘卓颖,江西邮政报总第507期.

心灵悟语:良心就是警告诉我们"有人在看着啦"的声音。

项目四

仓储业务操作

财富故事

发展仓单质押业务,盘活库存,放大资产总量

南京钢材市场在激烈的市场竞争中,敢于喊出"人有我有、人无我有、人有我全"的口号,不断提升服务标准,树立优质的服务品牌,充实服务内容。其近年来开展的仓单质押业务为驻场近四百家商户所称道。

钢材仓单质押的优势在于所抵押的货物是总量控制,在锁定底限吨位的情况下,溢出数量可自由调动,并不锁定哪一单物资,而是锁定一定的数量。这给需要融资、但又担心影响经营的客户带来了很大的方便。钢材经营要有一定数量的库存以保证供应,库存占用了大量的流动资金,仓单质押将死的库存资金转变成活的流动资金,无疑是给客户雪中送炭,同时,银行方面因为有货物抵押,贷款的安全系数大大提高,仓库方也因为仓单质押,增加了库存量,并且因为给客户提供融资服务,在行业竞争中,多了一项优势,自然也是受益者,这是一项多方得利的业务项目。

南京钢材市场自为客户办理了第一笔仓单质押业务后,至今已办理质押物资35万余吨,资金总流量16亿多元。质押方式在单一的本库内仓单质押的基础上,又增加了货权质押和域外监管两种方式。先后帮助68家客户办理了仓单质押业务,和6家银行建立了良好的合作关系,并发展了76处域外质押点。在68家客户中,有不少客户质押业务开展前的平均库存量为几百吨,如今已增加到几千吨,为众多民营企业创造了更多的资产放大机会,较为典型的有隆兴金属、苏盐贸易、建基工贸、马鞍山中环、保和物资、建湖物资等。

银行中也有许多信贷业务员看好这一业务的前景,经常在市场中活动,以发展新客户。还有许多银行来咨询此项业务,有意开发。

资料来源:胡淑芳. 仓储管理[M]. 郑州:河南科技出版社,2011.

在这个故事中,有什么经验值得总结?

知识点

1. 了解影响入库作业的因素和入库的基本作业。
2. 掌握入库过程中问题的处理。
3. 库存变异。
4. 控制库存变异。
5. 库存安全管理。
6. 出库的准备工作。
7. 出库复核的方法。

8. 出库的交接方法。
9. 货物的托运与配送。
10. 了解商品盘点的目的和工作程序。
11. 掌握商品盘点的方法

学习目标

1. 知识目标
- 掌握储存业务的受理。
- 掌握库存变异的含义、影响因素及其规律。
- 掌握控制库存变异的方法。
- 了解仓库安全管理中防火、防盗、防洪和防作业事故的基本知识。
- 了解特殊、特效保管方法。
- 了解出库的基本要求和方式。
- 掌握出库准备工作。
- 掌握出库的作业流程及各作业环节的要求。
- 掌握货物出库时发生问题的处理。
- 掌握商品盘点的内容。

2. 素质目标
- 爱岗敬业。
- 爱惜仓储设施、设备和商品。
- 熟悉仓库温、湿度控制和调节技术。
- 增强仓库安全管理,重点加强防火、防盗、防洪和防作业事故的意识。
- 培养学生负责任的工作态度、细致认真的工作作风。
- 培养学生独立思考,勇于表达见解的习惯。
- 培养正确的学习态度,形成良好的团队合作意识。

3. 技能目标
- 能够利用所学的专业知识,做好入库和盘点工作。
- 能够进行仓库内部布局及货位编号。
- 掌握控制库存变异的基本技能。
- 掌握防火、防盗、防洪和防作业事故的技巧,尤其是仓库监控系统和各种消防器材的使用。
- 能够填写出库的相关单据,进行出库作业,解决出库中的常见问题。

实训项目

1. 参观一个仓库,观察其商品的入库、储藏、布局,思考其合理性,提出改进方案。
2. 观察仓库仓储设施、设备、商品,结合企业实际情况,讨论如何做好盘点工作。
3. 参观大型百货超市的仓库,了解其对各种不同商品控制库存变异的情况。
4. 参观各种典型的专业性仓库,了解仓库安全管理的侧重点。
5. 出库准备,根据提货单,进行货物、机械设备及人员的安排与准备。

6. 出库复核,对单证进行复核。复核商品出库凭证的真实性、合法性和完整性,包括印鉴是否真实、齐全、相符,凭证有无涂改、过期,字迹是否清楚,内容是否正确、完整等。对实物进行复核,根据出库凭证对所发实物的品种、规格、牌号、单位、数量和包装的质量等进行核对,保证单货相符。复核实物或单证,复核人员需在单证上签章以明责任。

引例

某物资仓库为了做好入库管理工作,制定了有关物资入库的管理制度。

1. 认真清点所要入库物品的数量,并检查好物品的规格、质量,做到数量、规格、品种准确无误,质量完好,配套齐全,并在接收单上签字。

2. 物品进库根据入库凭证,现场交货接收,必须按所购物品条款内容、物品质量标准,对物品进行检查验收,并做好入库登记。

3. 验收合格后,应及时入库。

4. 物品入库,要按照不同的材质、规格、功能和要求,分类、分别储存。

5. 物品数量准确、价格不串。做到账、卡、物相符合。

6. 易燃、易爆、易感染、易腐蚀的物资要隔离或单独存放,并定期检查。

7. 易碎及贵重物资要轻拿轻放,严禁挤压、碰撞、倒置,要做到妥善保存。

8. 做好防火、防盗、防潮、防冻、防鼠工作。

9. 仓库经常开窗通风,保持仓库室内整洁。

引例分析

仓库有了一个好的入库管理制度还远远不够,还需要更好地执行。

任务六　入库操作

一、入库准备

(一) 编制商品入库作业计划,按计划组织入库作业

商品入库作业计划是根据仓储保管合同和商品供货合同来编制商品入库数量和入库时间进度的计划。它的主要内容包括入库商品的品名、种类、规格、数量、入库日期、所需仓容、仓储保管条件等。仓库工作人员再对各入库作业计划进行分析,编制出具体的入库工作进度计划,并定期同业务部门联系,做好入库计划的进一步落实工作,随时做好商品入库的准备工作。

(二) 入库前的具体准备工作

做好入库前的准备工作是保证商品准确、迅速入库的重要环节,也是防止出现差错、缩短入库时间的有效措施。入库前的准备工作,主要包括以下内容。

1. 安排仓容

根据入库商品的品种、数量、储存时间,结合商品的堆码要求核算货位面积,确定存放的具体位置,以及进行必要的腾仓、打扫、消毒和准备验收场地等辅助工作(见图6.1、图6.2)。

图 6.1　完达山林海液态奶仓库　　　　图 6.2　物流配送中心

2. 组织人力

按照商品的入库时间和到货数量,做好相关作业人员(如搬运、检验、堆码人员等)的工作安排,保证货物到达后,人员及时到位。

3. 准备机械设备及计量检验器具

根据入库商品的种类、包装及数量等情况,确定检验、计量、装卸搬运的方法,合理配备好商品检验和计量器具及装卸搬运、堆码设备及必要的防护用品。

4. 准备苫垫用品

根据入库商品的性质、数量及保管场所等条件,确定商品的堆码和苫垫形式,通过精确计算预先备足所需的苫垫物料,做到商品堆放与商品苫垫同时完成,以便确保商品安全,并避免重复劳动。

(三) 核对凭证

商品到库后,仓库收货人员首先要检查商品入库凭证,然后根据入库凭证开列的收货单位和商品名称与送交的商品内容和标记进行核对。如核对无误,再进行下一道工序。

(四) 初步检查验收

初步检查验收主要是对到货情况进行粗略的检查,其工作内容主要包括数量检查和包装检查。数量检查的方法有两种:一是逐件点数计总;二是集中堆码点数。无论采用哪种方法,都必须做到精确无误。在数量检查的同时,对每件商品的包装要进行仔细的查看,查看包装有无破损、水湿、渗漏、污染等异常情况。出现异常情况时,可打开包装进行详细检查,查看内部商品有无短缺、破损或变质等情况。

(五) 交接手续

入库商品经过以上几道工序之后,就可以与送货人员办理交接手续了。如果在以上工序中无异常情况出现,收货人员在送货回单上盖章,表示商品收讫。如果发现有异常情况,必须在送货单上详细注明并由进货人员签字,或者由送货人员出具差错、异常情况记录等书面材料,作为事后处理的依据。

(六) 商品验收

在办完商品交接手续之后,仓库对入库的商品还要做进一步的验收工作。对商品验收的基本要求是及时、准确。即要求在规定的时间内,准确地对商品的数量、质量、包装进行细致的验收工作,这是做到储存商品准确无误和确保商品质量的重要措施。

如果仓库或业务检验部门在规定的时间内没有提出商品残损、短少及质量不合格等问题时,存货方则认为所供应的商品数量、质量均符合合同要求,双方责任已清,不再负责赔偿损失。因此,仓储企业必须在规定的时间内,准确无误地完成验收工作,对入库商品数量、质量等情况进行确认。

(七)入库信息处理,办理商品入库手续

经验收确认后的商品,应及时填写验收记录表,并将有关入库信息及时、准确地输入库管理信息系统,更新库存商品的有关数据。商品信息处理的目的在于为后续作业提供管理和控制的依据。因此,入库信息的处理必须及时、准确、全面。商品的入库信息通常包括以下内容。

① 商品的一般信息。
② 商品的原始条码、内部编码、进货入库单据号码。
③ 商品的储位指派。
④ 商品的入库数量、入库时间、生产日期、质量状况、商品单价等。
⑤ 供货商信息,包括供货商名称、编号、合同号等。
⑥ 入库单据的生成与打印。

入库信息处理完毕后,按照打印出的入库单据及入库程序办理入库的具体业务。与此同时,将商品入库单据的其余各联,迅速反馈到业务部门,作为正式的库存凭证。

二、仓储业务的受理

货物经检验合格入库以后就进入了仓库保管阶段。货物保管主要是指对货物进行合理的保存和经济的管理,将货物存放在合适的仓库位置。这需要对仓库存储空间进行规划,为货物提供良好的保管环境和条件。保管业务主要包括理货、分区、分类、货位编码、合理堆码及苫垫、盘点等各项工作。

(一)理货的作用

仓库理货是指仓库在接受入库货物时,根据入仓单、运输单据、仓储合同和仓储规章制度,对货物进行清点数量、检查外表质量、分类分拣、数量接收的交接工作。

1. 它是仓库履行仓储合同的行为

仓库理货工作是仓库确认收存货物实物的作业过程,经过理货意味着接收货物,因而是仓库履行仓储合同保管人义务的行为。

2. 它是仓库保管质量的第一道关口

理货有助于明确责任的划分,通过理货确定货物的数量、质量状况,发现货物短少、残损,则仓库对所发现的短少和残损不承担责任,否则未发现的原残损就会成为仓储期间的损耗,要由仓库承担责任。经检查发现的货物质量隐患的认定,减轻了仓库对货物保管质量的负责程度。另外,理货工作还从时间上划分了仓库负责的期间,在理货之后发生的残损,原则上由仓库负责。

3. 它是仓储作业的过程

货物经过理货确认后,由理货人员与送货部门或承运人办理货物交接手续,签署送货单或交接清单,签署现场单证,接收进货文件。

(二)理货的工作内容

1. 清点货物件数

对于件装货物,包括有包装的货物、裸装货物、捆扎货物,根据合同约定的计数方法,点算完

整货物的件数。如果合同中没有约定,则仅限于点算运输包装件数(又称大数点收)。合同约定计件方法为约定细数及需要在仓库拆除包装的货物,则需要点算最小独立(装潢包装)的件数,包括捆内细数、箱内小件数等。

2. 查验货物单重

货物单重是指每一运输包装的货物重量,一般通过称重的方式核定,按照数量检验方法确定称重程度。

3. 查验货物重量

查验货物重量可以采用如下方法。

衡量单件重量,则总重等于所有单件重量之和。

分批衡量重量,则总重等于每批重量之和。

入库货物总重等于总重车重量与总空车重量之差。

抽样重量核定,误差在1%以内,则总重等于货物单件标重与整批总件数之乘积。

此外,对设有连续法定计量工具的仓库,可以直接用该设备进行自动衡重。计量设备必须经国家计量行政管理部门检验发证(审证)方可有效使用。

4. 检验货物表面状态

理货时应对每一件货物进行外表感官检验,查验货物的外表状态,接收货物外表状态好的货物。外表检验是根据仓库基本质量的检验要求,确定货物有无包装破损、内容损坏、变质、油污、散落、标志不当、结块、变形等不良质量状况。

5. 剔除残损

在理货时发现货物外表状况不良,或者怀疑内容损坏等,应将不良货物剔出,单独存放,避免与其他正常货物混淆。待理货工作结束后再进行质量确定,确定内容有无受损及受损程度,对不良货物可以采取退货、修理、重新包装等措施处理,或者制作残损报告,以便明确划分责任。

6. 货物分拣

仓库原则上采取分货种、分规格、分批次的方式储存货物,以保证仓储质量。对于同时入库的多品种、多规格货物,仓库有义务进行分拣、分类、分储。理货工作就是要进行货物确认和分拣作业。对于仓储委托的特殊分拣作业,如对外表的分颜色、分尺码等,也应在理货时进行,以便分存。需开包进行内容分拣时,则应独立进行作业。

7. 安排货位、指挥作业

由理货人员进行卸车、搬运、垛码作业指挥。根据货物质量检验的需要,指定检验货位,或者无须进一步检验的货物,直接确定存放位置。要求作业人员按照预定的堆垛方案堆码货或上架。对货垛需要的垫垛、堆垛完毕的苦盖,指挥作业人员按要求进行。作业完毕后,要求作业人员清扫、运输、搬运、作业现场,收集地脚货物。

表 6-1 某企业存货安排

项目\级别	重要物资库存	一般物资库存	低价值物资库存
控制程度	严格控制	一般控制	简单控制
库存量计算	依库存模型详细计算	一般计算	简单计算或不计算
进出记录	详细记录	一般记录	简单记录
存货检查频度	密集	一般	很低
安全库存量	低	较大	大量

(1) 选择货位的原则

仓库货位的选择，一方面是为了提高仓库平面和空间的利用率，另一方面是为了提高货物保管质量，方便进出库作业，从而降低货物的仓储作业成本。

① 根据货物的种类、特点选择货位。选择货位首先应该考虑货物的种类及特点，并按照区、列、层、格的划分，对货物进行管理，实时掌握每一货格的状况。货位尺寸与货物包装尺寸匹配，货位的容量与数量接近。

② 根据先进先出的原则选择货位。先进先出是仓储保管的重要原则，能避免货物超期变质。在货位安排时要避免后进货物围堵先进的货物，入库安排时就要考虑出库。

③ 根据出入库频率选择货位。选择货位时，出入库频率高的货物应使用方便作业的货位，如靠近主通道的货物，对于有持续入库或持续出库的货物，应安排在靠近出口的货位，方便出入。流动性差的货物，可以离入口较远。同样道理，存期短的货物安排在出入口附近。

④ 根据相同客户货物邻近的原则选择货位。为了便于统一、集中管理，更方便于按客户订单分拣、备货，可以将同一品种货物放置于同一区域。

⑤ 根据相同货物邻近的原则选择货位。将同一品种货物放置于同一区域，相邻货位。这样，仓库作业人员方便查找，方便出库。

⑥ 根据避免污染的原则选择货位。选择货位时要考虑相近货物的情况，防止与相近货物相忌而互相影响，影响货物品质。例如，茶叶、香皂、烟叶这样易影响其他产品品质的货物，储存时应注意。

⑦ 根据方便操作的原则选择货位。选择货位也要考虑到便于装卸搬运，有利于安全和卫生。例如，体积大且笨重的货物，应离装卸搬运作业区最近，以减少搬运作业量或可以直接用装卸设备进行堆垛作业。使用货架时，重货放在货架下层，需要人力搬运的重货，存放在腰部高度的货位。

⑧ 根据作业分布均匀的原则选择货位。选择货位时，应尽可能避免仓库内或同条作业线路上多项作业同时进行，避免相互妨碍。

(2) 货位的使用方式

仓库货位的使用方式一般有3种。

① 固定货位。每一项货物都有固定的货位，使用时要严格区分，决不能混用、串用。由于每项货物都有固定的货位，拣货人员容易熟悉货物储存货位，方便拣选管理。但是固定货位储量是根据每项货物的最大在库量设计的，因此，平时的使用效率就较低。固定货位主要适用于厂库空间大，多品种、少批量的货物的储存。

② 随机货位。货物任意存放在有空的货位，不加分类。随机货位有利于提高仓容利用率，但是仓库内显得混乱，货物的出入库管理及盘点工作的进行难度较高，不便于查找。同时，具有相互影响特性的货物可能相邻储存，造成损失。对于周转极快的专业流通仓库，货物保管时间极短，大都采用这种方式。随机货位储存，在计算机配合管理下，能实现充分利用仓容，方便查找。

③ 分类随机货位。每一类货物都有固定存放的储区，但在同一区内的货位采用随机使用的方式。这种方式有利于货物保管，也较方便查找货物，可以提高仓容利用率。大多数储存仓库都使用这种方式。

8. 处理现场事故

对于在理货中发现的货物残损，不能退货的，仓库只能接收，但要制作残损记录，并由送货人、承运人签署确认。

9. 办理交接

由理货人员与送货人、承运人办理货物交接手续,接收随货单证、文件,填制收费单据,代表仓库签署单证,提供单证由对方签署等。

三、商品的储存位置安排

在确定货物存放地点时,应注意对货物进行分区存放,以确保货物的储存安全。同时,还应便于检查和取货。按照作业性质的不同,储存位置可以分为预备货区、保管货区、动管货区和移动货区4个货区,其中进货作业和发货作业在预备货区、入库作业在保管货区、拣货作业在动管货区、配送作业在移动货区。

(一)预备货区

在预备货区,管理的内容包括对货物进行标志、分类,依据需求情况,将货物整齐地存放在货位上等。要突出暂存的作业特点。因此,货位要明确,货物流通要通畅,以缩短寻货、送货的时间。预备货区的管理一般采用目视和颜色管理相结合的方式。例如,在进货暂存区,货物进入暂存区前应先分类,根据划分的暂存区域,配合标志记录看板,把货物配置到指定的暂存区货位。而对发货作业,每一车或每一区域路线的待发货物必须排放整齐并加以区分隔离,安置在事先划分好的货位上,再配合看板上的标志,并按照发货单所示,依序点收货上车。

(二)保管货区

保管货区的作业要点如下。

① 保管货区只存放验好的货物,因此,待验与验好的货物在储存前应区分清楚。

② 盘点作业应在各货区中分别进行,保管货区货物量大、品种多,应考虑便利性。

③ 货位及货架位置应根据实际情况可以方便地调整;能方便依据入库单,迅速接收预备货区的货物。在需要时,依据补货单补货到动管货区。

④ 保管货区要注重颜色管理、目视管理和看板管理,保证货物实现分类储存、分区储存、标识清楚,谨防混淆。

⑤ 根据货物特性,采用相应的货位方式。

⑥ 为保证货物的时效性,收发货物应遵循先进先出的原则。周转率高的货物应靠近通道放置。

⑦ 做好安全防范措施。

经验之谈

保管货区的规划

入库作业所使用的中长期存货区域称为保管货区,是仓库面积最大而且最主要的货区。保管货区的规划应考虑这样几点。①地面承载能力。②货物状况。根据储存货物的品种、规格、数量、重量、尺寸、形状等确定储存方式。③出入口及通道。应根据货物、运输工具等的状况,确定出入口大小、位置、数量及通道的宽窄、走向等。通道与货区应以不同的颜色示出。④其他因素,如消防设施、非货区、照明等。

(三) 动管货区

拣选作业所使用的区域为动管区域。它的特点是货物大多数在短期内被拣取,货物流动频率很高。动管货区常常采用货物标识、位置指示及拣货设备相结合的管理方法,以达到缩短拣货的时间、距离及降低拣错率的目的。

(四) 移动货区

在移动货位管理中,应做到合理安排车辆排序,优化车辆行驶路线;车内应预留一定空间,以便货物在车上的搬动及留出工作人员的站位(见图 6.3、图 6.4)。

图 6.3　物流配送中心内部存货区

图 6.4　物流配送中心移动库区

四、入库作业

入库作业组织是指仓储部门按照存货方的要求合理组织人力、物力等资源,按照入库作业程序,认真履行入库作业各环节的职责,及时完成入库任务的工作过程。

(一) 影响入库作业的因素

在进行入库作业组织时,必须搞清楚影响入库作业的主要因素,并对这些因素进行分析。这些因素主要包括以下几个方面。

1. 货品供应商及货物运输方式

仓储企业所涉及的供应商数量,供应商的送货方式、送货时间等因素直接影响到入库作业的组织和计划。因此,在设计入库作业时,应主要掌握以下 5 个方面的数据。

① 每天的供货商数量(平均数量及高峰数量)。
② 送货的车型及车辆台数。
③ 每台车的平均卸货时间。
④ 货物到达的高峰时间。
⑤ 中转运输接运方式。

2. 商品的种类、特性与数量

不同种类的商品具有不同的特性,因此,需要不同的作业方式与之配合。另外,到货数量的大小也会对组织入库作业产生直接影响。在进行具体分析时,应重点掌握以下数据。

① 平均每天的到货品种数和最多的到货品种数。
② 商品单元的尺寸及重量。
③ 商品的包装形态。
④ 商品的保存期限。

⑤ 商品的特性，即是一般性商品还是危险性商品。
⑥ 装卸搬运方式。

3. 入库作业的组织管理情况

根据入库作业要求，合理设计作业岗位，确定各岗位所需的设备器材种类及数量，根据作业量大小合理确定各岗位的人员数量，另外各岗位必须安排合适的人选。整个组织管理活动应以作业内容为中心，充分考虑各环节的衔接与配套问题，合理设计基本作业流程，与此同时要考虑与后续作业的配合方式。

（二）入库作业的基本程序

1. 入库作业

入库是仓储工作的第一步，标志着仓储工作的正式开始，入库业务的水平高低直接影响着整个仓储作业的效率与效益，因此，提高入库业务管理水平十分重要。入库作业的工作内容主要包括货物的入库准备、入库手续、入库验收、理货及装卸搬运合理化的管理。

（1）货物入库前的准备工作

货物入库前的准备工作就是仓储管理者根据仓储合同或入库单，及时对即将入库的货物进行接运、装卸、安排储位及相关作业人力、物力的活动，其主要目的是保证货物按时入库，保证入库工作的顺利进行。

货物入库接运是入库业务流程的第一道作业环节，也是仓库与外部发生的经济联系。它的主要任务是及时、准确地向运输部门提取入库货物，要求手续清楚，责任分明，为仓库验收工作创造有利条件。

做好货物接运业务管理的主要意义在于防止把在运输过程中或运输之前已经发生的货物损害和各种差错带入仓库，减少或避免经济损失，为验收或保管保养创造良好的条件。

下面介绍不同入库货物接运时应注意的操作事项。

① 车站、码头接货。

知货。提货人员对所提取的商品应了解其品名、型号、特性和一般保管知识及装卸搬运注意事项等。在提货前应做好接运货物准备工作，如装卸运输工具，腾出存放商品的场地等。提货人员在到货前，应主动了解到货时间和交货情况，根据到货多少，组织装卸人员、机具和车辆，按时前往提货。

验货。提货时应根据运单及有关资料详细核对品名、规格及数量，并要注意商品外观，查看包装、封存是否完好，有无玷污、受潮、水渍等异状。如果有疑点或不符，应当场要求运输部门检查。对短缺损坏情况，凡属运输部门责任的，应做出相应记录；属于其他方面责任的，需承运人证明并做出相应记录，并由承运人签字。注意记录事项和实际情况要相符。

运输。在短途运输中，要做到不混不乱，避免碰坏损失。危险品应按照危险品搬运规定办理。

② 专用线接货。接到专用线的到货通知后，应立即确定卸货货位，力求缩短场内搬运距离；组织好卸货所需要的机械、人员及有关资料，做好卸货准备。

车皮到达后，引导对位，进行检查。看车皮封闭情况是否良好（即卡车、车窗、铅封、苫布等有无异状）；根据运单和有关资料核对到货品名、规格、标志和清点件数，检查包装是否损坏或有无散包；检查是否有进水、受潮或其他损坏现象。在检查中如发现异常情况，应请铁路部门派人员复查，做出普通或相应记录。记录内容与实际内容相符，以便减少交涉。

卸货时要注意为商品验收和入库保管提供便利条件，分清车号、品名和规格，不混不乱。保证包装完好,不碰坏、不碰伤,更不得自行打开包装,应根据商品的性质合理堆放,避免混淆。卸货后在商品上标明车号和卸车日期。

编制卸货记录。记录车号、货位品名、规格、数量,连同有关证件和资料,尽快向保管员交代清楚,办好内部交接手续。

③ 仓库自行接货。仓库接受货主委托直接到供货单位提货时,应将这种接货与货主出货验收工作结合起来同时进行。仓储应根据提货通知,了解所提供货物的性能、规格、数量,准备好提货所需的机械、工具、人员,配备保管员在供方当场检验质量、清点数量,并做好验收记录,接货与验收合并为一次完成。

④ 库内接货。存货单位或供货单位将商品直接运送到仓库储存时,应由保管员或验收人员直接与送货人员办理交接手续,当面验收并做好记录。如果有差错,应填写记录,由送货人员签字证明,据此向有关部门提出索赔。

(2) 入库前的具体准备事项

① 熟悉入库货物。仓储管理人员一定要认真查阅入库货物资料,必要时应向货主查询。掌握入库货物的品名、规格、数量、包装状态、单件体积、到库确切时间、货物堆放期、货物的物理化学特性、保管的特殊要求等。只有了解了以上内容,才能准确和妥善地进行库场的安排、准备工作。

② 掌握仓库库场情况。了解在货物入库期间、保管期间仓库的库存、设备、人员的变动情况,目的是方便以后安排工作。必要时对仓库进行清查、整弹、归位,以便腾出仓容,对于必须使用重型操作设备的货物,一定要确保可使用设备的货位。

③ 确定仓储计划。仓库业务部门根据货物情况、仓库情况及设备情况,制订仓储计划,并将任务下达到各相应的作业单位、管理部门。

④ 妥善安排货位。仓库管理人员根据入库货物的性能、数量、类别,结合仓库分区分类保管的要求,核算货位大小。根据货位使用原则,妥善安排货位、验收场地,确定堆垛方法、苫垫方案等。

⑤ 合理组织人力。根据货物入库的数量和时间,安排好货物验收入库人员、搬运堆码人员及货物入库工作流程,确定各个工作环节所需要的人员和设备。

⑥ 做好货位准备。仓库保管人员应及时进行货位准备,彻底清洁货位、清除残留物、清理排水管道,必要时进行消毒除虫、铺地,详细检查照明、通风等设备。

⑦ 准备好苫垫材料、作业用具。在货物入库前,根据所确定的苫垫方案,准备相应的材料,并组织苫垫铺设作业。对作业所需要的用具,应准备妥当,以便能及时使用。

⑧ 验收准备。仓库理货人员根据货物情况和仓库管理制度,确定验收方法,准备好验收时点数、称量、测试、开箱、装箱、丈量、移动照明等各项工作所需的工具。

⑨ 装卸搬运工艺设定。根据货物、货位、设备条件、人员等情况,合理、科学地制定卸车搬运工艺,保证作业效率。

⑩ 文件单证准备。仓库保管人员对货物入库所需的各种报表、单证、记录簿,如入库记录、理货检查单、料卡、残损单等预填妥善,以便使用。

由于仓库不同、货物不同、业务性质不同,入库准备工作会有所差别,所以需要根据具体情况和仓库制度做好充分的准备。

(3) 商品入库验收

1) 验收准备。验收准备是货物入库验收的第一道程序,包括货位、验收设备和工具及人员的准备,要做好以下5个方面的准备工作。

① 收集、整理、熟悉各项验收凭证、资料和有关验收要求。

② 准备所需的计量器具、卡量工具和检测仪器仪表等,要准确可靠。
③ 落实入库货物的存放地点,选择合理的堆码垛型和保管方法。
④ 准备所需的苫垫堆码物料、装卸机械、操作器具和担任验收作业的人力。如果为特殊性货物,还须配备相应的防护用品,采取必要的应急防范措施,以防万一。
⑤ 进口货物或存货单位要求对货物进行质量检验时,要预先通知商检部门或检验部门到仓库进行检验或质量检测。

商检工作是一项技术要求高、组织严密的工作,关系到整个仓储业务能否顺利进行,必须做到及时、准确、严格、经济。

2)核对验收单证。核对证件按下列3个方面的内容进行。
① 审核验收依据,包括业务主管部门或货主提供的入库通知单。
② 核对供货单位提供的验收凭证,包括质量保证书、装箱单、磅码单、说明书和保修卡及合格证等。
③ 核对承运单位提供的运输单证,包括提货通知单和货物残损情况的货运记录、普通记录和公路运输交接单等。在整理、核实、查对以上凭证时,如果发现证件不齐或不符等情况,要与货主、供货单位、承运单位和有关业务部门及时联系解决。

经验之谈

入库商品必须具备的凭证

入库商品必须具备下列凭证:入库通知单和订货合同副本;供货单位提供的材质证明书、装箱单、磅码单、发货明细表等;商品承运单位提供的运单。如果商品在入库前发现残损情况,还要有承运部门提供的货运记录或普通记录,作为向责任方交涉的依据。

核对凭证就是将上述凭证加以整理,全面核对。入库通知单、订货合同副本要与供货单位提供的所有凭证要逐一核对,相符后才可以进行下一步检验工作。

3)确定抽验比例。抽验比例应首先以合同规定为准,合同没有规定时,确定抽验的比例一般应考虑以下因素。
① 商品价值。商品价值高的,抽验比例大;反之则小。有些价值特别大的商品应全验。
② 商品的性质。商品性质不稳定的或质量易变化的,验收比例大;反之则小。
③ 气候条件。在雨季或梅雨季节怕潮商品抽验比例大,在冬季怕冻商品抽验比例大;反之则小。
④ 运输方式和运输工具。对采用容易影响商品质量的运输方式和运输工具运送的商品,抽验比例大;反之则小。
⑤ 厂商信誉。信誉好的抽验比例小;反之则大。
⑥ 生产技术。生产技术水平高或流水线生产的商品,产品质量较稳定,抽验比例小;反之则大。
⑦ 储存时间。储存时间长的商品,抽验比例大;反之则小。

商品验收是验收人员按照验收业务流程,核对凭证等规定的程序和手续,对入库商品进行数量和质量检验的经济技术活动的总称。

4)实物验收。实物验收是物资验收业务管理的核心,核对资料、证件都符合后,应尽快验收实物。仓库一般负责物资外观质量和数量的验收。对于有些入库物资需要进行内在质量和性能检验的,仓库应积极配合检验部门,提供方便,做好此项工作。

实物验收包括内在质量、外观质量、数量、重量和精度的验收。当商品入库交接后,应将商品置于待检区域,仓库管理员及时进行内在质量、外观质量、数量、重量及精度等验收,并进行质量送检。

① 外观质量验收。外观质量验收的方法主要采用看、听、摸和嗅等各种感官检验方法。外观质量验收的内容,包括外观包装完好情况、外观质量缺陷、外观质量受损情况和受潮、霉变及锈蚀情况等。

② 数量验收。数量验收有如下方法。

- 点件法。对商品逐件清点,一般适用于散装的或非定量包装的商品。
- 抽验法。按一定比例开箱点件,适合批量大、定量包装的商品。
- 检斤换算法。通过重量过磅换算该商品的数量,适合商品标准和包装标准的情况。

③ 重量验收。重量验收有如下方法。

- 检斤验收法。适用于非定量包装、无码单的商品。
- 抄码复衡抽验法。适用于定量包装并附有码单的商品。
- 除皮核实法。核对结果未超过允许差率,即可依其数值计算净重。
- 理论换算法。适用于定尺长度的金属材料、塑料管材等。
- 整车复衡法。适用于散装的块状、粒状或粉状的商品。

另外,常用的还有平均扣除皮重法、约定重量法等。

④ 精度验收。精度验收包括仪器仪表精度验收和金属材料尺寸精度验收两个方面。

经验之谈

商品的重量

商品的重量一般有毛重、皮重、净重之分。毛重是指商品包括包装在内的实重。皮重主要指包装重量。净重是指商品本身的重量毛重减去皮重的余数。通常所说的商品重量,是指商品的净重。验收是否合格,是根据验收的磅差率与允许磅差率的比较,验收的磅差率未超出允许磅差率范围,说明该批商品合格;如果验收磅差率超出允许磅差率范围,则说明该批商品不合格。磅差是指由于地区的地心引力差异、磅秤精度差异及运输装卸损耗等各种因素造成的。抄码重量是指商品的条码、标记等上面所标明的商品重量,一般在商品上已经标出,适用于定量商品。

经验之谈

相关链接

对进口物资经验收发现规格、数量等不符合合同规定的,如属供货方责任的,应在规定索赔期间内向外商提出索赔。国际上规定材料、燃料等对外索赔为 10 天,五金钢材、机器、仪器等为 90 天,化工产品为 60 天,成套设备和大型机械设备为 1 年。对外提出索赔需要由商检局证明并提供验收报告、对外贸易合同、国内外发货票、装箱单、质量证明书及运单等。在索赔期内应妥善保管物资,以备商检局或供货方复验。对国内供应的物资在验收中发现数量、产品质量不符时,如属运输部门的责任,应填制索赔单,随同运输部门的商务记录,交由运输部门处理;如属供货单位的责任,应先查询后处理。

2. 入库手续的办理

商品检验合格后应办理入库手续,进行登账、立卡、建档,这是商品验收入库的最后环节。经过验收合格的物资,由仓库验收员整理有关资料证书,交给保管机构,并做出交代,可以正式入库保管。物资一经入库,就必须办理登账、立卡、建档等一系列入库手续。

(1) 登账

商品入库登账,要建立详细说明库存商品进、出和结存的保管明细账,用以记录库存商品的动态,并为对账提供主要依据。登账应遵循以下规则。

① 登账必须以正式合法的凭证为依据,如入库单、出库单等。

② 一律使用蓝、黑墨水笔登账,用红墨水笔冲账。当发现登账错误时,不得刮擦、挖补、涂抹或用其他药水更改字迹,应在错处画一红线,表示注销,然后在其上方填上正确的文字或数字,并在更改处加盖更改者的印章,红线画过后的原来字迹必须仍可辨认。

③ 登账应连续、完整,依日期顺序,不能隔行、跳页,账页应依次编号,年末结存后转入新账,旧账页入档妥为保管。

④ 登账时数字书写应占空格空间的 2/3,便于改错。

> **经验之谈**
>
> **登记账卡工作的注意事项**
>
> 登记账卡前首先要认真审查凭证,记好日期、凭证编号,摘要栏要尽量简明扼要,认真填写。在转次页时,应在账页最后一行的摘要栏内注明转次页,并依次结出本月收、支、存数。在次页第一行摘要栏内注明承前页,并记录上页结出的收、支、存数。保管账可采取专职管理人员负责建立管理总账和保管员一人一账的方法。不论采取哪种管理方法,均应做到每天登账,经常查对,保证账账相符、账卡相符、账物相符。

(2) 立卡

每次物资入库码垛时,应按入库单所列内容填写卡片,发货时应按出库凭证随发随销货卡上的数字,以防事后漏记。卡片式样根据物资存放地点的不同而不同,存放在库房内的物资一般挂纸卡或塑料卡;存放在露天的物资,为防止卡片丢失或损坏,通常装在塑料袋中或放在特制的盒子里,然后再挂在垛位上,也可用油漆写在铁牌上。

(3) 建档

① 商品档案应一物一档。存档资料包括如下内容。

- 商品出厂时的各种凭证和技术资料,如商品技术证明、合格证、装箱单、发货明细表等。
- 商品运输单据、普通记录或货运记录、公路运输交接单等。
- 商品验收的入库通知单、验收记录、磅码单、技术检验报告。
- 商品入库保管期间的检查、保养、损益、变动等情况的记录。
- 库内外温、湿度记载及对商品的影响情况。
- 商品出库凭证。

② 商品档案应统一编号,妥善保管。商品档案部分资料的保管期限,根据实际情况酌定。其中有些资料如库区气候资料、商品储存保管的试验资料,应长期保留。

③ 货物入库交接和登记。入库货物经过点数、查验之后,可以安排入库堆码或上架,表示仓库接收此货物。货物保管责任转到仓库,因此,仓库应与进货人或承运人办理交接和登记手续。

1) 交接手续。交接手续是指仓库对收到的货物向送货人进行的确认,表示已接收货物。办理完交接手续,意味着划清了运输、送货部门和仓库的责任。完整的交接手续包括以下几个方面。

- 接收货物。核对送货单与货物,剔出不良货物或编制残损单,应在备注栏或验收情况栏简明写上验收情况。
- 接收文件。关于货物的说明资料、货运记录、普通记录、随货在运输单证上注明的相应文件,如图纸、准运证等。
- 签署单证。仓库与送货人共同在送货单、交接清单上签署和批注,并留存相应单证联。同时相应的入库单、查验理货单、残损单和事故报告由送货人签署。

3. 入库过程中发现问题的处理

在商品入库的过程中,常见的问题及处理方法如下。

(1) 数量不符

如果经验收后发现商品的实际数量与凭证上所列的数量不一致时,应由收货人在凭证上详细做好记录,按实际数量签收,并及时通知送货人和发货方。

(2) 质量问题

在与交通运输部门初步验收时发现质量问题,应会同承运方清查点验,并由承运方编制商务记录或出具证明书,作为索赔的依据。如果确认责任不在承运方,也应做出记录,由承运者签字,以便作为向供货方联系处理的依据。在拆包进一步验收时发现的质量问题,应将有问题的商品单独堆放,并在入库单上分别签收,同时通知供货方,以划清责任。如果入库的商品已经变质,一般有这样几种原因:一是生产或流通领域中长期存放或保管不善造成的,此种情况的变质,责任在供货方,应及时与供货方联系,做出退货或调换的决定,但收货员在接收时应该详细说明数量和变质的程度;二是在承运过程中因受污染、水渍等原因使商品变质,出现这种情况,责任在承运方,收货员签收时应索取承运方的记录,交货主交涉处理;三是在提运过程中,因商品混放、受雨淋等原因造成的商品变质,甚至报废,这是提运人员的责任,收货员在签收时应该注明变质的原因、数量及程度等,报仓库处理,但此种情况的变质较少,因为提运和接运都是在很短的时间内进行的,不容易造成商品的变质。

(3) 包装问题

在清点大件时发现包装有水渍、玷污、损坏、变形等情况时,应进一步检查内部数量和质量,并由送货人开具包装异状记录,或者在进货单上注明,同时,通知保管员单独堆放,以便处理。

(4) 单货不符或单证不全

这类问题又可分为以下几种情况。

① 商品串库。商品串库是指应该送往甲库的商品误送到乙库。当初步检查时发现串库现象,应立即拒收;如果在验收细数中发现的串库商品,应及时通知进货人办理退货手续,同时更正单据。

② 有货无单。有货无单是指货物先到达而有关凭证还未到达。对此应暂时安排场所存放,及时联系,待单证到齐后再验收入库。

③ 有单无货。存货单位先将单证提前送到仓库,但经过一段时间后,仍没见到货物,应及时查明原因,将单证退回注销。

④ 货未到齐。往往由于运输方式的原因,同一批商品不能同时到达。对此,应分单签收。

要点回顾

一、入库准备
(一)编制商品入库作业计划,按计划组织入库作业
(二)入库前的具体准备工作
1. 安排仓容 2. 组织人力 3. 准备机械设备及计量检验器具 4. 准备苫垫用品
(三)核对凭证
(四)初步检查验收
(五)交接手续
(六)商品验收
(七)入库信息处理,办理商品入库手续
二、仓储业务的受理
(一)理货的作用
1. 它是仓库履行仓储合同的行为 2. 它是仓库保管质量的第一道关口 3. 它是仓储作业的过程
(二)理货的工作内容
1. 清点货物件数 2. 查验货物单重 3. 查验货物重量 4. 检验货物表面状态 5. 剔除残损 6. 货物分拣 7. 安排货位、指挥作业 8. 处理现场事故 9. 办理交接
三、商品的储存位置安排
(一)预备货区
(二)保管货区
(三)动管货区
(四)移动货区
四、入库作业
(一)影响入库作业的因素
1. 货品供应商及货物运输方式 2. 商品的种类、特性与数量 3. 入库作业的组织管理情况
(二)入库作业的基本程序
1. 入库作业 2. 入库手续的办理 3. 入库过程中发现问题的处理

练一练

1. 参观各种类型仓库,并观察它的仓储设施、设备、商品。结合企业实际情况,分析比较各类仓库商品的入库、储存。
2. 解决实际问题,并撰写论文:如何做好入库管理工作。
3. 工学结合项目:参观几个仓库,观察其入库和商品储存,比较其优势与劣势,提出改进措施。

学习资源库

1. "物流管理基础"省级精品课程,http://ycr.lszjy.com/
2. "仓储管理实务"院级精品课程,http://ycrcc.kc.lszjy.com/
3. 中国物流与采购网,http://www.chinawuliu.com.cn/xsyj/class_44.shtml

测一测

一、单项选择题

1. 仓库在接受入库货物时,根据入仓单、运输单据、仓储合同和仓储规章制度,对货物进行清点数量、检查外表质量、分类分拣、数量接收的交接工作是(　　)。
 A. 仓库理货　　　B. 入库管理　　　C. 出库管理　　　D. 手续管理

2. 存货方和保管方为了加速商品流转、合理利用仓容、保管好商品、提高经济效益而明确双方的权利、义务关系的协议是(　　)。
 A. 管理协议　　　B. 仓储保管合同　　C. 存货协议　　　D. 经济合同

3. 验收包括金属材料尺寸精度检验和(　　)两个方面。
 A. 精度检验　　　B. 物理检验　　　C. 仪器仪表精度　　D. 化学检验

4. 根据合同或标准的规定要求,对标的物的品质、数量、包装等进行检查、验收的总称是(　　)。
 A. 入库检验　　　B. 出库检验　　　C. 在途检验　　　D. 商品检验

5. 在商品验收时,必须做到认真、及时、(　　)。
 A. 准确　　　　　B. 合理　　　　　C. 数量合格　　　D. 质量合格

二、多项选择题

1. 入库信息的处理必须(　　)。
 A. 及时、准确、全面　　　　　B. 认真、准确、全面
 C. 及时、完整、全面　　　　　D. 及时、准确、客观

2. 5S是指整理、(　　)。
 A. 整顿　　　　　B. 清扫　　　　　C. 清洁　　　　　D. 素养

3. 属于单货不符或单证不全问题的有(　　)。
 A. 有货无单　　　B. 有单无货　　　C. 货未到齐　　　D. 商品串库

4. 无机性成分的商品,按其元素的种类及其结合形式,又可以分为(　　)。
 A. 单质商品　　　B. 化合物　　　　C. 混合物　　　　D. 服装类商品

三、判断题

1. 5S活动能创造良好的企业文化,增强员工的归属感,共同的目标拉近员工的距离,建立团队感情。(　)

2. 听装油品及变压器油、电容器油、溶剂油、醇型制动液、各种高档润滑油、润滑脂等可以露天存放。(　)

3. 油桶、油罐车、油罐、油船等容器改装各种油品时,应进行刷洗、干燥。(　)

4. 串味是指吸附性较强的商品吸附其他气味、异味,从而改变本来气味的变化现象。(　)

5. 严禁用嘴吸含铅汽油或其他油品,如果必须从油箱中通过胶管将汽油抽出时,可用橡皮球或抽吸设备去吸。(　)

四、实务操作题

1. 制订一个粮食仓库的入库计划。

2. 提出如何把好入库粮质关,保证粮食质量的建议。

扩一扩

案例赏析:紧急订购配件的入库

在某汽车4S店里,仓管员王强领取配件时发现某车型的皮带没了,但是系统却显示还有5条,此时正急需这一配件,于是王强马上反映给配件经理。经理与王强一起在库房里找了半小时也没有找到。经理查询了这批配件的订货单,这是一张紧急订货单,上面的项目并不多,共6种配件,其中一项是这5条皮带。此时,王强恍然大悟,上次钣金车间有一台事故车,缺少几种配件,发送了紧急订货单。李峰说皮带要没了,于是就订了5条。这批配件是李峰直接从厂家中心库提回来的,但皮带现在在哪王强忘记了。

于是经理马上给李峰打电话。但是李峰说他也想不起来了,经理很无奈,于是让李峰马上采购1条皮带以解燃眉之急,其他的事回来再处理。

案例点评:

在案例中,李峰对工作不够认真负责,是主要责任人。

首先,他在取货时就没有携带订货单,也没有按正确的流程对货物进行核对。其次,在配件取回后,他没有将配件入库,以至于皮带丢失,给企业造成经济损失。同时,王强也有一定的失误,也应对此事负有一定责任。他没有对配件进行入库验收,在没有收到配件实物的情况下,仅凭系统打印的入库单就对配件做了入账处理。最后,对于此案例中出现的紧急订货情况,要规范紧急订货入库流程,注意做到凭证签收。仓管员应及时验收并签字确认,然后按指定位置入库存放,并在系统上进行入库确认,做到账物相符。

资料来源:郭福霈.如何做好配件入库管理[J].汽车与驾驶维修,2013.

任务七　在库保养

一、认识库存变异

(一)库存变异概述

1. **库存变异的概念**

物品库存或储运期间,由于外部环境的温度、湿度、日光、微生物、虫蛀、鼠咬等因素的变化,物品会发生霉变、锈蚀、老化、干裂、沉淀、挥发、褪色、自溶、虫蛀、鼠咬等变异现象,有生命的物品会发生呼吸、后熟、僵直和成熟等变异现象,其中霉变、锈蚀、老化、虫蛀、鼠咬、成熟等是物品库存期间最易发生的变异现象。这种由于物品库存或储运期间所发生的变异现象所引起的物品消耗或物品质量降低,称之为库存变异。

2. **库存变异的类型**

根据物品变异的形态的不同,库存变异可以划分为物理变异、化学变异和生物(学)变异3种类型。

(1)物理变异

物品从形态上分为固态、液态、气态3种状态,不同物品在一定的外部环境下会呈现不同的状态。当外部的湿度、温度、压力发生变化时,物品会发生不同形态的变化。这种物品库存或储运期间由于三态变化所引起的串味、渗漏、玷污、干裂、沉淀等物品消耗或物品质量降低的变异,或者由于机械变化使物品发生的破碎、变形、结块、脱落、划伤等变异,称为物品的物理变异。例如,固态物品受热熔化、升华、遇水溶解等;液态物品受热挥发、遇冷凝固等。物理变异是只改变物品本身的外表形态,或者反复引起物品的质量变化,不改变其本质,没有产生新的物质。

物品的机械变化是指物品在外力的作用下,发生的形态变化。物理机械变化的结果不是数量损失,就是质量降低,甚至使物品失去使用价值。破碎与变形是常见的机械变化,对于容易发生破碎和变形的物品,主要应注意妥善包装,轻拿轻放,在库堆垛高度不能超过一定的压力限度。

串味是具有吸附性的物品吸收其他的气味,如茶叶和化妆品同处存放彼此吸收异味,会使物品质量品质失去使用价值。具有吸附性、易串味的物品,它的成分中含有胶体物质,以及疏松、多孔性的组织结构。

渗漏是指液态物品由于包装问题引起的渗漏现象,如包装破损、包装材料胀破等引起的液体渗漏,使物品数量损耗等。

玷污是指物品由于包装不严、卫生条件差等原因,表面粘有脏物或其他污秽的现象。

干裂是由于外部温、湿度变化引起的物品失水、干缩、开裂等现象,如木质家具的开裂等。

沉淀是指含有胶质和易挥发成分的物品,在低温或高温等因素影响下,部分物质的凝固,进而发生沉淀或膏体分离的现象。

(2) 化学变异

物品库存或储运期间,由于外部环境和自身物品性质的原因,所发生的氧化、分解、水解、锈蚀、风化、燃烧、爆炸及老化等现象,从而改变了自身化学性质,产生物品消耗或物品质量降低的变异,称为物品的化学变异。化学变异不仅改变了物品的外表形态,也改变了物品的本质,并且有新物质生成,且不能恢复物品的原状。物品的化学变异过程即物品质变过程,严重时会使物品失去使用价值。

氧化是指物品与空气中的氧或其他能放出氧的物质化合的反应。分解是指某些性质不稳定的物品,在光、电、热、酸、碱及潮湿空气的作用下,由一种物质生成两种或两种以上物质的变化。水解是指某些物品在一定条件下,遇水发生分解的现象。风化是指含结晶水的物品,在一定温度和干燥空气中,失去结晶水而使晶体崩解,变成非结晶状态的无水物质的现象。老化是指含有高分子有机物成分的物品(如橡胶、塑料、合成纤维等),在日光、氧气、热等因素的作用下,性能逐渐变坏的过程。燃烧是指物品发生发热的、剧烈的化学变化过程,其形式按照其特征可分为内燃、自燃、外热自燃及内热自燃等。爆炸是指物品瞬间释放出大量能量,并由一种状态迅速地转变成另一种状态的现象,分为物理爆炸、核爆炸、化学爆炸等。老化是指物品在受到光和热、氧化作用下,失去原有的优良性能,以致最终丧失其使用价值的过程,如橡胶制品、塑料制品及纤维制品等以高分子为主要成分的物品,在光和热、空气中氧气的作用下,引起降解反应,逐步降低强度、弹性、硬化、脆化,就是物品老化的典型范例。

金属物品与周围物质(主要是空气)在适合的环境下发生的化学反应,引起的物品破坏现象,称为金属锈蚀(见图7.1)。金属锈蚀是常见的物品化学变异之一。在干燥的环境中,有些金属物品遇到空气中的氧气会在其表面形成一层氧化膜,从而使金属表面逐渐变暗;有些氧化膜会阻止氧化反应继续发展,成为金属表面的保护膜,如铝制品表面的氧化膜。在潮湿的环境中,金属制品表面通过毛细管的吸附,会产生结露作用,从而在金属表面形成水膜,水膜溶解金属表面物质后产生电解液,进而产生电化学反应。电化学反应会加深对金属物品的进一步腐蚀,对金属物品产生更强的破坏力。

(3) 生物(学)变异

有生命的物品,在库存或储运期间,为维持自身生命活动,所发生的呼吸、发芽作用、胚胎发育、后熟等物品滋生生理生化变化,或者由于外部温、湿度的变化造成微生物繁殖引起的霉变,以及由于有机物品受到虫蛀和鼠咬,产生物品消耗或物品质量降低的变异,称为物品的生物(学)变异。

呼吸作用是指有机物品在生命活动过程中,不断地进行呼吸,分解体内有机物质,产生热量,维持其本身生命活动的现象。呼吸作用可分为有氧呼吸和无氧呼吸两种类型。发芽是指有机物品在适宜的条件下,冲破"休眠"状态,发生的发芽、萌发现象(见图7.2)。胚胎发育主要指的是鲜蛋的胚胎发育。为抑制鲜蛋的胚胎发育,应加强温、湿度管理,最好是低温储藏或截止供氧条件。后熟是指瓜果、蔬菜等类食品在脱离母株后继续成熟过程的现象。

霉腐是物品在霉腐微生物作用下发生的霉变和腐败现象,是较常见的库存变异之一,是由于霉菌在物品上生长繁殖而产生的物品生物(学)变异现象(见图7.3)。霉变是由于霉菌,主要靠孢子进行繁殖而产生物品腐蚀现象。空气中大约有3万多种霉菌,多数霉菌是人们肉眼所看不到的霉菌孢子,对物品危害较大的有毛霉、根霉、曲霉和毒霉。在合适的生长环境中,霉菌便会大量繁殖,从而使物品出现长毛或有霉味的变质现象,如糖类、有机酸、纤维素、醇类和酯类物品,就是霉菌能量的主要来源。霉变的实质是霉菌在物品上吸取营养物质和排泄物的结果,不但会导致物品质量下降,还会产生霉斑、霉味和毒素。

仓库中的害虫和鼠类对于物品具有很大的危害性,他们直接损耗物品,甚至污染物品、传播病菌。仓库中虫蛀主要是由昆虫包括螨类微生物造成的,仓虫具有较强的适应性,繁殖性强,对外界的温度、湿度、光线、化学药剂等刺激有一定的趋向性,是库存变异的重要途径之一。鼠咬主要由于鼠类等啮齿类动物所致,常见的有小家鼠、黄鼬鼠和褐家鼠;鼠类繁殖性强,一年可生5~6次,每次产8~9只,一般寿命为1~3年,食性较杂,记忆力强,视觉、嗅觉和听觉都很灵敏,一般在夜间活动。鼠咬是库存变异的重要途径之一。

图7.1 金属锈蚀 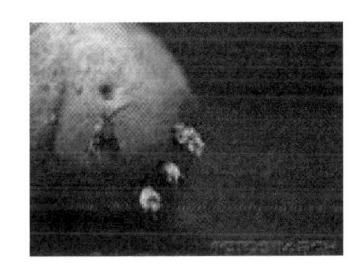　　　　图7.2 发芽 　　　　图7.3 霉腐

3. 影响库存变异的主要因素

库存期间,物品仍在发生着各种运动和变化,从而产生库存变异。影响库存变异的主要因素,一是物品本身的自然属性,它是引起物品变异的内部因素;二是库存环境,它是引起物品变异的外部因素。

(1) 影响物品库存变异的内部因素

内部因素主要有物品的物理性质、机械性质、化学性质、化学成分和结构等。

① 物品的物理性质,主要包括吸湿性、导热性、透气性和耐热性等。

② 物品的机械性质,是指物品的形态、结构在外力作用下的反应。它包括物品的弹性、可塑性、强力、韧性和脆性等。

③ 物品的化学性质,是指物品的形态、结构及物品在光、热、氧、酸、碱、温度、湿度等作用下,

发生改变物品本质相关的性质。与物品储存紧密相关的物品的化学性质包括化学稳定性、物品的毒性、腐蚀性、燃烧性和爆炸性等。

④ 物品的化学成分，包括无机成分和有机成分。物品的无机成分是指其构成中不含碳的化合物，但包括碳的氧化物、碳酸及碳酸盐，如化肥、部分农药、搪瓷、玻璃、五金及部分化工物品等。物品的有机成分是指其构成中含碳的有机化合物，但不包括碳的氧化物、碳酸与碳酸盐。

⑤ 物品的结构，是指其所呈现的状态，如气态物品、液态物品和固态物品。

（2）影响物品库存变异的外部因素

外部因素主要有库存的自然环境、人为因素和储存期等。

① 自然环境，如温度、湿度、大气中有害气体、日光、尘土、虫鼠雀等对库存物品的影响等。另外自然灾害，如雷击、暴雨、洪水、地震和台风等也会影响库存物品。

② 人为因素，主要是指由于库存或储运过程中人的生产、作业因素对物品造成的影响，如保管场所、包装、装卸搬运、堆码苫垫不合理和违章作业等。

③ 储存期。物品在仓库中停留的时间越长，受外界因素影响发生变化的可能性就越大，而且发生变化的程度也越深。

（二）控制库存变异

1. 控制库存变异的概念

由于在库存中可能发生各种各样的库存变异，造成库存物品消耗或物品质量降低，所以降低库存物品消耗，保持库存物品质量，就成为仓储管理的重要内容之一。控制库存变异，就是运用科学的技术和方法，研究物品库存变异的内、外部因素及其变化规律，控制物品消耗在合理的损耗率之内，维持物品的使用价值不变，以保障最大的库存经济效益。

控制库存变异的基本方针是"以防为主，以治为轴，防治结合"，要做到预防得早、预防得细微；治得得当，治得及时，避免物品的使用价值受到影响而发生损失。

控制库存变异的基本任务就是面向库存物品，根据物品的具体情况，运用科学的库存技术，按照轻重缓急研究、制定库存措施，加强在库保养，使物品质量不变，最大限度地避免和减少物品损耗，降低库存成本。

2. 控制库存变异的基本措施

（1）研究和掌握物品的性质，适当安排库存场所

库存是物品进入流通领域的第一环节。在入库之前，应研究和掌握物品的性质；为了确保减轻库存变异，就应该根据物品的基本性质，选择和安排适当的库存场所，常见的库存场所有货场、货棚和库房；要做到分区分类，科学存放，即品种分开、干湿分开、新陈分开、好次分开，尤其是对性质相抵和消防方法不同的商品，不可同库混放，以免互相影响，发生事故。各种危险品应专库存放，库房应符合防毒、防爆、防燃、防腐蚀的要求，如避免与同库储存的其他物品在物品性质上相互抵触，以避免串味、玷污等库存变异的发生。同时，应注意尽可能将性质相近的物品储存在同一库中，以采用同样的库存变异控制技术与方法，提高库存变异的控制效率。

（2）严格入库验收手续和出库交接手续

物品入库时，应严格入库验收手续，记录清楚物品的数量、规格、质量、状态和包装情况，检查外观情况，进行质量检验。其程序是：先查大数，后看包装，见异拆验。物品出库时，应办理好交接手续，对物品的入、出库状态进行记录对比，以确定库存变异的真实情况。对发生库存变异的物品，通过质量检验分析其发生变异的原因，以采取控制变异的应对措施。

(3) 科学进行堆码苫垫

入库的物品应根据其性质、包装条件、安全要求进行科学堆码。物品的堆码苫垫,应该安全牢固、便于检查;防潮、通风、防火应符合相关标准要求;应适当留出垛距、墙距、顶距、灯距和适当宽度的主走道和支走道。为了防潮和防汛的需要,垛底应适当垫高,对防潮物品还应该根据需要加垫隔潮层。露天堆码的物品必须苫盖严密,达到风吹不开、雨淋不湿的基本要求,堆码物品的周围应有排水沟以防积水。

(4) 加强仓库温、湿度的控制和调节

物品库存期间,均要受到空气温度和湿度的影响,应加强对气候变化规律的观测和研究,掌握其变化规律。采用科学的手段和方式,对物品库存的温、湿度加以控制和调节,创造良好的库存环境,使物品存放在适宜的温、湿度范围,是控制库存变异的重要措施。

(5) 坚持定期进行物品在库检查制度

物品库存期间将受到各种因素的影响,因此应根据物品的性质、储存条件和季节气候变化的情况,制定对物品进行定期在库检查的制度,在制度中确定检查周期、比例、内容,并按规定进行巡回检查。及时发现问题并进行处理,把库存变异损失控制在最小范围之内。

(6) 开展控制库存变异技术的研究

开展控制库存变异技术的研究是控制库存变异的重要措施。随着科学技术的不断进步,库存技术和库存环境控制也有了突飞猛进的发展。将这些技术运用到控制库存变异领域,掌握各种物品库存变异的规律,使物品处于最佳的库存环境之中,加上科学的制度作为保障,就能够把库存变异控制在最小范围之内。

3. 控制库存变异的主要技术方法

(1) 有生命物品控制库存变异的主要技术方法

有生命物品即通常所说的鲜活物品,对于这些物品控制库存变异的主要方式是控制微生物繁殖和物品自身的生长及酶的活性生化变化速度。主要的技术方法如下。

① 低温储藏法。利用低温状态下,生命繁殖和酶的活性生化下降的特性,使物品保持原有质量。这种方法根据物品的状态和特性,可分为冷冻储藏和冷却储藏两大类方法。

冷冻储藏的温度控制在 $-18℃\sim0℃$,抑制了微生物的活动和酶的活性,主要用于畜、禽、鱼、肉和药品等物品等储藏保鲜,一般冷冻物品可以较长时间储藏。

冷却储藏即通常所说的冷藏,储藏温度一般在 $0℃\sim10℃$,冷藏环境不结冰。由于设备和制冷方式的不同,分为天然冰制冷和机械制冷两类。由于温度在 $0℃$ 以上,某些微生物仍可繁殖,酶的活性并未完全控制,储藏期不宜过长。冷却储藏一般适用于水果、蔬菜、禽蛋和药品等的短期运输、储存。

② 腌渍储藏法,即盐腌与糖渍储藏法,是利用食盐和糖溶液高渗透性和降低水分活性的作用,使微生物原生质脱水死亡,从而达到保持物品质量的目的。这种方法的储藏保质期一般在 6~18 个月不等。

盐腌法一般在物品中加 10%~15% 的食盐量,但有的微生物在 20% 的食盐浓度下仍能够存活,因此,盐腌法最好控制在较低的温度下效果会更好。盐腌物品储藏期不宜过长。我国广泛食用的腊肉、板鸭、咸蛋、咸鱼、腌菜等就是使用的这种方法。

糖渍法主要常见于果脯、果酱等食品储藏,一般加糖 65%,食糖既可以防腐,又可以调味,还有增加营养的作用,因而民间广泛应用这种储存方法。但糖渍物品要注意防潮,以免降低糖的浓度,使含水量增加,降低储存效果。

③ 气调储藏法,即调节环境气体成分的储藏方法。这种方法主要是利用氧气对生物的作

用,改变仓库或物品包装中的气体成分,即降低氧气含量,控制微生物和物品的呼吸强度,抑制微生物的繁殖发育和物品的化学变异。气调储藏法如果加上低温配合,一般能够收到较好效果。

气调储藏法一般充入的气体有二氧化碳、氮气及惰性气体,要根据储藏物品的特性和活性而定;充入气体的浓度要能够足以调节气体的成分,控制氧气的含量,另外还要注意植物活性物品的光合作用。

④ 辐射储藏法,是利用射线的穿透能力和杀伤能力,使微生物被杀死,酶的活性被破坏,从而达到物品较长时间储藏的目的。目前用来照射物品的射线源主要是同位素钴60和铯137产生的伽马射线。辐射储藏法的关键是照射剂量的控制,照射剂量既要能够起到消毒杀菌的作用,又要对储藏物品不构成伤害,同时还要注意对操作者进行必要的防护。

(2) 物品库存防止霉腐的主要技术方法

在库存期间,由于温度、湿度、氧、酸碱度等合适的环境下,物品会成为某些霉腐微生物的营养源,而引起物品生霉、腐烂或腐败的现象,造成库存变异。防止霉变的主要技术方法主要是根据微生物的生理特性,采取适宜的措施进行防治。常用的技术方法如下。

① 化学药剂防霉腐法,就是利用化学药剂使霉腐微生物的细胞和新陈代谢受到破坏或抑制,进而达到杀菌、抑菌,防止物品的霉变。有些物品可采用药剂防霉,在生产过程中把防霉剂加入到物品中,或把防霉剂喷洒在物品体和包装物上,或喷散在仓库内,可达到防霉的目的。防霉剂能使菌体蛋白质变性,破坏其细胞机能;能抑制酶的活性,破坏菌体正常的新陈代谢;降低菌体细胞表面张力,改变细胞膜的通透性,导致细胞的破裂或分解,即可抑制酶体的生长。例如,常用的化学药剂苯甲酸及其钠盐对人体无害,是国家标准规定的食品防腐剂;托布津对水果、蔬菜有明显的防腐保鲜作用。

② 气相防霉腐法,是通过药剂挥发出来的气体渗透到物品中,杀死霉菌或抑制其生长繁殖的方法。这种方法效果好、推广面广。常用的气相防腐剂有环氧乙烯、加权和多聚甲醛等,主要用于皮革制品等工业品的防腐。应注意的是,气相防霉腐法应密封仓库、大型塑料膜罩配合使用,并防止毒气对人身造成伤害。

③ 气调防霉腐法,是在密封条件下,采用缺氧的方法,抑制霉腐微生物的生命活动,从而达到防腐的目的。气调防霉腐法主要有真空充氮防霉腐和二氧化碳防霉腐两种方法。气调防霉腐法对好气性微生物的杀灭具有较理想的效果。真空充氮防霉腐法是把商品的货垛或包装用厚度不小于0.25~0.3 mm的塑料薄膜进行密封,用气泵先将货垛或包装中的空气抽到一定的真空度,然后再充入氮气。二氧化碳防霉腐法,是将密封货垛抽成真空或抽出少量空气,然后充入二氧化碳,当二氧化碳气体的浓度达到50%时,即可对霉腐微生物产生强烈的抑制和杀灭作用。

④ 低温冷藏防霉腐法,是利用各种制冷剂降低温度,以保持仓库中所需的一定低温,来抑制微生物的生理活动,达到防霉腐的目的。

⑤ 干燥防霉腐法,是通过降低仓库环境中的水分和商品本身的水分,达到防霉的目的。使用这种方法时,一方面对仓库进行通风除湿;另一方面可以采用晾晒、烘干等方法降低商品中所含的水分。

商品防霉腐除以上较常用的方法外,还有蒸汽法、自然冷却法、盐渍法。目前在食品防霉腐中采用的射线防霉腐,也越来越受到广泛的重视。

(3) 金属物品防治锈蚀的主要技术方法

金属制品锈蚀,是在环境介质(潮湿的空气及酸、碱、盐等)作用下,发生化学或电化学反应所引起的对金属制品的破坏现象。在库存中发生锈蚀的因素有两个方面,一是金属制品原材料结构不稳定、化学成分不纯,物理结构不均匀等,是引起金属制品锈蚀的内因;二是由于空气温、湿度的变化,空气中的腐蚀性气体和金属表面的尘埃,是引起金属制品锈蚀的外因。因此,在库房管理中,针对金属锈蚀的原因,采取必要的防锈蚀措施,以确保金属制品的安全。

① 创造良好的条件,选择适宜的场所,改善储存环境,是进行金属制品养护的最基本措施。储存金属制品的仓库,要求通风干燥,门窗严密,便于调节库内温、湿度,防止出现较大温差,相对湿度一般不超过70%。库内严禁与化工物品或含水量比较高的物品同库储存,以免相互影响,引起锈蚀。

② 涂油防锈法。涂油防锈就是在金属制品表面涂一层油脂薄膜,以起到可将金属与外界环境隔离的作用,从而防止或减弱金属制品生锈。涂油防锈法简便易行,一般效果也较好,但随着时间的推移,防锈油逐渐消耗,或者由于防锈油的变质,而使金属制品生锈,所以用涂油防锈法防护金属制品生锈要经常检查,发现问题要及时采取新的涂油措施,以免造成损失。目前采用的油脂主要有蓖麻油、变压器油、凡士林、黄油、机械油、仪器油等。为提高防锈油的耐热性能,油脂强度及对制品表面的附着力,常加一些蜡、松香和缓蚀剂。

③ 气相防锈法。它是利用气相缓蚀剂来防止金属制品生锈的一种较新的方法,利用气体无孔不入,可慢慢地充满整个包装空间,及至空隙和小缝中的特性,用一种挥发性物质,靠挥发出来的气体达到防锈的目的。因此,气相防锈法具有方便、封存期长、包装干净和适用于结构复杂的金属制品防锈等优点。气相缓蚀剂的使用方法有气相防锈纸法、粉末法、溶液法等。使用这种方法要注意金属制品的库存空间或包装物的密封性。

④ 金属除锈方法,主要有手工除锈、机械除锈、化学药剂除锈等。除锈后的金属制品应立即采取有效的防锈措施,以防再次生锈。

(4) 防治库存虫蛀鼠咬的主要措施

很多物品是用动物性或植物性材料制成的,因而易遭仓虫危害。仓虫不但破坏物品的组织结构,使物品出现孔洞直至破碎,还会排泄各种代谢废物玷污物品,损害物品的外观和内在质量。仓库害虫适应仓库环境,以仓储物为主要危害对象。其传播途径:一是自然传播;二是人为传播。其生存条件主要是温度。仓库害虫是变温动物,能使其生长、发育、繁殖的温度是15℃~35℃,停止生育的温度是0℃~15℃及35℃~40℃,低于0℃和高于40℃就达到了仓库害虫的致死温度。仓虫体内的水分主要来源于商品所含水分。一般仓库害虫可在商品水分13%以上和相对湿度在70%以上的条件下生活。干燥的环境会使害虫休眠,以致死亡。

仓虫的防治要贯彻"以防为主,防重于治,综合治理"的方针,防治的具体方法如下。

① 卫生防治法。它是杜绝仓虫来源和预防仓虫感染的基本方法,以造成不利于仓虫生长发育的条件,使仓虫不适宜生存的一种限制性措施。仓储中要经常保持库房的清洁卫生,使害虫不易孳生,彻底清理仓具和密封库房内外缝隙、孔洞等,严格进行消毒;严格检查入库物品,防止害虫进入库内,并做好库存物品的经常性检查,发现害虫要及时处理,以防蔓延。

② 物理机械防治法。一是自然或人为地调节库房温度,使库内最低温度和最高温度超过仓虫生存的界限,达到致死仓虫的目的;二是利用人工机械清除的方法将仓虫排除。

③ 化学药剂防治法。它是利用杀虫剂杀灭仓虫的方法,具有彻底、快速和效率高的优点,兼有防与治的作用。但它也有对人有害、污染环境和易损物品的缺点,因此,在粮食及其他食品中应限制使用。在使用化学药剂防治中必须贯彻下列原则:对仓虫有足够的杀灭能力,对人体安全可靠,药品性质不致影响物品质量;对库房、仓具、包装材料较安全,使用方便,经济合理。化学药剂防治方法如下。

- 驱避法:即用具易挥发和刺激性的固体药物放入商品包装内或密封货垛中,以达到驱虫、杀虫的目的,常用的有萘、樟脑精等,一般可用于毛、丝、棉、麻、皮革、竹木、纸张等商品的

防虫,不可用于食品和塑料等商品的防虫。
- 喷液法:即用杀虫剂进行空仓和实仓喷洒,直接毒杀仓虫。常用的杀虫剂有敌杀死、敌敌畏、敌百虫等。除食品外大多数商品都可以用来进行实仓杀虫或空仓杀虫。
- 熏蒸法:即利用液体和固体挥发成剧毒气体用以杀死仓虫的防治方法。常用的药剂有氯化苦、溴代甲烷、磷化铝等,一般多用于毛皮库和竹木制品库的害虫防治。

常用的防治仓虫的方法,还有高低温杀虫、电离辐射杀虫、灯光杀虫、微波杀虫、远红外线杀虫等方法。

综合防治方法,即根据仓虫的生活习性,人为地加以控制和创造对仓虫不利的生长、发育和繁殖的外部环境,达到防治仓虫的目的。在综合防治中,需各部门、各环节的协调配合,把防治仓虫的基本措施与各种防治方法有机结合起来,因地制宜地全面开展综合防治,才能收到良好的效果。

另外,对于白蚁的防治,常用诱杀法,即在白蚁活动附近挖掘直径50~100 cm、深度约为30~40 cm 的土坑,坑内放白蚁喜欢食用的松树叶、甘蔗渣和松花粉等做诱饵,并用石棉或油毡将坑口盖好,等引诱来的白蚁较多时,即可喷洒灭蚁药,或用沸水、火烧等方法杀灭白蚁。当然也可将诱杀箱放置在白蚁活动的场所进行灭杀。对库房内库存的木质材料物品,可涂刷一层灭蚁药物,如灭蚁灵等药剂,防止白蚁蛀蚀。

针对鼠咬,采取防治与突击围剿相结合的方法。主要方法是:保持库房内外清洁卫生,清除垃圾,及时处理包装物及杂乱物品,不给鼠类藏身场所。灭鼠的方法主要有机械捕杀、毒饵诱杀、生物法、驱除法等。

(5) 物品老化的防治

防治物品老化,就是根据高分子材料的性能变化规律,采取各种有效措施,以达到减缓其老化速度、延长使用寿命的目的。高分子材料(塑料、橡胶、化纤等)在光、氧和温度等因素的作用下,会发生老化现象——发粘、变软、脆裂、僵硬、龟裂、变色、褪色和透明度下降等,引起各种性能的改变,严重的会导致制品使用价值的丧失。高分子制品的老化原因:一是受外界因素的影响,如光、热、氧等对高分子制品的作用,使制品氧化,分子结构发生变化,由长链分子产生交联或断裂;二是高分子制品内的增塑剂挥发,制品也会老化。其基本防治方法是:严格控制高分子制品的储存条件,库房要清洁干燥,避开热源,避免日光直射,控制和调节好库房温、湿度;合理堆码,防止重压。在生产中常采用添加抗老剂、涂漆、涂蜡、涂油和涂布等方法,以防止外因的影响。防治物品老化的措施:一是在生产过程中,注重提高物品本身的抗老化性能,二是控制库存过程中引起老化的因素。

(三) 仓库温、湿度控制和调节技术

物品库存期间,影响其质量变化的环境因素,最主要的是空气的温、湿度,从前面的知识中可以看出,库存物品的质量变化都与温、湿度相关。因此,必须根据库存物品的特性,加强库存温、湿度管理,采取各种措施,创造适宜的温、湿度条件,确保控制库存物品的变异。

1. 空气温、湿度的基本知识

(1) 空气温度

空气温度指大气的冷热程度,就是通常所说的气温。它通常指距离地面1.5 m高处的空气温度,用温标表示。常用温标有摄氏温标、华氏温标和热力学温标。

① 摄氏温标(℃)。在标准大气压下,冰的熔点为0摄氏度,水的沸点为100摄氏度,中间划分为100等份,每等份为1摄氏度,用℃表示。

② 华氏温标(℉)。在标准大气压下,冰的熔点为32华氏度,水的沸点为212华氏度,中间划分为180等份,每等份为1华氏度,用℉表示。

③ 热力学温标。又称开尔文温标,它规定分子运动停止时的温度为绝对0度,用K表示。

摄氏温度、华氏温度和热力学温度之间换算公式如下。

$$℉ = ℃ \times 5/9 + 32 \tag{7-1}$$

$$K = 273.15 + ℃ \tag{7-2}$$

一般来说,我国习惯使用摄氏度表示空气温度。

(2) 空气湿度

空气湿度是指空气中水汽含量的多少或空气的潮湿程度。空气中的水汽含水量越多,湿度就越大。一般用绝对湿度、饱和湿度、相对湿度和露点表示。

① 绝对湿度,指单位容积空气中所含的水汽量,用 g/m^3 表示,也可用 mb(毫巴)或 mmHg(毫米汞柱)来表示。温度与绝对湿度的关系:一般情况下,温度越高,绝对湿度就越大;反之,绝对湿度就越小。

② 饱和湿度,指在一定温度下,单位容积空气中所能容纳的水汽量的最大限度,用 g/m^3 表示。当超过这个限度后,多余的水蒸气就会凝结成水滴,这时的空气湿度称为饱和湿度。空气的饱和湿度不是固定的,一般情况下,温度升高,饱和湿度就增大;反之,饱和湿度就减小。

③ 相对湿度,指在某一特定气温和气压下,单位容积空气中实际所含的水汽量距离空气所能容纳的水汽量的最大限度的程度,即空气绝对湿度与饱和湿度的百分比。其计算公式如下。

$$相对湿度 = 绝对湿度 \div 饱和湿度 \times 100\% \tag{7-3}$$

它表示了空气中实际水汽量达到饱和状态的程度。相对湿度越大,空气越潮湿,水分就不易蒸发。仓库中的湿度管理,也主要是指相对湿度的控制与调节,是根据相对湿度来了解和调节库内空气的干、湿程度。

④ 露点,是露点温度的简称,指空气中所含水汽因气温下降达到饱和状态而开始液化成水(结露)时的温度。含有水汽的空气,其相对湿度会因温度的降低而增大,当气温降到某一温度值时,空气中的水汽达到饱和状态(即相对湿度达到100%),随之就会液化,附在物品或库房建筑物等与空气接触的表面上,这种现象叫结露,俗称出汗。这时的温度叫露点温度,简称露点。因此,露点是以温度表示湿度的概念。在库存的环境中,如果温度低于露点,空气中超饱和的水分会在温度低的物体或其他物体表面凝结成水珠,称为水淞,俗称出汗,对于怕潮物品有较大的危害性。物品处于某一状态的温度与露点之差称为结露温差,结露温差越大,越不易结露。

在温度不变的情况下,就是说饱和湿度不变的情况下,绝对湿度越大,相对湿度就越大;绝对湿度越小,相对湿度就越小。在绝对湿度不变的情况下,即空气中水蒸气含量不变的情况下,温度越高,相对湿度就越小;温度越低,相对湿度就越大。在相对湿度不变的情况下,温度越高,饱和湿度就越大,绝对湿度也越大;温度越低,饱和湿度就越小,绝对湿度也越小。因此,空气的温度对空气的湿度有很大影响。原来潮湿的空气,随着温度的升高,湿度会变得越来越干燥。在仓储过程中,调节库温和控制仓库的空气相对湿度是控制库存变异的重要手段。

另外,风与空气中的温、湿度有密切关系,也是影响空气温、湿度变化的重要因素。

(3) 空气温、湿度变化的一般规律

① 气温变化的一般规律。气温的变化有周期性变化和非周期性变化两类。气温的周期性变化又可划分为气温的日变化和气温的年变化。

气温的日变化指一昼夜气温的变化。一昼夜之中,日出前温度最低,午后2~3点钟温度最高,形成一日之中从早到晚的凉、暖、热、凉、冷交替出现的规律。一日中,最高气温与最低气温的差值,称为气温日变幅。

温度的年变化规律指气温一年内有规律的变化情况。一般情况下,在我国,气温最低的月份,内陆地区为1月份,沿海地区为2月份;气温最高的月份,内陆为7月份,沿海地区为8月份;平均气温均在4月底和10月底。一年之中,最高温度与最低温度之差,称为气温的年较差。

气温的变化要受到地域、地形、季节、土壤和海拔高度等影响。

气温的非周期变化是指时间上没有周期变化规律的气温变化现象,指气温偶尔受到暖流、寒流、风、雨、雪或霜冻等影响造成的气温突然变化。气温的非周期性变化给库存变异控制带来了困难,是库存变异控制的重点之一。

② 空气湿度变化的一般规律。空气湿度的日、年变化是随着气温的变化而变化的。相对湿度随着空气温度的升高而变小,随着气温的降低而增大。因此,相对湿度的日、年变化趋势与气温的日、年变化趋势相反。一年当中,在我国,相对湿度最高值一般在冬季,最低值一般在夏季。相对湿度日变化,一般日出前最高,午后最低。另外,湿度变化还要受到季风等因素的影响,如夏季我国沿海地区的夏季季风会从海洋上吹来大量水汽,因此该地区相对湿度会升高;内陆地区冬季季风会带来干燥空气,相对湿度会降低。沿海地区由于得到洋面上的潮湿空气,在午后温度最高时,其相对湿度也高。

2. 仓库内温、湿度的变化规律

仓库内温、湿度的一般变化规律,与空气的温、湿度的一般变化规律是一致的。但仓库外的空气温、湿度变化对仓库内的温、湿度变化的影响会有一个滞后的过程。因此,经常出现夜间仓库内温度高于仓库外温度,白天仓库内温度低于仓库外温度的现象。仓库内温、湿度的变化还受到仓库结构、地理位置、库房建筑材料、颜色、垛形等因素的影响,相当复杂。

(1) 仓库内温度变化的一般规律

由于仓库内的热源主要来自仓库外,太阳光照射库房墙壁,屋顶向库内传导热量或通过仓库门窗向内辐射热量,以及大气通过墙壁毛细孔或通风洞口、门窗等对流交换热量,仓库内温度一般变化规律都与仓库外空气的一般变化规律大致相同。但由于热量的交换需要时间,仓库内温度变化从幅度上讲稍小,从时间上讲稍后。仓库内温度变化的一般规律是:随着气温的升高或降低,库温也升高或降低;库温的变化落后于气温变化1~2小时;库温的变化幅度小于气温变化幅度;夜间库温高于库外气温,白天库温低于库外气温;库内的最高温度低于库外的最高温度,库内的最低温度高于库外的最低气温。

仓库内温度的年变化,一般在春、夏季节5—9月,气温直线上升时,库内温度通常低于库外气温;秋、冬季节1—4月和10—12月,气温急剧下降时,库内温度通常高于库外气温。但这种年变化要受到仓库密封程度的影响。

从库房结构上看,楼仓、夏季高层库温比低层库温低,顶层温度最高,冬季则相反;平房、人字顶库房的库温高于平顶库房的库温;库房向阳面、上部的温度高于背阳面、下部的温度;靠门、窗、通风口等处的库温变化高于其他部位;从垛形看,间距合理、库内无死角时,库内温度易于趋于平均,反之,库温存在差异会变大。

(2) 仓库内湿度变化的一般规律

库内湿度变化主要受到库外温、湿度变化的影响,与库外的变化规律相一致。库内的湿度变化小于库外,但也因具体条件的影响有若干差别。同一仓库内,向阳面、通风处相对湿度较低,背阳面及通风不良处，相对湿度较高；库房上部，因库温相对较高，相对湿度较低，而库房下部，因库温相对较低，相对湿度较高。据测定，仓库内上部相对湿度平均为65%～80%，接近地面和垫架下，相对湿度可达到85%～100%。另外，库内湿度还受到库存物品含水量、仓库密封程度的影响，库存物品含水量低、仓库密封性能好，仓库内的湿度就会趋于稳定。

3. 仓库温、湿度的控制和调节

（1）温、湿度的测定

测定空气温、湿度的常用方法有干湿球温度表测量法，简称干湿表法。

在库外设置干湿球温度表（简称干湿表），为避免阳光、雨水、灰尘的侵袭，一般将干湿表放置在百叶箱内，百叶箱中温度表一般距地面2 m。在库内，干湿表放置在空气流通、不受阳光照射的地方，不要挂在墙上，放置的高度与人的眼睛平行，一般距地面1.5 m左右。每日必须定时对库内的库内温、湿度进行观测记录，一般在上午8～10点，下午2～4点各观测一次，记录要妥善保管，定期分析，找出规律。

常用的测量工具还有普通温度表、最高最低温度表、自记温度表、自记湿度表、电子测温测湿仪和普通湿度表等。

（2）仓库温、湿度的控制和调节技术

影响贮存商品质量发生变化的环境因素很多，其中最主要的是空气的温度和湿度。从前面介绍的基本库存知识中，可以了解到库存变异的各种情形都与温、湿度有关，因此，必须加强库内温、湿度管理，采取各种措施，创造适宜的温、湿度条件，从而确保库存物品的安全。

为确保库存物品质量完好，控制库存变异，库内温、湿度应经常保持在一定范围内。温、湿度管理是控制库存变异和库存物品养护的重要日常工作，是维护物品质量的重要措施，要做好仓库的温、湿度管理工作，需要采取一定的措施来控制库内温、湿度的变化，对不适合物品储存的温、湿度，要及时进行控制和调节，创造适宜物品储存的环境。控制和调节仓库温、湿度的常用方法有密封、通风和吸潮等。

① 密封：利用防潮、绝热、不透气的材料把商品严密封闭起来，以隔绝空气、降低或减小空气温、湿度对商品的影响，从而达到商品安全贮存的目的。密封形式有整库、整垛、整柜、整件密封等，在仓库中主要采用前两种形式。整库密封时，地面可采用水泥沥青、油毛毡等制成防潮层隔潮，墙壁外涂防水砂浆，墙壁内涂沥青和油毛毡，库内做吊平顶。门窗边缘使用橡胶条密封，在门口可用气帘隔潮。

采用密封方法，要和通风、吸潮方法结合运用，如运用得好，将事半功倍，可以起到意想不到的效果。密封库存应注意以下事项。

一是在密封前要注意检查物品的质量、温度、湿度是否正常，如发现生霉、生虫、发热、水淞等现象就不能进行密封，发现物品含水量超标时或包装材料过潮时，也不能密封。

二是要根据物品的性能和气候情况来决定密封的时间。怕潮、怕熔化、怕霉的物品，应选择在相对湿度较低时密封。

三是常用的密封材料如塑料薄膜、防潮纸、油毡、芦席等，必须保持干燥、清洁。

四是注意常用密封方法，如整库密封、小室密封、按垛密封及按货架密封、按件密封等方法的具体使用，要符合物品的性能要求。

② 通风：根据空气流通的规律，有计划、有目的地使仓库内外空气交换，达到调节库内空气温、湿度的目的，使之适应储存物品的需要。通风的方法有自然通风和机械通风。前者是开启库房门窗和风洞，让库内外的空气进行自然对流的通风方法；后者是在库房上部装设排气扇，下部装设送风扇，以加速空气交换的通风方法。采用通风的方法调节库内温、湿度的关键是选

择和掌握通风时机。通风时机的选择，主要依据物品性质和库内外温、湿度的差异，以及库外风向、风力等因素，根据不同时机通风才能达到预期的目的。通风时机的选择应掌握以下原则：通风时最好能达到既散热又散湿的目的，如不能达到这两个目的，也应在库内温度不升高的前提下，通风散湿；或者在库内湿度不增加的前提下，通风降温。在实际工作中库外温、湿度都低于库内温、湿度，库或内外温度相同，而库外湿度低；或库内外湿度相同，库外温度低时，都可以通风。

通风还要根据库存物品的不同要求进行。怕热不怕湿的物品，如塑料、橡胶等，与湿度关系不大，在库外温度低于库内温度时就可以通风。怕湿不怕热的物品，如金属制品等，与温度关系不大，在库外绝对湿度低于库内绝对湿度时就可以通风；如气温低于库内温度，库外相对湿度低于库内相对湿度时，也可以通风；但气温低于库内空气露点2℃以下时，不能够进行通风。怕湿又不耐高温的物品，如纺织品、化妆品、药品等，通风时应尽可能以达到同时降低库内温度、湿度为目的。怕冻的物品与温度关系很大，在寒冷季节只要库内温度低于库外温度就可以通风。怕干的物品，通风时以增加库内湿度为主要目的。

通风时，应注意风力的大小应适度，防止带入灰尘、沙粒，影响卫生，同时要注意选择风向。一般情况下，西风、东北风、西北风有利于散湿，南风、东南风、西南风较潮湿。通风的方法还应该与吸潮、密封等方法相结合。

③ 吸潮：指在阴雨天气或雨季，库内外湿度都比较大，不易通风时，在库房密封条件下利用机械或吸潮剂来降低库内的湿度。机械降湿是使用去湿机的蒸发器而凝成水滴排出，把冷却干燥的空气送入库内，如此不断循环，排除水分，促使库内降湿。吸潮剂具有较强的吸潮性，能迅速吸收库内空气的水分，进而降低相对湿度。吸潮剂有吸收剂和吸附剂。吸收剂主要是吸收水分，常用生石灰和无水氯化钙等；吸附剂具有大量毛细孔筛，对水气有强烈的吸附作用，常用的有活性炭、分子筛、硅胶等。硅胶的吸附性能优良，吸潮后仍为固态，对商品无不良影响，而且经烘干可重复使用，应用于仪器、电讯器材、照相器材、钟表等贵重商品的防潮。

控制和调节仓库温、湿度的方法还有很多，如将库顶、门、窗等搭盖凉棚，在库顶喷水、库内喷雾、放置冰块、使用大型冷冻设备如谷物冷却机等，用户可根据具体条件大胆创新选择更合适的方法。

4. 大型冷却机低温仓储技术

大型冷却机低温仓储技术是近几年来发展的仓储技术，尤其是我国大型战备粮库已经达到普及的程度。这种技术主要利用低温贮藏可以减缓粮食的新陈代谢活动，减少干物质的损失量，减少虫害引起的损失，减少贮藏粮食霉变引起的损失等特性，控制粮食仓库的温度及湿度，达到仓储保持粮食品质，减少库存变异的目的。这种方法和技术可以避免因粮食翻库而投入的巨大劳动，避免谷仓中凝露现象造成的损失。

当环境温度较低时，筒仓壁面及顶面变冷，中间的暖气流上升至仓顶并沿壁面下降，在内壁及顶面凝露。凝露水渗入外层谷物中，导致谷物易发芽或胶结霉烂。低温贮藏方式可以避免凝露现象。低温贮藏比常温贮藏更能保持粮食的营养品质和新鲜度。我们知道，当空气含湿量不变时，温度升高，其相对湿度降低；而温度降低，其相对湿度升高。在工程上，空气温度每升高1℃，其相对湿度约降低5%。谷物冷却机就是根据这一原理来控制粮仓的温度和湿度的。谷物冷却机及其使用现场如图7.4所示。

谷物冷却机主要由3部分组成。① 制冷系统：制冷压缩机将低温低压制冷剂气体吸入，压缩成高温高压的过热气体排入风冷冷凝器，在冷凝器中被外界空气冷却至常温高压饱和过冷液体，经过干燥过滤器、视液镜、供液电磁阀，通过热力膨胀阀节流成低温低压液体，在蒸发器中吸收外界空气的热量成为低温低压气体,被压缩机吸入,进入下一次循环。制冷压缩机的制冷量是可以进行调节的。对于半封闭压缩机,可以进行卸载调节,也可以控制压缩机的转速进行调节;对于采用多个全封闭压缩机的制冷系统,可以根据要求控制压缩机的开启台数进行调节。根据谷物冷却机的出风温、湿度要求,在一定的蒸发温度下,可以改变热气加热调节阀开启度,将一部分高温高压制冷剂气体送至后加热盘管,提高出风温度,来实现不同的出风温、湿度。②通风系统:外界空气进入过滤箱进行过滤、净化,经高压离心风机加压并通过风量调节机构进行风量调节,然后由风道送至蒸发器被冷却降温,成为接近饱和的冷空气,再经过后加热盘管升温降湿,达到工艺所需温、湿度的冷空气,最后经风道送入粮仓。③控制系统:它是整个谷物冷却机的指挥中心。其通过 PID 控制器控制机器的蒸发温度和出风温度。PID 控制器通过安装在蒸发器后的温度传感器和安装在谷物冷却机出口的温度传感器,分别测量出谷物冷却机前温、后温,与 PID 控制器设定值自动进行比较,通过风量调节机构调节风量和加热调节阀开启度,来对谷物冷却机的工作参数进行控制。控制系统还有完善的保护功能,可以确保谷物冷却机安全运转。

(a) 谷物冷却机　　(b) 浅圆仓使用现场　　(c) 大型平房仓使用现场

图 7.4　谷物冷却机及其使用现场

二、安全管理

仓库的安全管理是为了防范、制止恶性侵权行为、意外事故对仓库及仓储财产的侵害和破坏,并维护仓储环境的稳定,保证仓储生产经营的顺利开展所进行的管理工作。具体内容就是执行国家安全管理的规章制度,做到防火、防盗、防抢、防骗、防破坏、防止财产侵害,以及防止作业事故等仓库安全灾难事故,协调与外部的治安保卫关系,维持仓库内部安宁局面和员工人身安全。仓库安全管理是仓库管理的重要组成部分,也是降低和防止经营风险的手段。

(一) 防火

防火是仓储安全管理的重点之一。仓库火灾是仓库的灾难性事故,不仅造成仓储货物的损害,还损毁仓库设施,而且产生的有毒气体直接危及生命安全。仓储防火必须认真贯彻"预防为主,防消结合"的消防方针,执行《中华人民共和国消防法》和公安部制定的《仓库防火安全管理规则》。仓库防火工作应该做到重点突出、依法办事,按照"谁主管谁负责"的原则,建立仓储防火岗位责任制,结合仓库环境条件的具体情况,制订相应的防火和火灾救治应急方案,落实各项检查措施,消除火灾隐患,及时处理仓储安全事故。

1. 仓库火灾基本知识

仓库中储存着大量的物品,有些属于可燃性物质,条件合适时,就会发生燃烧。所谓燃烧,是指可燃物分解或挥发出的可燃气体,与空气中的氧剧烈化合,同时发出光热的反应过程。火灾是由燃烧引起的。

燃烧必须同时具备3个必要条件——可燃物、助燃物和着火热源,并且在它们相互作用时,燃烧才能发生。可燃物是指在常温条件下能燃烧的物质,包括一般植物性物料、油脂、煤炭、蜡、硫磺、大多数的有机合成物等,如火柴、草料、棉花、纸张和油品等。助燃物是指支持燃烧的物质,包括空气中的氧气、释放氧离子的氧化剂。着火热源(简称火源)则是物质燃烧的热能源,实质上就是引起易燃物燃烧的热能。

仓库火灾的火源主要有直接火源和间接火源。直接火源有明火与明火星,如生产、生活用的炉火、灯火、焊接火、火柴或打火机的火焰、香烟头等;电气火、摩擦冲击产生的火花、静电产生的火花,如电气设备产生的电火花、用电器短路产生的火花等;雷电产生的火花,瞬时间的高压放电能够引起任何可燃物品的燃烧。间接火源有化学火源和爆炸性火源、自燃,即在既无明火,又无外来火源的情况下,物品本身发热或物品间发生化学反应,燃烧起火,如露天煤场的煤自燃等;加热引燃起火,如棉布、纸张靠近灯泡,木板、木器靠近火炉烟道被烤焦起火等;另外还有聚光、人为破坏纵火等间接火源。

以上3个条件须同时具备,并相互作用、相互结合,燃烧才能发生。因此仓储防火和消防的重点就是破坏燃烧条件,采取隔离、窒息、冷却等方式方法,消除造成燃烧的3个条件,防止火灾发生。

2. 防火的基本措施

仓储防止火灾,必须严格做好每一项预防工作,以不存在火灾隐患为管理目标,进而确保仓储安全。防火的基本措施如下。

① 仓库应执行国家的各项法律法规,新建、扩建、改建仓库,应按《建筑设计防火规范》有关规定办理,面积过大的库房要设防火墙。仓库防火工作要实行分区管理、分级负责的制度,按区、按级、按人对责任区的安全负责。

② 仓库的存货区要和办公室、生活区、汽车库及油库等严格分开,不得紧靠库房、货场收购和销售商品,规模很小的仓库也要根据条件尽量做到分区管理。

③ 根据库区物品的性质,设置消防设备、安全设施和符合规定的消防系统,做到摆布合理、数量充足、专人管理、保持有效、严禁挪作他用。保持消防通道顺畅无阻,大中型仓库还要安装避雷设施。

④ 严控火源,控制可燃物,隔绝助燃物。严禁携带火种、危险品进入存货区;仓储区禁止吸烟、用火;机动车进入存货区要严戴防火安全帽;仓库的生活用电和生产用电必须严格分开;仓库消防用水要经常备足,冬季要有防冻措施。

⑤ 发生任何火警和爆炸事故,必须立即报告给公安消防部门,认真查清事故原因,严肃处理事故责任人,甚至追究刑事责任。

⑥ 不断学习和掌握新的产生火灾的火源知识,跟踪科学技术的发展,创新防火、灭火等消防技术。随着科学技术的不断进步和发展,涌现出很多新的技术,如微电子技术的发展,也会产生新的火源,但也产生了新的消防技术,因此必须学习新的知识,才能做好仓储消防工作。

3. 灭火的基本方法

一旦发生火灾,就必须首先要灭火,灭火的基本方法如下。

(1) 冷却法

冷却法即把燃烧物的温度降低到其燃烧点之下,使之不能燃烧。常用的冷却物有大量冷水、干冰、酸碱灭火器、二氧化碳灭火器等,它们均具有一定的冷却降温作用。

(2) 窒息法

这种方法是将燃烧物与氧气隔绝,使火窒息,如将燃烧间密闭或充注不燃气体等方法使火窒息。窒息法常用的充注气体或覆盖物有二氧化碳、水蒸气、黄沙、惰性泡沫和湿棉被等。

(3) 拆移隔绝法

这种方法是将可燃烧的物品搬开、拆移,使火不能蔓延。拆移隔绝法是灭火的基本原则,一方面可减少货物受损,另一方面能控制火势。例如,衍生出来的遮断法,即将浸湿的麻袋、旧棉絮等遮盖物遮盖在附近的其他易燃物品上和未燃烧物上,防止火势蔓延。另外还有分散法,将集中的货物迅速分散,孤立火源等方法,均为拆移隔绝法的衍生方法。

(4) 化学抑制法

这种方法即通过多种化学物质在燃烧物上的化学反应,产生降温、隔绝氧气等效果以消除燃烧。

(5) 综合灭火法

这种方法是将各种有效的灭火方法加以综合利用,达到快速灭火的目的。

4. 消防设施和灭火器的配置

仓库应当按照规定配备消防设施和器材。消防设施有消防水系统,如消防水源、水泵、水池、消防栓、消防供水管道等;消防车;消防泵。消防器材主要有各类灭火器、沙箱、大小水罐、消防斧、钩、锹等,如图7.5所示。

(a) 消防车　　　　　(b) 消防水带　　　　　(c) 室外消防地栓

图 7.5　消防设施和消防器材

(1) 常用的灭火剂

常用的灭火剂有水、泡沫、二氧化碳、丁冰、卤代烷及沙土等。

(2) 常见的灭火器

常见的灭火器有手提式干粉灭火器、推车贮压式干粉灭火器及手提式二氧化碳灭火器等,如图7.6所示。

(a) 手提式干粉灭火器　　　(b) 推车贮压式干粉灭火器　　　(c) 手提式二氧化碳灭火器

图 7.6　常见的灭火器

① 干粉灭火器适用的火灾和使用方法。碳酸氢钠干粉灭火器适用于易燃、可燃液体、气体及带电设备的初起火灾；磷酸铵盐干粉灭火器除可用于上述几类火灾外，还可扑救固体类物质的初起火灾，但都不能扑救金属燃烧的火灾。

灭火时，可手提或肩扛灭火器快速奔赴火场，在距燃烧处 5 m 左右，放下灭火器。如果在室外，应选择在上风方向喷射。使用的干粉灭火器如果是外挂式储压式的，操作者应一手紧握喷枪，另一手提起储气瓶上的开启提环。如果储气瓶的开启是手轮式的，则向逆时针方向旋开，并旋到最高位置，随即提起灭火器。当干粉喷出后，迅速对准火焰的根部扫射。使用的干粉灭火器如果是内置式储气瓶的或是储压式的，操作者应先将开启把上的保险销拔下，然后一只手握住喷射软管前端喷嘴部，另一只手将开启压把压下，打开灭火器进行灭火。有喷射软管的灭火器或储压式灭火器在使用时，一只手应始终压下压把，不能放开，否则会中断喷射。

干粉灭火器扑救可燃、易燃液体火灾时，应对准火焰要部扫射，如果被扑救的液体火灾呈流淌燃烧时，应对准火焰根部由近而远，并左右扫射，直至把火焰全部扑灭。如果可燃液体在容器内燃烧，使用者应对准火焰根部左右晃动扫射，使喷射出的干粉流覆盖整个容器开口表面；当火焰被赶出容器时，使用者仍应继续喷射，直至将火焰全部扑灭。在扑救容器内可燃液体火灾时，应注意不能将喷嘴直接对准液面喷射，防止喷流的冲击力使可燃液体溅出而扩大火势，造成灭火困难。如果当可燃液体在金属容器中燃烧时间过长，容器的壁温已高于扑救可燃液体的自燃点，此时极易造成灭火后再复燃的现象，因此如果与泡沫类灭火器联用，则灭火效果更佳。

使用磷酸铵盐干粉灭火器扑救固体可燃物火灾时，应对准燃烧最猛烈处喷射，并上下、左右扫射。如果条件许可，使用者可提着灭火器沿着燃烧物的四周边走边喷，使干粉灭火剂均匀地喷在燃烧物的表面，直至将火焰全部扑灭。

② 二氧化碳灭火器的原理及使用方法。

灭火原理：灭火器瓶体内贮存液态二氧化碳，灭火时，压下瓶阀的压把，内部的二氧化碳灭火剂便由虹吸管经过瓶阀与喷筒喷出，使燃烧区氧的浓度迅速下降，当二氧化碳达到足够浓度时火焰会窒息而熄灭，同时由于液态二氧化碳会迅速气化，在很短的时间内吸收大量的热量，因此对燃烧物起到一定的冷却作用，也有助于灭火。

使用方法：将灭火器提至火灾现场，拔出保险销，对准火焰根部，压下压把，药剂即喷出灭火。放开手把，可停止喷射，从而实现间隙喷射。

③ 泡沫灭火器的使用方法。泡沫灭火器适用于扑救油制品、油脂等火灾，但不能扑救水溶性可燃、易燃液体的火灾，如醇、酯、醚、酮等物质火灾；也不能扑救带电设备火灾。使用时，可手提筒体上部的提环，迅速奔赴火场。这时应注意不得使灭火器过分倾斜，更不可横拿或颠倒，以免两种药剂混合而提前喷出。当距离着火点 10 m 左右，即可将筒体颠倒过来，一只手紧握提环，另一只手扶住筒体的底圈，将射流对准燃烧物。在扑救可燃液体火灾时，如已呈流淌状燃烧，则将泡沫由远而近喷射，使泡沫完全覆盖在燃烧液面上；如在容器内燃烧，应将泡沫射向容器的内壁，使泡沫沿着内壁流淌，逐步覆盖着火液面。切忌直接对准液面喷射，以免由于射流的冲击，反而将燃烧的液体冲散或冲出容器，扩大燃烧范围。在扑救固体物质火灾时，应将射流对准燃烧最猛烈处。灭火时随着有效喷射距离的缩短，使用者应逐渐向燃烧区靠近，并始终将泡沫喷在燃烧物上，直到扑灭。使用时，灭火器应始终保持倒置状态，否则会中断喷射。

④ 酸碱灭火器的使用方法。酸碱灭火器适用于扑救如木、织物和纸张等物质燃烧的火灾，不适用其他类型的火灾。使用方法如下。

使用时应手提筒体上部提环,迅速奔到着火地点。决不能将灭火器扛在背上,也不能过分倾斜,以防两种药液混合而提前喷射。在距离燃烧物 6 m 左右,即可将灭火器颠倒过来,并摇晃几次,使两种药液加快混合;一只手握住提环,另一只手抓住筒体下的底圈将喷出的射流对准燃烧最猛烈处喷射。同时随着喷射距离的缩减,使用人应向燃烧处推进。

5. 特殊物品的火灾扑救

火灾按可燃物的类型和燃烧特性的不同,可分为 A、B、C、D、E、F 几类。

A 类火灾:指固体材料着火,又称普通火灾。固体材料主要是有机物所造成的着火,形成火苗及灰烬。例如,木块、纸及煤炭。灭火的方法是冷却,可以用水来灭火。

B 类火灾:指液体或液化固体着火,又称油性火灾,是液体或液化的固体形成的着火。其种类可以进一步划分为溶于水的液体(如甲醇)着火和不溶于水的液体(如石油、油)着火。前者可以用二氧化碳、干粉、喷水、水及可蒸发气体来扑灭;后者可以用泡沫、二氧化碳、干粉及可蒸发气体来扑灭。

C 类火灾:指气体火灾,由管道、容器破坏而溢出、溅出、泄出的气体、液化气等引起的着火,如煤气、天然气、甲烷、乙烷、丙烷和氢气等引起的着火。其扑灭方法是使用泡沫或干粉灭火,并且用水对相关容器进行冷却。

D 类火灾:指金属火灾或金属粉尘燃爆着火,如钾、钠、镁、铝镁合金等火灾。灭火要用含有石墨粉或滑石粉的特殊的干粉灭火器,不能使用其他类型的灭火器。

E 类火灾:指带电或电器火灾,涉及通电中的电器设备,如电器、变压器、电线和配电盘等引起的火灾。

F 类火灾:指烹饪器具内的烹饪物(如动植物油脂)火灾。

电气类火灾和危险品火灾属于较特殊的火灾,在扑救时应特别注意。

(1) 电气设备火灾扑救

电气设备出现火灾时,首先应切断电源,应用灭火器等消防器材扑救,提取灭火器时要注意筒身不宜过度倾斜。由于水能导电,对电气设备不能用水来灭火,以免造成更大的人身伤亡事故。

(2) 危险品火灾扑救

危险品的火灾扑救有其特殊要求。爆炸品引起的火灾主要用水扑救;氧化剂引起的火灾一般用雾状水扑救,也可用二氧化碳灭火器、泡沫灭火器和沙扑救;易燃液体引起的火灾用泡沫灭火器最有效,也可用干粉灭火器、沙土、二氧化碳灭火器扑救;但由于绝大多数易燃物品都比水轻,且不溶于水,所以不能用水来扑救。

毒害性大的物品产生火灾,一般可用大量的水扑救,液体有毒的用雾状水或沙土、二氧化碳灭火器扑救。但如果是氰化物火灾,绝不可使用酸碱灭火器和泡沫灭火器,因为酸与氰化物产生有化学反应能产生有剧毒的氰化氢气体,具有更大的危害性。

腐蚀性物品中,碱类和酸类的水溶液火灾可用雾状水扑救;但遇水分解的多卤化合物、氯磺酸、发烟硫酸等,决不能用水扑救,只能用二氧化碳灭火器扑救,有的也可用干沙灭火。

遇水燃烧的物品,只能用干沙土和二氧化碳灭火器灭火。

自燃性物品着火,可用大量的水或其他灭火器材灭火。

放射性物品着火,可用大量的水或其他灭火剂灭火。

项目四　仓储业务操作

师傅教我做

干粉灭火器的操作方法

1. 手提式干粉灭火器的操作方法

1）右手握着压把，左手托着灭火器底部，轻轻地取下灭火器。

2）右手提着灭火器到现场。

3）除掉铅封。

4）拔掉插销。

5）左手握着喷管，右手提压把。

6）站在上风处，在距火焰 2 m 的地方，右手用力压下压把，左手拿着喷管左右摆动，对着火焰根部喷射，并不断向前推进，直至火焰喷灭为止。

2. 推车式干粉灭火器的操作方法

1）把干粉车拉或推到现场。

2）右手抓着喷粉枪，左手顺势展开喷粉胶管，直至平直，不能弯折或打圈。

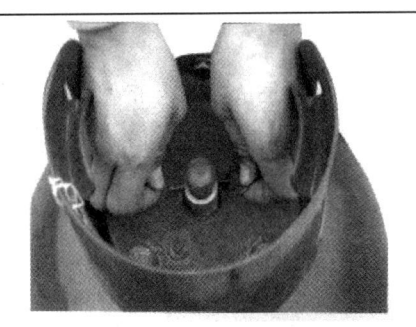

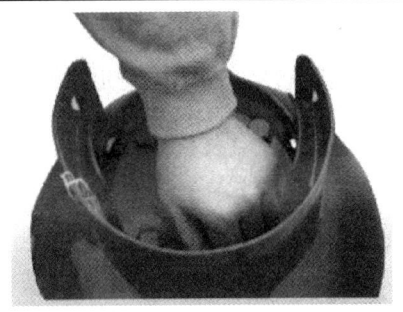

3）除掉铅封，拔掉保险销。　　　　4）用手使劲按下供气阀门。

5）左手把持喷粉枪管托，右手把持枪把，用手指扳动喷粉开关，对准火焰喷射，不断靠前左右摆动喷粉枪，把干粉笼罩住燃烧区，直至把火扑灭为止。

（二）防盗

防盗是仓储安全管理的另一项重点任务。要做好仓储防盗工作，要根据仓库规模的大小、人员的多少、任务的繁重程度和仓库所在地的社会环境设置专门的仓库治安保卫的执行机构和人员配备，专人负责仓储物品的防盗安全工作，明确其职责范围和权限。同时，制定专门制度，加强对往来人员和进出库货物的管理。

1. 仓库盗窃的基本形式

仓库盗窃有内盗、外盗和内外勾结盗窃等多种形式。

内盗即内部偷盗，是员工通过不正当或违法的行为实施使仓储的财产和金钱受到损失的行为。内部偷盗的主要原因如下。

① 仓库管理松懈、混乱，制度不全，给员工有机可乘的环境，诱发盗窃。
② 员工怀着侥幸的心理进行偷盗。
③ 个人经济上出现困难，比较缺钱。
④ 个人的经济条件无法满足个人的私欲。
⑤ 个人贪图小利或便宜。
⑥ 个人觉得在工作中受到不公平待遇后进行报复等。

外盗即外部盗窃，顾名思义是外来人员实施的盗窃或哄抢活动。

内外勾结盗窃即内部员工与外部人员合谋实施盗窃的活动。形成外部盗窃和内外勾结盗窃的原因是多方面的，有的甚至是团伙预谋所为。

2. 防盗的措施和技术

对于不同的仓储盗窃形式，应采取不同的措施，目前我国国内常用的治安防范手段有人防、犬防和技防等方法。

（1）人防技术

人防技术，指保安人员在一定范围内进行值班、巡逻工作，就是依靠人力和规章制度防止盗窃的方法。人防技术的关键是建立健全仓库管理制度，以人为本，建立岗位责任制，加强员工的思想教育，牢牢树立防盗的思想基础。主要措施如下。

① 加强出入口和要害部位的管理。仓库大门是仓库与外界的连接点，是仓库地域范围的象征，也是仓储承担货物保管责任的分界线。大门守卫是维持仓库治安的第一道防线，负责开关大门、限制无关人员、车辆进入；接待入库办事人员并实施身份核实和登记；检查入库人员和车辆的防火条件；指挥车辆安全行使、停放，登记入库车辆；检查出库车辆；核对出库货物和物品放行通知单和实物，并收留放行通知单；查问和登记出库人员携带的物品；特殊情况下查扣物品、封闭大门。对于危险品仓、贵重物品仓、特殊品储存仓等要害部位，需要安排专职守卫看守，限制人员接近，防止危害、破坏和失窃。

② 巡逻检查。由专职保安员不定时、不定线、经常地巡视整个仓库区的每一个位置。巡逻中检查发现不符合治安保卫制度要求的情况，采取相应的措施处理或通知相应部门处理。

③ 熟悉防盗设施及其使用方法。仓库使用的防盗设备除了专职保安员的警械外，主要有视频监控设备、自动警报设备、报警设备，仓库应按照规定使用所配置的设备，专人负责操作和管理，熟练使用设备，确保设备的有效运作，监控和防止盗窃行为的发生。

④ 加强治安检查。治安责任人应经常检查治安保卫工作，督促照章办事，防止内外勾结盗窃事件的发生。治安检查实行定期检查与不定期检查相结合的制度，班组每日检查、部门每周检查、仓库每月检查，及时发现治安保卫漏洞和不安全隐患，采取有效措施及时消除。

⑤ 加强治安应急事件的处理。治安应急是仓库发生治安事件时，采取紧急措施，防止和减少事件所造成的损失的制度。一旦盗窃事件发生，应在第一时间报警，保护现场，以便早日破案，减低损失。

（2）犬防技术

犬防技术是近年来新兴的一种防盗技术，是利用犬的服从性、依恋性、可塑性、灵活性、衔取兴奋性、有胆量和对主人的忠诚性，经过训练后，使其成为看家护院的重要方法。近年来犬类在我国重大事件中发挥着重要的作用，如四川汶川大地震、青海玉树大地震中，生命搜救犬都发挥了重要作用，做出了贡献。

犬类中狼种犬的禀性和作业的价值是被人们所认可的，是所有犬中最优秀的。因此，选择受训犬时，从狼犬中选择居多。幼犬的优劣差异很大，其禀性自出生开始就已决定。现列举下列鉴定方法以供参考。

① 幼犬要活泼爱动。经常蜷伏于舍角落或成天睡觉的幼犬，很难判断其真性。如果是具有探求性的幼犬，一定是时常精力充沛地活动着。

② 幼犬要食欲旺盛。排便正常并非只是食欲旺盛者，即属良犬，排便不正常的也不算佳者，必须有正常的食量及正常的排便，才符合健康的标准。

③ 不会弄脏犬舍的幼犬。幼犬一般可分为两种，一种是将屎、尿排在犬舍中，另一种则跑到外面排泄，后者可视为具有胆量且爱卫生的犬。

④ 幼犬听到呼叫后能立刻前来。一般的幼犬都极其淘气，当它们玩耍的时候，很少会顾及其他事。但如果是服从性好的幼犬，即使正玩耍得兴致高昂，只要一听到呼叫，便会立刻前来，这种幼犬长成后将十分具有利用价值。

⑤ 幼犬要喜欢衔物玩耍。幼犬喜欢衔东西是很好的现象。在进行训练时，应善加利用这项

优点。此外，在一群幼犬当中，经常立于前面者，亦属佳者。总之，选择幼犬时，应以衔物欲强者为优先考虑。

⑥ 幼犬不易因突发声响而受到过分惊吓。稍大的声音就会受到惊吓的幼犬，不适合被选为受训犬。其将来长成后会对雷声之类的巨响感到恐惧，而躲避逃跑，因此观察幼犬，其对于突发音响的反应，也是很重要的。

⑦ 对于出生 30 多天，耳朵就能完全竖立的幼犬，应该特别注意。得到平衡营养而顺利成长的幼犬，需约 3 个月，耳朵才会完全竖立。太早竖立者，必是营养状态不佳，或是腹中有寄生虫所致。

⑧ 要考查幼犬的双亲。在可能的情况下，对于幼犬的双亲要仔细考查。即使双亲均属优良犬，也会有缺点。我们所需要的并非双亲的名誉，而是要判断其出生的幼犬是否遗传其优点而已。

要将一条犬训练成优良的工作犬，对于幼犬的选择是非常重要的。有些人认为反正是幼犬，只要在以后的训练上下功夫即可，而疏于选择；或者认为是狼种犬必属优良，而不仔细选择，这两种态度都是要不得的，应该严加注意才能避免选择失误。

在犬防技术的应用中，应注意犬误伤人，一旦发生犬误伤人的现象，应立即到医院救治。另外最好实行人犬共防，如图 7.7 所示。

（3）技防技术

技防技术指用远红外线接头、电视监控等手段防范某范围的安全，即利用仓储实时监控系统实施的一种防盗技术。仓库防盗监控系统（见图 7.8）设施大至围墙、大门，小到门锁、防盗门、窗，仓库应根据法规规定和治安保管的需要设置和安装。其主要功能包括闭路电视视频监控功能、防盗报警功能、火警报警与控制功能、出入库监控功能、应急功能和智慧卡系统等。随着科学技术的发展，仓储监控系统也在不断完善中，主要发展趋势如下。

图 7.7 人犬并防

① 计算机技术的发展促进了仓储监控系统设备质量的提高和功能的增强。例如，计算机网络系统的发展，使防盗监控系统的声光电技术结合在一起，功能更加强大。在普通摄像头内植入 CPU 芯片，使摄像设备更易于单独使用和普及，为防盗技术的发展和盗窃案件提供证据，为提高破案率提供了第一手材料。

② 传送信号技术和手段多样化发展。目前，信号传送的方式有直接线缆传送、电话线传送、同轴电缆传送、电力线传送、网络线传送、光纤传送、混合传送、红外传送和无线传送等多种方式。仓库管理者可根据具体情况选用信号传送方式。

③ 多媒体技术、计算机技术和现代通信技术的综合应用，使仓储防盗监控系统成本更低、系统更可靠、内容更直观。

④ 仓储监控模式将由集中监控向集中管理、集中监视和分散控制转变。中央计算机使得区域内监控处理、报警处理实现了联动控制，促进了区域防盗一体化防范系统的形成。

仓库应按照规定使用所配置的仓储监控系统，专人负责操作和管理，发现设备故障，及时申报维修，确保设备处于有效的运作状态。

（三）防洪

仓储防洪重点要做好排水、防汛工作。仓库排水是指库房建筑、露天货仓及道路上雨水和雪水的排除,以及库、仓周围积水的排除。排水和防潮关系密切,通过排水系统排除积水或渗漏水,可以消除或减少库区水源,保持空气干燥,达到防潮、防霉、防锈的目的。

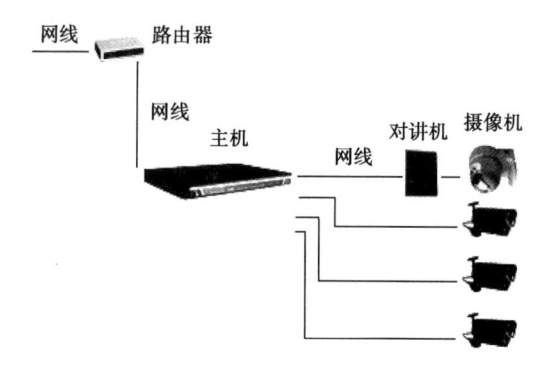

图 7.8 防盗监控系统示意

1. 仓库排水系统

(1) 库房排水系统

单体库房排水系统主要考虑两个因素:一是库房屋面的坡度,二是库房屋面排水方式。在多雨的地区,进出频繁的库房应采用天沟、雨水管组成的排水系统;而少雨的地方,一般采用自然排水。

(2) 货场和库区道路排水系统

货场主要指露天的货仓,货场和库区道路的排水系统均由规划设置的排水沟渠利用高差将水排出。因此,在场区和道路规划时应考虑到排水系统,设计纵横干支等排水沟渠网络,可以是明渠,也可以是暗道即地下排水道。

(3) 地下仓库的排水防漏系统

地下仓库的排水防漏系统尤为重要,它是地下仓库内温、湿度不受地下水影响的重要保证。地下仓库的排水防漏系统,应根据仓库的具体情况,设计专门的工程。

2. 仓库防汛系统

由于雨汛是造成仓库洪水的主要原因,因而防汛是仓库防洪的主要内容。仓库防汛应做好以下工作。

① 仓库要有足够的防雨建筑。仓库规划建设时,就要根据仓库经营的定位,预计储存货物的防雨需要,建设足够的室内仓库、货棚等防雨建筑,以保证最大限度地满足怕湿、怕潮物品的仓储需要。

② 仓库要建好排水系统,使其具有良好的排水能力。仓库建筑、货场场地要有良好的排水系统,做到沟渠不堵塞、不淤积,排水顺畅,不留积水。

③ 做好物品货垛的支垫。货场堆放的货物、地势较低的仓库或地面较低的仓库室内,雨季时都要采用防水防湿垫垛。垫垛要有一定的高度,货场支垫垛 30～50 cm,库房防水垫垛 10～30 cm,尽可能将货物建设成平台货位,高出地面 30～50 cm。

④ 及时苫盖货物。在货场存放需防潮的货物,从入库开始就要在现场准备好苫盖物料。出现雨天等不良天气,要用苫盖物料盖好。对于怕水怕湿的货物,不能露天堆放。

如果仓库受台风的影响,在防洪的同时,还要做好防台风工作。仓库管理者,要制订相应的防洪防台风计划,收听天气预报,组织日常防洪检查,克服防洪防台风的盲目性。另外,要做到防洪所需器材如抽油泵、草苫、麻袋、土石料等防洪物资充足有效。在台洪到来之前,应注意检查库房等建筑物的维修,调整货位,加强苫垫,做到坚实牢固,风刮不开,雨打不透。

(四) 防作业事故

仓库作业包括对运输工具、装卸物品、出入库搬运、堆垛上架、拆垛取货等操作过程。仓库作业是仓库生产管理的重要任务。

1. 仓库作业的特性

(1) 作业对象的多样性

在市场经济时期,多数仓库为综合性仓库。仓库内存放的货物品种多、规格齐,因此仓库作业的对象具备多样化的特点。随着我国标准化水平的提高,各种货物的包装尺寸、单件质量、数量逐步趋于同化,向着成组化、集装化方向发展。

(2) 作业场地的多变性

仓库作业场地除个别特种物品仓库外,大多数仓库都是直接在库房门口、货场货位进行作业操作,最典型的如仓储式销售商品的超市,仓库作业延伸到了整个仓库的各个角落,作业场地具有多变性特点。

(3) 器械作业与人力作业并用

随着货物包装的集成化和人们对货物需求的数量增加,仅靠人力作业已不能完成仓库作业,必须借助于器械才能完成装、卸、取货任务。日前是器械作业与人力作业并用,器械作业具有情况多变性特点,人力作业要防止人身伤害。

(4) 任务的突发性与不均衡性

仓库作业因货物出入库而定。货物到库,仓库要卸货、堆垛、上架作业;货物出仓,仓库要拆垛、搬运、装车作业。由于货物出入库的不均衡性,如超市中根据顾客的需要随时可能进行作业,所以仓库作业任务具有突发性与不均衡性。

(5) 任务的频繁性

为了缩短仓库作业工具的待库时间,迅速将货物入库、出仓,仓库作业频繁进行,有时同一货物要经常出入仓,因而仓库作业任务具有频繁性。

(6) 作业货物的不规范性

随着仓库的多样性和服务功能的提高,许多货物以未包装、入库包装、散件、混件等不规范形式入库,极易造成货物损坏,也是仓储作业事故防范的重点。

2. 防作业事故的基本措施

防作业事故,就是在货物出入库的装卸、搬运、储存、保管等仓库作业过程中,加强仓储安全作业管理,防止和消除伤亡事故,保障作业人员人身安全、作业设备和仓储设施安全及货物安全,即保证仓库作业安全。仓库作业安全,防作业事故有以下基本措施。

(1) 安全操作管理制度化

仓储安全作业,防作业事故已经成为仓库日常管理的重要任务。仓库应制定科学合理的各种作业安全制度、各种作业的操作规程和安全责任制度,加强检查监督,确保管理制度得以有效贯彻实施,保持安全操作的常态化。

(2) 加强劳动安全保护

劳动安全保护是防作业事故的重要措施,仓库应根据《中华人民共和国劳动法》的要求,制定相应的劳动保护规章制度,保证作业人员的合法的劳动权益,包括足够的休息时间、合理的加班安排,提高适当的劳动防护用品,如高强度的工作鞋、安全帽、手套、工作服等,并检查监督作业人员的使用情况,发现问题应立即予以纠正。

另外，应采用较高安全系数的作业器械，适合作业的要求和需要。作业场地具有合适的通风、照明、防滑、保暖、防冻等适合作业的环境。不进行冒险作业，环境不适合仓储作业时，应暂缓作业，避免作业人员带病上岗作业。

（3）重视从业教育、技术培训与安全教育

对新参加仓库工作的员工，应进行从业教育和上岗培训，仓库从业人员应获得相应的岗位资质才能上岗。对于仓库管理的员工，要经常定期组织安全技术教育，从思想认识上提高其对安全技术的认识，做到警钟长鸣。对所从事的岗位，要组织职工不断学习普及仓储作业技术知识，跟踪科学技术的发展。

各项安全操作规程是防止事故的有效方法。各个岗位的员工，应熟练岗位的安全作业技能，严格按照作业资格证书进行仓储作业，不能混岗作业。

安全作业宣传和教育是仓库管理的长期性工作，作业安全检查、强化安全意识、对违章和无视作业安全的行为严厉惩罚，是防范作业事故的有力措施。

3. 仓储安全作业的基本要求

（1）人力作业安全生产的基本要求

作业前要做好准备工作，检查所用工具是否完好，尽可能人力与机械并用，使用合适的作业工具进行作业；作业人员应根据物品特性的不同，按要求穿戴相应的安全防护用具、防护服装，只在适合作业的安全环境进行作业；仅当作业属于轻负荷时，使用人力作业；作业过程中要轻吊稳放，防止撞击、摩擦和震动，不得饮食和吸烟；必须有专人在现场指挥和安全指导，严格按照安全规范进行作业指挥，安排合适的工间休息；工作完毕后要根据物品的性质和工作情况，及时洗手、洗脸、漱口或淋浴。

（2）机械安全作业安全生产的基本要求

仓库作业机械应实行专人专机，建立岗位责任制，防止丢失和损坏，操作手应做到会操作、会保养、会检查、会排除一般故障；根据货物尺寸、重量、形状来选用合理的装卸、搬运设备进行作业，所使用的设备具有良好的工况，严禁超高、超宽、超重、超速及其他不规范操作；设备作业要有专人进行指挥；汽车装卸时，注意保持安全间距；移动吊车必须在停放稳定后方可作业；载货移动设备上不得载人运行。

（3）仓储电器设备作业安全生产的基本要求

电器设备在作业过程中应有可靠保险器、自动开关和漏电保护装置；电动工具必须有良好的绝缘装置，使用前应该安装安全可靠的保护性接地装置；高压线经过的地方，必须设置安全措施和警告标志；电工作业时，必须严格遵守安全操作规程；高大建筑物和危险品库房，要有避雷装置。

经验之谈

6S管理

6S就是整理（SEIRI）、整顿（SEITON）、清扫（SEISO）、清洁（SEIKETSU）和素养（SHITSUKE）5个项目，因日语的拼音均以S开头，再加上安全（SAFETY），简称6S。

整理：将工作场所中的任何物品区分为必要的与不必要的，必要的物品留下来，不必要的物品彻底清除。

整顿：必要的物品分门别类依规定的位置放置，摆放整齐、明确数量、给予标示。

清扫：清除工作场所内的脏污，并防止脏污的发生，保持工作场所干净明亮。

清洁:将前面的3S实施制度化、规范化,并贯彻执行及维持提升。

素养:人人养成好习惯,依规定行事,培养积极进取的精神。

安全:就是消除事故隐患,落实安全措施,保证人安全、设施安全和产品安全。

小结:晴带雨伞,饱带干粮,未雨绸缪,防患于未然!

要点回顾

一、认识库存变异

(一)库存变异概述

1. 库存变异的概念 2. 库存变异的类型 3. 影响库存变异的主要因素

(二)控制库存变异

1. 控制库存变异的概念 2. 控制库存变异的基本措施 3. 控制库存变异的主要技术方法

(三)仓库温、湿度控制和调节技术

1. 空气温、湿度的基本知识 2. 仓库内温、湿度的变化规律 3. 仓库温、湿度的控制和调节 4. 大型冷却机低温仓储技术

二、安全管理

(一)防火

1. 仓库火灾基本知识 2. 防火的基本措施 3. 灭火的基本方法 4. 消防设施和灭火器的配置 5. 特殊物品的火灾扑救

(二)防盗

1. 仓库盗窃的基本形式 2. 防盗的措施和技术

(三)防洪

1. 仓库排水系统 2. 仓库防汛系统

(四)防作业事故

1. 仓库作业的特性 2. 防作业事故的基本措施 3. 仓储安全作业的基本要求

练一练

1. 参观几个大型百货超市的仓库,了解其对各种不同商品控制库存变异的情况,根据所学的知识,提出改进措施。

2. 参观各种典型的专业性仓库,了解仓库安全管理的侧重点,结合不同仓库的实际情况,分析仓库安全管理防火、防盗、防洪和防作业事故的重点。

3. 工学结合项目:选择一家食品超市合作,研究如何防止食品仓储过程中的霉变腐蚀。

学习资源库

1. "物流管理基础"精品课程,http://ycr.lszjy.com/。

2. "仓储管理实务"院级精品课程,http://ycrcc.kc.lszjy.com/。

3. "仓库防火安全管理规则",http://baike.baidu.com/link? url=rcmSnV5oLgrbgSbJNrE2zXljKmxdfLEOltl113QREGq5577XIUFHs1DmlorLmLj—

4. 中国消防网,http://xiaofang.huangye88.com/。

项目四　仓储业务操作

5. "药品在库保养",http://www.360doc.com/content/10/0728/14/2328689_42031315.shtml
6. "现代仓库管理"08年省级精品课程:http://jpkc2.sdjtzyxy.com/cc/

测一测

一、单项选择题

1. 由于不慎将茶叶和汽油储存在一起,使茶叶发生味道的变化以至不能食用的原因是(　　)。
   A. 物理状态变化　　B. 破损变化　　C. 串味变化　　D. 渗漏变化
2. 底层库房垫底高度一般应不低于(　　)。
   A. 20 cm　　B. 30 cm　　C. 40 cm　　D. 50 cm
3. 在梅雨季节或阴雨天,采用的商品温、湿度的控制方法是(　　)。
   A. 密封　　B. 通风　　C. 吸潮　　D. 烘干
4. 不能作为密封材料的是(　　)。
   A. 防潮纸　　B. 塑料薄膜　　C. 油毡纸　　D. 稻谷壳
5. 主要破坏含水量较大的动植物食品的微生物是(　　)。
   A. 霉菌　　B. 细菌　　C. 酵母菌　　D. 放线菌
6. 主要用于刀具、板牙、轴承及汽车、自行车零件的防锈方法是(　　)。
   A. 涂油防锈　　B. 涂漆防锈　　C. 造膜防锈　　D. 气相防锈
7. 将化学灭火剂喷入燃烧区,使之参与燃烧反应,终止链反应,直至燃烧停止的灭火方式是(　　)。
   A. 窒息灭火法　　B. 抑制灭火法　　C. 隔离灭火法　　D. 冷却灭火法
8. 熔化是指(　　)。
   A. 低熔点的商品受热后发生软化以至化为液体的现象
   B. 低沸点的商品受热后发生软化以至化为液体的现象
   C. 吸湿性的商品受热后发生软化以至化为液体的现象
   D. 水溶性的商品受热后发生软化以至化为液体的现象
9. 灭火的正确方法是(　　)。
   A. 用砂土扑救电气设备及液体燃料的初起火灾
   B. 用砂土扑救爆炸性物品(如硫酸氨等)起火
   C. 用水扑灭钾、钠、镁的燃烧
   D. 用水扑灭油起火
10. 仓储安全管理的重要措施是(　　)。
    A. 建立健全安全生产责任制和各项安全保卫制度
    B. 保证仓储安全生产的投入
    C. 加强对有关安全生产的法律、法规和安全知识的宣传
    D. 提高警惕,严防不法分子破坏

二、多项选择题

1. 扑救带电火灾的办法包括(　　)。
   A. 水　　B. 泡沫　　C. 卤代烷1211　　D. 二氧化碳

E. 干粉灭火剂
　2. 在储存过程中易发生串味的商品是（　　　　）。
　　A. 陶瓷与玻璃杯　　B. 卷烟与茶叶　　C. 化妆品与纸品　　D. 饼干与奶粉
　　E. 纸品与洗衣粉
　3. 对仓库管理的描述错误的是（　　　　）。
　　A. 经常开启仓库的窗户以便通风　　　　B. 货物堆放应正对仓库大门便通风
　　C. 应紧靠仓库种植草及树木　　　　　　D. 仓库中使用诱饵捕杀老鼠
　　E. 仓库中应洒水以防止灰尘
　4. 对搬运作业合理化描述正确的是（　　　　）。
　　A. 缩短搬运距离　　　　　　　　　　　B. 减少搬运破损
　　C. 简化冗余包装　　　　　　　　　　　D. 减少设备闲置
　　E. 注意安全保障
　5. 在保证货物质量的前提下，要做到仓储管理的环保化应（　　　　）。
　　A. 配置湿度计进行湿度监控　　　　　　B. 避免仓库温度过冷或过热
　　C. 作业中尽量采用环保设备　　　　　　D. 将所有废弃物直接进行填埋
　　E. 定期进行卫生清扫保持干净
　6. 防止商品串味的主要措施有（　　　　）。
　　A. 密封包装　　B. 单独运输　　C. 单库储存　　D. 及时通风
　　E. 加快周转
　7. 仓库中存储商品常发生的化学变化有（　　　　）。
　　A. 挥发　　　　B. 熔化　　　　C. 溶化　　　　D. 聚合
　　E. 裂解
　8. 商品安全储存的决定性因素包括（　　　　）。
　　A. 温度　　　　B. 湿度　　　　C. 商品所含水分　　D. 日光
　　E. 微生物
　9. 仓库害虫对环境的适应能力较强，有一定的抗药能力，同时能（　　　　）。
　　A. 耐热　　　　B. 耐冻　　　　C. 耐干　　　　D. 耐饥
　　E. 耐湿
　10. 仓库火灾的特点包括（　　　　）。
　　A. 易发生，损失大　　B. 易蔓延扩大　　C. 隐蔽性强　　D. 危险性大
　　E. 扑救困难

三、判断题

1. 仓储害虫大多来源于生活区域。　　　　　　　　　　　　　　　　　　　　（　　）
2. 霉变微生物大多是低温性微生物，其最适宜生长的温度为5℃～10℃。　　　（　　）
3. 粮食的呼吸性和自热性与含水量有关，含水量越低，其自热能力越强。　　　（　　）
4. 仓库治安保卫管理的原则为：坚持预防为主、确保重点、严格管理、保障安全和谁主管谁负责。　　　　　　　　　　　　　　　　　　　　　　　　　　　　　　　　（　　）
5. 毒害性商品失火，一般可用大量水扑救，液体有毒的宜用雾状水或沙土、二氧化碳灭火器灭火。　　　　　　　　　　　　　　　　　　　　　　　　　　　　　　　　（　　）

四、实务操作题

1. 操作干粉灭火器。

要求：能够熟练使用常见的手提式、推车式干粉灭火器，了解其铅封、插销、阀门等位置和去除、拔掉、打开的方法，能够叙述出灭火的要领和注意事项。

2. 空调器滤网的清洗操作。

要求：能够熟练操作常见柜式、壁挂式空调器的开关和使用注意事项，了解空调器的滤网位置及拆装方法，以及滤网灰尘的危害，清洗应注意的事项和安装应注意的事项，最好边做边叙述。

扩一扩

案例赏析一：库存茶叶的保管保养措施

首先，茶叶必须储存在干燥、阴凉、通风良好、无日光照射，具备防潮、避光、隔热、防尘、防污染等防护措施的库房内，并要求进行密封。

其次，茶叶应专库储存，不得与其他物品混存，尤其严禁与药品、化妆品等有异味、有毒、有粉尘和含水量大的物品混存。库房周围也要求无异味。

最后，一般库房温度应保持在15℃以下，相对湿度不超过65%。

案例赏析二：库存啤酒的质量控制措施

首先，啤酒入库验收时外包装要求完好无损、封口严密、商标清晰；啤酒的色泽清亮，不能有沉淀物；内瓶壁无附着物；抽样检查具有正常的酒花香气，无酸、霉等异味。

其次，鲜啤酒适宜储存温度为0℃～15℃，熟啤酒适宜储存温度为5℃～25℃，高级啤酒适宜储存温度为10℃～25℃，库房相对湿度要求在80%以下。

再次，瓶装酒堆码高度为5～7层，不同出厂日期的啤酒不能混合堆码，严禁倒置。

最后，严禁阳光曝晒，冬季还应采取相应的防冻措施。

问题：从上面两个案例中可以看出，物品在库保养期间，关键性的因素是什么？

案例点评：以上案例说明，物品在库保养期间，关键是空气温、湿度的控制，并且注意通风和密封。

案例赏析三：仓库火灾事故

从1981年到1990年的10年中，某市共发生经济损失在1万元以上的仓库重大火灾24起，损失568万多元。这24起火灾中，自燃10宗，违章用火8宗，电气4宗，外来烟花和原因不明各1宗。其中18宗发生在节假日和夜间，大多是无人值班；6宗发生在上班时间，损失相对较小。

问题：从案例中，你认为火灾有哪些危害？引起火灾的原因有哪些？仓库防火最重要的是防止哪些火灾？如何进行预防？

案例点评：火灾的危害重在造成财产损失和人员伤亡，此案例说明引起火灾的重要原因在于思想麻痹，因此仓库防火中最重要的是防火于未燃，其根本在于警钟长鸣。

案例赏析四：安徽省蒙牛乳业（马鞍山）有限公司冰淇淋厂火灾

2005年8月2日上午10时，蒙牛乳业（集团）股份有限公司在安徽省马鞍山市经济技术开发区投资2.5亿元建设的亚洲最大的冰淇淋生产线项目发生重大火灾，起火地点为蒙牛乳业（马鞍山）有限公司北库（成品库），随后火势蔓延至该公司南库（缓冲间）。马鞍山市消防支队先后调集5个消防中队，4个企业专职消防队，共25辆消防车、142人，经过7个多小时的艰苦奋战，终将大火完全扑灭。在搜救火场被困公司员工的过程中，因冷库钢结构房顶突然坍塌，奋不顾身救人的郑飞、管志彦和叶晓辉3名年轻的战士英勇牺牲。事故发生后，安徽省消防总队立即组成专家组对火灾原因进行调查,查明火灾是冷库内照明电气线路短路所致。火灾造成的直接经济损失约300万元。

该项目于2003年10月28日正式破土动工建设,项目总投资3亿元,之前已完成2.5亿元的固定资产投资,已建成了6万多平方米的大型厂房和辅助设施。其中,主厂房建筑面积达2万平方米,并引进了具有国际一流先进水平的瑞典技术装备的26条不锈钢冰淇淋生产线,成为亚洲最大的冰淇淋单跨生产车间,现一期16条生产线全部试生产,日产冰淇淋700吨。

问题:从案例中,你认为为确保仓库及货物安全,应如何做好预防工作?

案例点评:在仓库管理中,为了确保仓库及货物安全,应做到以下几点——防火、防盗、防洪和防作业事故。

任务八 特殊货物保管

在运输、装卸和保管中需要采取特殊措施的货物称为特殊货物。在经济迅猛发展的今天,水泥、粮食及危险品是人们生活中既常见,又对人们的生产、生活有着重要影响的货物。这些货物的保管有特殊的要求。认识这几类商品的特性,做好保管工作的意义十分重大。

一、水泥的保管

水泥是重要的建筑材料之一,也是仓库保管中遇到的数量较大的建筑材料。随着我国经济建设的飞速发展,对水泥的需求量不断增大,对水泥的质量要求也越来越高。为了满足各方对水泥的需要,相关单位一方面要增产和提高质量;另一方面也应尽量减少水泥在使用和存储保管中的损耗。

(一) 水泥的种类

1. 按化学成分分类

① 硅酸盐类水泥。它有六大类:硅酸盐水泥、普通硅酸盐水泥、火山灰硅酸盐水泥、粉煤灰硅酸盐水泥、矿渣硅酸盐水泥和复合硅酸盐水泥。

- 硅酸盐水泥。由硅酸盐水泥熟料、0%～5%石灰石或粒化高炉矿渣和适量石膏磨细制成的水硬性胶凝材料,称为硅酸盐水泥,分P·Ⅰ和P·Ⅱ两种,即国外通称的波特兰水泥。
- 普通硅酸盐水泥(见图8.1)。由硅酸盐水泥熟料、6%～15%混合材料和适量石膏磨细制成的水硬性胶凝材料,称为普通硅酸盐水泥(简称普通水泥),代号为P·O。
- 火山灰质硅酸盐水泥。由硅酸盐水泥熟料、火山灰质混合材料和适量石膏磨细制成的水硬性胶凝材料,称为火山灰质硅酸盐水泥,代号为P·P。
- 粉煤灰硅酸盐水泥。由硅酸盐水泥熟料、粉煤灰和适量石膏磨细制成的水硬性胶凝材料,称为粉煤灰硅酸盐水泥,代号为P·F。
- 矿渣硅酸盐水泥(见图8.2)。由硅酸盐水泥熟料、粒化高炉矿渣和适量石膏磨细制成的水硬性胶凝材料,称为矿渣硅酸盐水泥,代号为P·S。
- 复合硅酸盐水泥。由硅酸盐水泥熟料、两种或两种以上规定的混合材料和适量石膏磨细制成的水硬性胶凝材料,称为复合硅酸盐水泥(简称复合水泥),代号为P·C。

② 铝酸盐类水泥。它是以铝矾土和石灰石为原料,经煅烧制得的以铝酸钙为主要成分、氧化铝含量约50%的熟料,再磨制成的水硬性胶凝材料。铝酸盐水泥常为黄或褐色,也有呈灰色的。

图 8.1　普通硅酸盐水泥　　　　图 8.2　矿渣硅酸盐水泥

③ 无熟料(少熟料)类水泥。它一般指不需经过煅烧工艺而制成的水硬性水泥。有时候也包含熟料数量在 5% 以下的少熟料水泥。无熟料水泥一般以它所采用的原料来命名,如石膏矿渣水泥、石膏化铁炉渣水泥、石灰烧黏土水泥、石灰粉煤灰水泥及赤泥硫酸盐水泥等。

2. 按用途分类

① 通用水泥。它是指一般土木建筑工程通常采用的水泥。通用水泥主要是指 GB175—2007 规定的六大类水泥,即硅酸盐水泥、普通硅酸盐水泥、矿渣硅酸盐水泥、火山灰质硅酸盐水泥、粉煤灰硅酸盐水泥和复合硅酸盐水泥。

② 专用水泥。它是专门用途的水泥,如 G 级油井水泥、道路硅酸盐水泥。

③ 特性水泥。它是某种性能比较突出的水泥,如快硬硅酸盐水泥、低热矿渣硅酸盐水泥及膨胀硫铝酸盐水泥。

3. 按其主要水硬性物质名称分类

按水泥的主要水硬性物质名称,可分为硅酸盐水泥,即国外通称的波特兰水泥;铝酸盐水泥;硫铝酸盐水泥;铁铝酸盐水泥;氟铝酸盐水泥;以火山灰或潜在水硬性材料及其他活性材料为主要组成部分的水泥。

4. 按需要在水泥命名中标明的主要技术特性分类

① 快硬性:分为快硬和特快硬两类。

② 水化热:分为中热和低热两类。

③ 抗硫酸盐性:分为中抗硫酸盐腐蚀和高抗硫酸盐腐蚀两类。

④ 膨胀性:分为膨胀和自应力两类。

⑤ 耐高温性:铝酸盐水泥的耐高温性以水泥中氧化铝含量分级。

(二) 水泥的标号

水泥标号是水泥强度大小的标志,反应水泥的质量。水泥标号是经测试后确定的,主要反应水泥硬化后的耐压性能。其测试方法和确定原则如下:将水泥和标准砂以 1∶3 的比例拌成均匀的水泥浆,并用它浇灌制成标准尺度的立方体,待这些水泥块经 28 天充分凝固后,测试它们的耐压强度。根据测试结果,如果它们的耐压强度在 $400 \times 9.81 \text{ N/cm}^2$ 以上,而不足 $500 \times 9.81 \text{ N/cm}^2$ 时,则这种水泥的标号被确定为 400 号,水泥有多种标号,常用的普通水泥有 200 号、250 号、300 号、400 号、500 号和 600 号 6 种标号,高级水泥则有 700 号、800 号等标号,水泥的标号是一个很重要的品质指标,水泥标号越大,表明其强度越高、质量越好。通常,不同的工程对水泥质量有不同的要求,因此都明确规定应该使用某种标号的水泥。

建设大型的桥梁需要用高强度的水泥,而造普通的房屋、仓库等就不需要很高强度的水泥了。水泥的标号就是它们的等级标志,它的具体内容如下。

① 凝固后的强度,标号越高强度越高,包括抗压和抗拉承受能力。

② 凝固的速度,700 号、800 号是快硬水泥,凝固时间短,用于紧急工程和水下建筑。水泥强度检测一般为 3 天、7 天、28 天龄期的检验,每个龄期都有不同的检验标准。水泥是一种水硬性胶凝材料,强度的发挥是随着时间而增长的,到一定的时间就增长完毕,一般一年之后强度增长就停止了。

(三) 水泥受潮

1. 识别水泥受潮的情形

水泥受潮有两种情形,一种是直接受潮,另一种是间接受潮。

(1) 直接受潮

直接受潮是水泥和水直接接触而发生水化、凝结和硬化反应的结果,如图 8.3 所示。避免这种情况的发生是比较容易的。

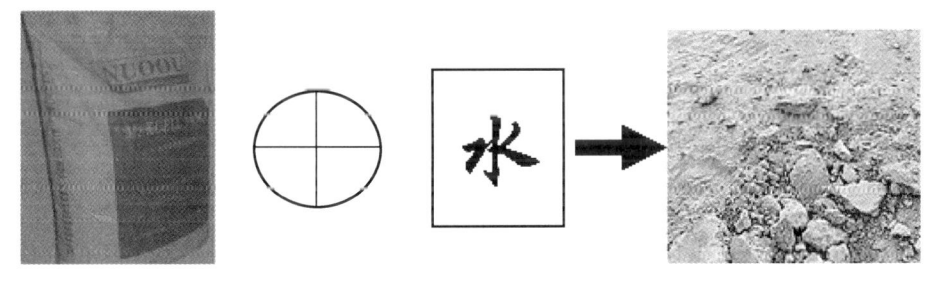

图 8.3 直接受潮

(2) 间接受潮

间接受潮是水泥和空气中水蒸气及二氧化碳接触受到联合作用的结果。避免这种情况比较困难。

间接受潮变质反应是受空气中的水和二氧化碳共同的影响。首先是空气中的水分与水泥发生水化等一系列反应,然后是空气中的二氧化碳与上述反应后得到的水化产物之一——氢氧化钙发生碳化反应,生成碳酸钙。碳酸钙包在水泥表面从而使其活性降低,甚至完全失去活性。但是,水泥间接受损的变质表面看起来不明显,很容易被忽视。由于空气几乎无处不在,即使储运条件再好,也很难防止水泥在储存期内间接受潮,所以水泥的间接受潮程度与水泥储存时间长短相关,即储存期越长,发生间接受潮损失越严重,甚至水泥会结成硬块而不能使用。

2. 水泥受潮的水化反应

水泥受潮时的水化反应类似于拌制砂浆、混凝土时的反应,但又有所不同。

① 水泥受潮是在不进行任何搅拌的情况下发生的,无论是直接受潮还是间接受潮都是如此。水分与水泥不会长期、大量地充分接触。因此,参与反应的水泥很少,真正损失的水泥也并不多。但是,由于化学反应是在水泥颗粒表面进行的,所以少量的水化产物就在水泥颗粒表面结成了一层甲壳。这层甲壳在水泥使用时,阻止了水泥颗粒内部未水化部分和水接触,从而大大降低了水泥的活性。

② 水泥受潮,尤其是间接受潮时,水泥颗粒暴露在空气中的表面部分,随即和空气中二氧化

碳发生反应。反应后生成的碳酸钙不溶解于水,它阻止水分和未水化水泥接触的程度比其他水化产物更严重。因此,受潮对活性的下降有较大的影响。

③ 在一般的保管条件下,水泥经过 3 个月储存后要损失 10%～20% 的活性,以后的损失速度将逐渐变慢。

④ 水泥的受潮变质速度和水泥种类有关。在几种一般水泥中,硅酸盐水泥变质速度较慢,而 3 种混合材料的水泥,空隙率较高,容易吸水,也容易使空气渗入到水泥颗粒间。因此,它们比起硅酸盐水泥更容易发生受潮变质的现象。

几种速凝高强度的水泥发生受潮变质的状况更严重,其主要原因:一是速凝高强度水泥的矿物组成中,水化能力强的组分比一般水泥要多;二是速凝高强度水泥一般粉末细度较高,水泥的比表面积大,活性高,易于和水发生反应。快硬高强度水泥一旦受潮便失去了它快硬高强度的特性,损失会更加严重。

各种无熟料水泥的间接受潮后果也很严重,一般 1 个月的储存期就可能使水泥活性全部损失而无法使用。

3. 认识水泥受潮的后果

水泥受潮变质是水泥在储运过程中的一大损失,据统计,水泥受潮的结果重则结块变质,轻则活性及标号下降,更有可能由于受潮引起包装袋破损而使水泥受损,仅由以上 3 个方面的因素所造成的损失约占水泥总量的 5%～10%。

水泥在使用前由于水和水蒸气的作用发生水化反应,而部分结块或降低了活性称为受潮变质,它和流通管理工作密切相关。因此,防止和减缓水泥的这一损失有重要意义。

4. 防止水泥变质的措施

① 应当尽量缩短水泥的储存期。储存期越短,水泥间接受潮程度越轻,水泥直接受潮的机会就会越少,这是解决水泥活性下降的主要措施。水泥的储存期不宜于超过 3 个月。

② 应采取防水措施。铁路运输适合用棚车,汽车运输应该有篷盖。在保管条件选择上应尽量做到入库保管,露天储存要做好上苫下垫。水泥库房应设置在地势高、排水良好和干燥的地点,库内地面应高出库外地面 30 cm 以上,应采用防潮混凝土地面,最好铺上防潮油毛毡,库房四周应放置干燥剂。

③ 应保持包装完好。袋装水泥一定要保证在搬、装、运、倒垛时轻拿轻放,防止扔摔,防止水泥纸袋破裂而导致水泥受潮变质。

④ 应分清类别存放。存放水泥时,应该按生产厂、品种、标号和批号分别堆垛,严禁混存。堆垛高度一般以 10 袋为宜,最高不要超出 12 袋,整垛不超出 1 000 袋。垛宽以 2～10 袋为宜。堆垛与墙之间的距离不能少于 1 m,垛底设置垫木,离地面距离 20～30 cm 为宜。

⑤ 不要露天存放。到库水泥应迅速验收入库,不要在露天条件下暂存、隔夜,以防吸潮。只有在受到库房储存能力的限制或在干燥季节短时间保管时,才允许暂存于料棚或露天存放,但必须做好下垫上苫,并勤于检查。

⑥ 不要与其他货物混存。水泥应该单独设库不得与含水量较大且易受潮、散湿的货物混存。而且由于水泥颗粒飞扬,对于其他货物的保管也有不良的影响,所以不宜混存。

⑦ 应选择密封性能良好的库房。水泥库内要保持干燥,相对湿度不得超过 50%,要综合考虑采用通风、密封和吸湿等措施。

⑧ 应当经常检查。要检查存放水泥的地面上是否垫木板或油毡等隔潮物件,库房是否漏雨。要对库存水泥经常检查,观察其是否有结块、硬化等异常状态。还应通过试验进行检验,以检查水泥是否受潮和受潮程度,发现问题,应及时处理并记录备查。

⑨ 合理堆垛。严格执行"先进先出"原则,最大限度地缩短水泥库存的保管时间,以保证质量水平不降低。

⑩ 对于散装水泥,要根据其收、发、保管的特点建造各种水泥储仓。要使运输工具、储存设施与之相适应。对于库内破袋散落的水泥,应及时打扫收集装入空袋内,并做出标志,另行处理。

(四) 水泥受潮变质的处理

按照一般规定,受潮水泥或储存期比较长的水泥在使用到重要工程中或关键的工程部位时,应重做水泥的物理检验,按判定的实际标号使用。受潮程度较轻的水泥可适当降低标号使用,如可以在非关键的工程部位使用。

受潮的水泥一般分为 5 种:轻微受潮、开始受潮、加重受潮、较重受潮、严重受潮。

① 轻微受潮:水泥新鲜有流动性,肉眼观察完全呈细粉状,用手捏碾无硬粒。水泥强度降低不超过 15%。此时水泥的使用不做改变。

② 开始受潮:水泥凝结成小球粒状,但易散成粉末,用手捏碾无硬粒。水泥强度降低 15% 以下。此时的水泥可用于要求不严格的工程部位。

③ 加重受潮:水泥细度变粗,有大量小球粒和松块,用手捏碾球粒仍可成粉末无硬粒。水泥强度降低 15%～20%。此时可将水泥松块压成粉末,降低标号,用于要求不严格的工程部位。

④ 较重受潮:水泥结成粒块状,有少量硬块但硬块较松,比较容易击碎,用手捏碾不能变成粉末,有硬粒。水泥强度降低 30%～50%。此时可用筛网筛去硬粒、硬块,降低一半标号用于要求较低的工程部位。

⑤ 严重受潮:水泥中有许多硬粒、硬块,难以压碎,用手捏碾不动。水泥强度降低 50% 以上。建议用筛子筛除硬块,对可压碎成粉的则想法压碎,再重新测定水泥制品的强度。这里提醒一下要是不测定水泥的强度,只能用于受力很小的部位,一般只能用于墙面抹灰等耐磨要求低的地方。

经验之谈

水泥质量的鉴别("5 看")

1. 看标志。根据国家标准,优质水泥的生产袋包装完好,标志完全,不同品种水泥采用不同的颜色标志,如硅酸盐水泥和普通硅酸盐水泥用红色。

2. 看手感。用手指捻水泥粉,优质水泥有少许细砂、粉感,而劣质水泥粗砂粉较多,且有不少硬粒子。

3. 看色泽。优质水泥色泽是深灰色或深绿色;劣质水泥色泽发黄发白,说明熟料是生烧料,发白矿渣掺量过多。

4. 看形状。检查有无受潮结块现象。优质水泥无受潮结块现象,反之则是劣质水泥。

5. 看时效。看清水泥的生产日期,超过有效期 30 日的水泥,其性能会有所下降。

储存 1 个月后的水泥,强度下降 10%～20%;3 个月后降低 15%～30%;1 年后降低 25%～40%。

优质水泥 6 小时以内能够凝固,超过 12 小时仍不能凝固的水泥质量不好。

二、粮食的保管

据国家粮食局调查,目前年度跨省流通量高达 1 000 亿～1 500 亿 kg。而我国粮食物流体系建设滞后,粮食散存、散储、散运、散卸技术应用水平不高,尤其是粮库仓储设施简陋及保管技术落后,已成为制约我国粮食综合供给能力的瓶颈因素之一。做好基层的粮食仓储管理工作,减少粮食损失损耗,提高粮食的储藏品质,对实现粮食安全、加强我国粮食综合供给能力具有重要意义。

资料来源:韩一纯. 试论我国的粮食安全[J]. 商场现代化,2009(28).

(一)认识粮食的仓储特性

1. 呼吸性和自热性

粮食在储存过程中主要的生理活动是呼吸作用。适度的呼吸作用对维持粮食种子的生命力和品质是必要的。因此,在储存过程中粮食仍然具有植物的新陈代谢功能,能够吸收氧气和释放二氧化碳。通过呼吸作用,粮食复杂的有机物质分解为简单的物质,并释放出一定的热量。但是,过于旺盛的呼吸,会加速粮食所含物质的分解,引起其品质裂变。

粮食的呼吸作用在有氧和无氧的条件下均能进行。粮食进行有氧呼吸时,营养物质因分解而损失,产生的水和热量大部分积存在粮食内,造成水分增高、粮堆发热,进而促进粮食的呼吸作用,引起微生物和害虫的繁殖和发展,损伤粮食的品质。粮食在无氧呼吸时,产生的酒精积累过多,能使粮食中毒,降低耐存性,丧失其发芽能力。在粮食含水量低的条件下,缺氧呼吸微弱,可长期保持粮食的品质。

因此,当大量的粮食堆积时,如果不妥善保管,将会导致粮堆内部温度升高,引起自燃或导致粮食的品质下降。

粮食的呼吸性和自热性与含水量有关,含水量越高,自热能力越强。例如,玉米胚较大(占全粒体积的 1/3 左右,是谷类粮食中最大的)呼吸旺盛,试验数据表明,正常玉米的呼吸强度要比正常小麦的呼吸强度大 8~11 倍。

2. 吸湿性和散湿性

粮食本身含有一定的水分,当空气干燥时,水分会向外散发;而当外界湿度大时,粮食又会吸收水分;在水分充足时还会发芽,芽胚被破坏的粮食颗粒就会发霉。由于具有吸湿性,粮食在吸收水分后不容易干燥,而储存在干燥环境中的粮食也会因为散湿而形成水分的局部集结而致霉。

含水量在 12% 以内的干燥粮食呼吸作用很微弱,随着含水量的增加,呼吸作用逐渐增强,超过一定界限时,呼吸作用极具增强,形成一个明显的转折点。粮食含水量超过转折点,就易变质而不安全,转折点的含水量称为安全水分或临界水分。粮食的安全水分因粮种和环境温度的不同而异。在常温下,粮食含水量不超过 15%,一般是比较安全的。粮食水分是微生物繁殖的重要条件,含水量在 13% 以下,可以抑制大部分微生物的生长和繁殖。例如,玉米胚中含有 30% 以上的蛋白质和较多的可溶性糖,因此吸湿能力强,呼吸强度大。

新玉米水分大,成熟度不均匀。玉米果穗外有包叶,在植株上得不到充分的日晒干燥,并且玉米的主要产区在北方,在收获时天气已冷,因此新玉米的水分较大(一般在 20%~30%)。玉米的成熟度往往不均匀,这主要是由于同一果穗的顶部与基部授粉时间不同,致使顶部籽粒往往是不成熟的。水分大的果穗及顶部的未熟粒在脱粒时很易损伤,更增加了吸湿、生霉和害虫危害的可能性。

3. 吸附性

粮食具有吸收水分、呼吸的性能,能将外界环境中的气味、有害气体和液体等吸附在内部,不能去除。因此,一旦受到异味玷污,粮食就会因无法去除异味而损毁。

4. 易受虫害

粮食本身就是众多昆虫幼虫和老鼠的食物。未经杀虫处理的粮食中含有大量的昆虫、虫卵和细菌,当温、湿度合适时就会大量繁殖,形成虫害。即使是经过杀虫处理的粮食,也会因为吸引虫鼠而造成二次危害。

5. 散落流动性

散装粮食因为颗粒小,颗粒之间不会粘连,因此在外力(重力)作用下,具有自动松散流动的散落特性,当倾斜角足够大时就会出现流动性。根据粮食的这种散落流动性,可以采用流动的方式作业。

6. 扬尘爆炸性

干燥粮食的麸壳、粉碎的粮食粉末等在流动和作业时会产生扬尘,伤害人的呼吸系统。当能燃烧的有机质粮食的扬尘达到一定浓度(一般为50~60 g/m³)时,遇火源会发生爆炸。据资料显示,美国在1958—1975年发生的粮谷粉尘爆炸达139起。

经验之谈

粮食仓储

- 坚持"四无"标准(无害虫、无霉变、无鼠雀、无事故),掌握粮食变化规律,确保储粮安全。
- 商品周转必须执行核算制度,及时准确入库、出库,做到账货相符。
- 加强囤垛苫盖管理,做到"三查",即保管员每日检查,质检经理10天一检查,经理随时检查。
- 组织好装卸车事宜,包括装车人员安全情况,做到清点装车数量,检查车体是否过期,认真清理车厢,封车门,坏袋严禁上车。装完车后,要及时上报备载数量、发车车号及数量,填写出库单及工人作业质量认证单。
- 坚持安全第一的原则,注重提高作业质量,尽量缩短完成本次作业的周期。对于违反操作规程或作业质量达不到要求的,有权停止作业,直到达到安全作业标准。

(二) 粮仓安全管理

1. 粮仓的种类与作用

粮仓是指储藏粮食的专用建筑物,主要包括仓房、货场(或晒场)和计量、输送、堆垛、清理、装卸、通风和干燥等设施,并配备有测量、取样和检查化验等仪器。

粮食存储是仓储最古老的项目,"仓"在古代表示粮食的储藏场所。粮食包括小麦、玉米、燕麦、大麦、大米、豆类和种子等。粮食仓储是实现粮食集中收成、分散消耗的手段,同时也是国家战略物资储备的方式之一。粮仓主要有房式仓、砖圆仓和土圆仓、钢板圆仓、钢筋混凝土立筒仓和地下仓等,如图8.4所示。

① 房式仓。这是我国目前建造最多,使用最普遍的一种仓型,以平房仓为主,楼房仓和拱形仓较少。平房仓一般长20~25 m,跨度10~20 m,容量比较大,有的一幢便可储粮数千吨。目前建造的房式仓的地坪和屋面一般有地板、屋面板和顶棚,比较隔热防潮,仓墙上部有通风窗,可以启闭,以使粮堆通风,但密闭性能较差。房式仓的优点是施工简单,建造费用较低;缺点是占地较多,实现粮仓机械化较困难。

② 砖圆仓和土圆仓。它们均为圆柱体,顶部为拱形,区别在于前者是砖石结构,后者是草泥结构。这种仓房的结构简单,可以因地制宜,就地取材,成本也较低廉。其优点是能够散装储粮,密闭性能较好,便于熏蒸处理;缺点是仓容小,通风性能较差。

(a) 房式仓

(b) 砖圆仓和土圆仓

(c) 钢板圆仓

(d) 钢筋混凝土立筒仓

(e) 地下仓

图 8.4 粮仓

③ 钢板圆仓。此种仓是由钢板焊接而成,一般采用两层钢板隔热结构,内外层间隔为 5 cm,仓的外表涂刷铝粉以防外界热量被吸收而传入仓内。钢板圆仓的优点是耐水性能好,能防止外部水分、湿气侵入;密闭性能好,便于熏蒸杀虫;维修费用也较低;建造快且简单。缺点是耗用大量钢材。

④ 钢筋混凝土立筒仓。这种粮仓被看作是一种现代化粮仓,在一些发达国家被普遍采用,我国目前尚未普及,然而它是今后粮仓建筑的发展方向。钢筋混凝土立筒仓的机械化程度较高,一般由控制台、仓筒群和接收、发放装置 3 部分组成,设有升运、称重、清理和吸尘等机械装置。我国建造的立筒仓有钢筋混凝土结构和砖石结构两种。仓筒群由 6~24 个筒为一组,每个圆筒的直径一般为 6 m,高为 30 m,可容纳粮食 500~600 t。立筒仓的特点是储存量大,占地面积小,机械化程度高,节省人力,工作效率高,具有良好的密闭、防虫、防鼠、防雀和防火性能,有利于粮油的安全储藏。但是建造这种粮仓的成本较高,技术要求也较高。此外,由于仓房的密闭性能好,粮堆高,粮堆中的湿、热气不易散发,药剂熏蒸时也影响毒气向中下层渗透,这种情况在实际储藏中应加以注意。

⑤ 地下仓。山洞地下仓主要利用高山自然条件掘洞而成,仓库的覆盖层有数十米至几百米厚,不受太阳辐射的影响。每个洞口处都设置安全门、密闭门、防鼠门,门的四周都嵌有密封条,有系统的安全防护密闭装置。这种结构形式具有施工方便、就地取材、结构牢固、防水性能好等优点,具有防火、防潮、密闭、隔热、恒温及低温等特点。其缺点是通风性能差,粮食进出仓不太方便;由于地理因素,有的还可能给运输带来困难。

2. 粮仓的管理

（1）杜绝污染，保持干净

粮仓必须保持清洁干净。粮仓为了达到储存粮食的清洁卫生条件，要尽可能用专用的粮筒仓；通用仓库拟用于粮食仓储，应是能封闭的，仓内地面、墙面要进行硬化处理，不起灰扬尘、不脱落剥离，必要时使用木板、防火合成板固定铺垫和镶衬；作业通道进行防尘铺垫。金属筒仓应进行除锈防锈处理，如进行电镀、喷漆、喷塑和内层衬垫等，在确保无污染物、无异味时才能够使用。

在粮食入库前，应对粮仓进行彻底清洁，清除异物、异味，待仓库内干燥、无异味时，粮食才能入库。对不满足要求的地面，应采用合适的衬垫，如用帆布、胶合板严密铺垫。使用兼用仓库储藏粮食时，同仓内不能储存非粮食的其他货物。

（2）控制水分，保持干燥

保持干燥是粮食仓储的基本要求。粮仓内不能安装日用水源，消防水源应妥善关闭，洗仓水源应离仓库有一定的距离，并在排水沟的下方。仓库旁的排水沟应保持畅通，确保没有堵塞，特别是在粮仓作业后，要彻底清除散漏到沟中的粮食。

应该随时监控粮仓内的湿度，将其严格控制在合适的范围之内。仓内湿度升高时，要检查粮食的含水量，当含水量超过要求时，必须及时采取除湿措施。粮仓通风时，要采取措施避免将空气中的水分带入仓内。

（3）防止火源，控制温度

粮食本身具有自热现象，温、湿度越高，自热能力也越强。在气温高、湿度大时，需要控制粮仓温度，采取降温措施。每日要测试粮食温度，特别是内层温度，及时发现自热升温的情况。当发现粮食自热升温时，必须及时降温，采取加大通风、货堆内层通风降温和内层放干冰等措施，必要时进行翻仓、倒垛散热。

粮食具有易燃特性，飞扬的粉尘遇火源还会燃烧爆炸。粮仓对防火工作有较高的要求。在粮食进行出入库、翻仓作业时，更应避免出现一切火源，特别是要消除作业设备运转的静电，以及粮食与仓壁、输送带的摩擦静电，加强吸尘措施，排除扬尘。

（4）防止霉变

粮食除了因为细菌、酵母菌和霉菌等微生物的污染分解而霉变外，还会因为自身的呼吸作用自热而霉烂。微生物的生长繁殖需要较适宜的温、湿度和氧气含量，在温度25℃～37℃、湿度75%～90%时，其生长繁殖最快。霉菌和大部分细菌需要足够的氧气，酵母菌则是可以进行有氧呼吸和无氧呼吸的兼性厌氧微生物。

粮仓防霉变以防为主，要严把入口关，防止已霉变的粮食入库；避开潮湿货位，如通风口、仓库排水口、远离会淋湿的外墙，地面妥善衬垫隔离；加强仓库、湿度的控制和管理，保持低温和干燥；经常清洁仓库，特别是潮湿的地角，清除随空气进入库中的霉菌；清洁仓库的周边环境，消除霉菌源。

经常检查粮食和粮仓，发现霉变后要立即清出霉变的粮食，进行除霉、单独存放或另行处理，并有针对性地在仓库内采取防止霉变扩大的措施。还应充分使用现代防霉技术和设备，如使用过滤空气通风法、紫外线灯照射和放置食用防霉药物等。需要注意的是，使用药物时应避免使用对人体有毒害的药物。

（5）防虫鼠害

粮仓的虫鼠害主要表现在虫鼠直接对粮食的耗损，虫鼠排泄物和尸体对粮食的污染，虫鼠携带外界污染物入仓，虫鼠破坏粮仓内的设备、降低保管条件，虫鼠破坏包装物造成泄漏，以及昆虫活动对粮食的损害等。

危害粮仓的昆虫种类很多,如甲虫、蜘蛛、米虫和白蚁等。它们往往繁殖力很强,危害严重,能在很短时间内造成严重的损害。

粮仓防治虫鼠害的方法如下。

① 经常维修库房,保持良好的仓库状态,及时用水泥等高强度材料堵塞建筑物的破损、孔洞和裂痕,防止虫鼠在仓内隐藏。保持库房的各种开口隔栅完好,门窗密封。

② 防止虫鼠随货入仓,对入库粮食进行检查,确定无害后方可入仓。

③ 经常检查,及时发现虫害鼠迹。

④ 使用药物灭杀。使用高效低毒的药物,但不能直接释放在粮食中进行驱避、诱食杀灭,或者使用无毒药物直接喷洒、熏蒸除杀。

⑤ 使用诱杀灯、高压电灭杀,合理利用高温、低温和缺氧等手段灭杀。

经验之谈

仓储玉米杀虫和熏蒸的最佳时机

幼虫时期是杀虫的最佳时期,也是危害粮食最严重的时期。成虫容易产卵也容易感染其他粮食,蛹和卵需要的药量高,不容易杀死。

玉米储存时其水分不要太高,否则在密闭时容易霉烂,可以机械通风先降低温、湿度后再杀虫。

师傅教我做

常温下嫩玉米的保鲜技术

1. 工艺流程

嫩玉米→预处理→保鲜液浸泡→成品。

2. 保鲜液的配方及配制方法

氯化钙60%,氯化锌15%,山梨酸钾15%,硫酸镁5%,维利钠5%。先按配方量将氯化钙、氯化锌、硫酸镁溶于水中加热至沸,放凉后再加入山梨酸钾、维利钠,搅拌均匀后即为玉米保鲜液。

3. 工艺要点

① 原料采收应选择籽粒刚刚饱满而未固化,穗头雄蕊未发干的嫩玉米(即七成熟状态)。

② 保鲜液浸泡前应除去苞叶、雄蕊,用清水冲洗干净,采下后要当天处理完毕。

③ 保鲜液使用量应以浸没玉米为准(一般保鲜液与玉米的重量比为2:3)。

④ 保鲜贮存容器可选用塑料桶、大缸或水泥地。使用前应洗净杀菌。

⑤ 贮存保鲜玉米,应尽可能装满容器,并加盖密封,以减少空气的氧化作用。

⑥ 保鲜液中各原料均属食品添加剂,可到各地食品添加剂商店购买。

⑦ 如在保鲜液配方中补加不同香型的食品香精,还可加工成各种口味的水果型保鲜玉米,价值更高。

⑧ 该法保鲜嫩玉米,一般在夏末秋初时操作,春节前后上市最佳。

(三)粮食的储存技术

因为不同的粮食因其特性不一样,所以在储存和保管时也会存在一些差异,现就以小麦、玉米为例介绍一下粮食的具体储存技术。

1. 小麦的储藏技术
(1) 常规储藏

要控制好小麦的水分、清除小麦的杂质,按照不同的等级分别进行储藏,经常通风降温、并做好害虫的防治工作,密闭粮堆防止受外界环境的影响。很多基层粮库普遍采用这种方法。

(2) 热密闭储藏

将小麦薄摊在烈日下曝晒,使水分降低到12.5%以下,使小麦的温度达到48℃以上,趁热快速收入仓内,能保持温度在42℃以上7～10天。这样不仅可以保持小麦干燥、歼灭麦堆内的储粮害虫,而且还可以加速后熟作用的完成。但是这种方法只适宜用于处理小宗的新收获的商品小麦。

(3) 冷密闭储藏

这种方法主要是通过抑制虫霉生长繁殖,保持小麦粮情变化稳定,可通过两种形式实现。

① 在冬季寒冷的晴天,将小麦搬出仓外摊开冷冻,或者利用皮带输送机将小麦转仓降温0℃左右,然后趁冷入仓隔热保冷密闭储藏。

② 在冬季寒冷的晴天,借助通风机,利用自然低温使麦温降低到5℃以下,然后将小麦隔热密闭储藏。提高仓房隔热保温的性能,要做到粮冷、仓冷、覆盖物冷。然后在小麦堆上覆盖草苫等隔热物,在储藏期间要坚持进行粮情检查。气温转暖时要把仓房门窗严格密封。

2. 玉米的储藏技术

玉米收获后原始水分高达38%～40%,未熟粒与破碎粒较多,不易保管,通常不宜做长期储藏。玉米的储藏特点是耐藏性差。玉米胚较大,生理活性强、呼吸旺盛、吸湿性强,含脂肪及可溶性糖多,玉米粒内所含的脂肪及水溶性糖主要集中于胚部,易于变质。其原始水分高,易感染微生物、易霉变。玉米可以通过干燥、低温、密闭等方法来合理储存。

玉米的贮藏方法有粒藏与穗藏两种,国家入库的玉米全是粒藏,农户大都采用穗藏方法。具体有以下几种。

(1) 越冬冷冻储藏

东北三省高水分玉米采用的是越冬冷冻储藏方式,有的是露天围堆冷冻储藏,有的是露天做囤冷冻储藏。这样可以将玉米安全储藏到4月10日左右。

(2) 玉米房式仓常规储藏

安全水分玉米的常规储藏方法主要的措施也是控制水分、清除杂质、提高入库粮质。这种方法要坚持做到"五分开"储藏(即水分高的与水分低的分开,质量好的质量次的分开,虫粮与无虫粮分开,新粮食与陈粮分开,色泽、粒型不同的分开)和加强虫害防治,以及做好密闭储藏措施等。

(3) 玉米露天储藏

这种储存方法要选择在地势较高、干燥通风的场所,先要打好堆或囤的基础。露天储藏主要有袋装堆放、围包散堆与圆囤散堆3种形式。露天袋装堆放多用于短期储藏或备载储存。玉米露天做囤散装储藏在北方地区可短期储藏,也可长期储藏。

(4) 密闭储藏

玉米经过日晒、烘干、筛选去杂,水分降至13%左右(北方14%左右)后,进行仓内散装密闭储藏,一般可以安全度夏。

(5) 玉米机械通风储藏

可采用露天机械通风、房式仓机械通风和立筒仓机械通风等。

(6) "双低"、"三低"储藏

"双低"储粮是指在低氧、低药剂量的磷化氢下密封储藏粮食,是从自然降氧基础上发展起来的。这种方法能有效地杀死常见的储粮害虫,而且能防霉制热。"三低"储粮是指低温结合"双低"的储藏方式,是一种粮食储藏的综合防治措施。"三低"中的低温,可用在低氧、低药之前,也可用在其后。

(7) 自然低温储藏

北方玉米产区通常将14%左右(或16%以下)的玉米在入库后充分利用自然低温冷冻,使粮温降低到0℃以下,然后将干河沙、麦糠、稻壳、席子、草袋或麻袋片等物覆盖在粮面进行密闭储藏。这种方法能长时间保持玉米处于低温或准低温状态,可以确保其安全储藏。

(8) 高水分玉米"三结合"储藏

东北地区从秋粮接收的玉米至第2年4月晾晒、烘干之前其水分一般都在20%以上,采用化学防治、自然通风冷却、低温密闭相结合的方法,可以达到抑制虫霉和粮食本身的呼吸作用,实现安全储藏。这种方法是将磷化铝按2.5~5片/m³施药密闭熏蒸。20天后揭开塑料薄膜,充分利用冬季日光低温通风冷冻,至第2年2月再用薄膜覆盖,并在薄膜上面铺一层麦糠等隔热材料,密闭到4月份再出库做晾晒处理。

三、危险品的保管

(一) 认识危险品

仓储中的危险品是指具有燃烧、爆炸、腐蚀、有毒、放射性或在一定条件下具有这些特性,并能使人受到伤害或造成财产、牲畜损失而需要特别防护的货物。由于危险品在性能上具有这些特点,在其仓库的类型、结构、布局与管理上也有着特殊要求。

化学危险品的特征就是具有危害性,但各种危险品的危害具有不同的表现,根据其首要危险性可将危险品分为10类:第1类是爆炸品;第2类是压缩气体和液化气体;第3类是易燃液体;第4类是易燃固体;第5类是自燃物品;第6类是遇湿易燃物品;第7类是氧化剂和有机过氧化剂;第8类是有毒品;第9类是腐蚀品;第10类是放射性物品。危险品具体包括列入国家标准《危险货物品名表》(GB 12268—2012)和国务院经济贸易综合部门公布的剧毒化学品目录和其他危害化学药品。危险品还包括未经彻底清洗的盛装过危险品的容器、包装物。危险品除了具有已分类的主要危险性外,还可能具有其他的危害特性,如爆炸品大都具有毒性、易燃性等。危险品分类如表8.1所示。

表8.1 危险品分类

类　　别	危险品类	联合国危险货物运输标志		
第1类	爆炸品	爆炸品	不产生重大危害的爆炸品	具有大规模爆炸性,但极不敏感的物品

(续表)

类　别	危险品类	联合国危险货物运输标志
第2类	压缩气体和液化气体	
第3类	易燃液体	
第4类	易燃固体	
第5类	自燃物品	
第6类	遇湿易燃物品	
第7类	氧化剂和有机过氧化剂	

(续表)

类　别	危险品类	联合国危险货物运输标志		
第8类	有毒品	(骷髅标志)		
第9类	腐蚀品	CORROSIVE		
第10类	放射性物品	RADIOACTIVE I	RADIOACTIVE II	RADIOACTIVE III
		Ⅰ级	Ⅱ级	Ⅲ级

（二）危险品仓库的类型

我国把危险品仓库按其隶属和使用性质的不同分为甲、乙两类。甲类危险品仓库是那些商业仓储业、交通运输业和物资管理部门的危险品仓库，这类仓库往往储量大、品种复杂且危险性较大。乙类危险品仓库是指那些企业自用的危险品仓库。

如果按仓库规模的不同又可分为3类：库场面积大于9 000 m² 的为大型仓库，面积在550～9 000 m² 的为中型仓库，面积小于550 m² 的为小型仓库。

（三）危险品仓库的库区布局

危险品仓库由于所储存的货物具有危险性，考虑危险品的特性，根据政府市政的总体规划，应选择合适的地点建设，故一般设在郊区较空旷的地带，且位于常年主导风的下风处，远离居民区、供水源、农业保护区、河流和湖泊等，并避开交通干线。建设危险品仓库必须获得政府经济贸易管理部门的审批。

危险品仓库在库区布置上应严格按照公安部颁发的《建筑设计防火规范》的要求，设置防火安全距离。大、中型甲类仓库和大型乙类仓库与邻近居民点和公共设施的间距应大于150 m，与企业、铁路间的距离大于100 m，与公路间的距离应保持大于50 m。在库区内，库房间的防火间距根据货物特性取 20~40 m,小型仓库的防火间距在 12~40 m。易燃商品最好储存在地势较低的位置,桶装易燃液体应存放在库房内。

> **经验之谈**
>
> **危险品作业**
> - 作业前,工作人员应穿戴相应的防护用具,作业结束后应消毒清洗。
> - 轻拿轻放,严禁撞击、摩擦、震动、倒置和摔滚。不能在跳板上滑滚铁桶包装的材料。
> - 有人出现中毒现象时,应立即将其送至空气新鲜处,严重者立即送医院。
> - 搬运易燃易爆品时,不得用铁轮车及穿带钉的鞋。
> - 夏日作业应避开中午,冬季作业应注意防滑,夜晚尽量不作业,等第二天再作业,夜晚要在防爆式照明灯下作业。
> - 对强烈腐蚀性物品,应先检查容器底部是否被腐蚀,行动中避免其溅出来。
> - 对于放射性物品,禁止人与其直接接触。
>
> 资料来源:中国物流行业岗位规范指导丛书编委会.物流企业仓储岗位管理[M].北京:中国海关出版社,2008.

(四) 危险品仓库的结构

根据危险品的危险特性和发生危害的性质,应采用妥善的建筑形式,并取得相应的许可。

危险品库场建筑形式有地面仓库、地下仓库、半地下仓库、窑洞及露天堆场,在使用中应根据货物的性质来采用不同的形式。

1. 易爆炸性货物仓库

易爆炸性货物按其性能的不同,可分为点火器材、起爆器材、炸药和其他 4 类。储存易爆炸性货物最好采用半地下库,2/3 于地下,地面库壁用 45°斜坡培土;库顶用轻质不燃材料;库外四周修排水沟;库房面积不宜过大,一般小于 100 m²,且要求通风好,并保持干燥。

2. 氧化剂仓库

氧化剂是指那些遇到某些外界影响会发生分解,并引起燃烧或爆炸的物质。储存氧化剂的仓库应采取隔热和降温措施,并保持干燥。

3. 压缩气体仓库

压缩气体是指采用高压罐(如钢瓶)储存的气体或液化气。这些货物受冲击或高温时易发生爆炸。存放压缩气体的仓库应采用耐火材料建筑,库顶用轻质不燃材料,库内高度应大于 3.25 m,并安装有避雷装置。库门、库窗应向外开启,以便爆炸时减少波及面。

4. 自燃物品仓库

自燃物品是指能与空气中的氧气发生反应,使货物本身升温,当温度达到自燃点时发生燃烧的物品。对于这类货物,应置于阴凉、干燥和通风的库房内,库壁采用隔热材料。

5. 遇水易燃物品仓库

遇水易燃物品是指受潮后会发生化学反应而升温,在温度达到一定时会引起自燃的物品。这类货物应储存在地势较高、干燥、便于控制温、湿度的库房内。

6. 有毒物品仓库

当这类物品进入人体或接触皮肤后会引起局部刺激或中毒,甚至造成人员死亡。对于能散发毒害气体的货物,应单独存放在库房内,且通风条件要好,并配备毒气净化设备。

另外,易燃物品、腐蚀性物品及放射性物品等危险品,一般也应置于阴凉、干燥和通风较好的库房或设置专库存放。对于存放腐蚀物品的仓库,应采用防腐涂料;对于存放放射性物品的仓库,则应采用铅板材料铺设库壁和门。

此外,建筑场所应根据需要设置监测、通风、防晒、调温、防火、灭火、防爆、泄压、防毒、防潮、防雷、防静电、防腐、防渗漏、防护围地或隔离操作等安全措施,设备、仓库和设施要符合国家安全、消防标准的要求,并设置明显的标志。

危险品仓库应配备的安全、消防设备,如图 8.5 所示。

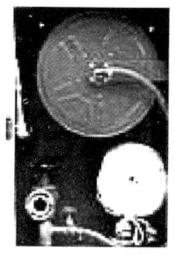

(a) 灭火器　　　　　(b) 消防栓

图 8.5　消防设备

(五) 危险品仓库的管理

危险品仓库管理的一般要求同其他货物仓储管理相同,这里仅讨论危险品仓储管理中的一些特殊要求。

1. 危险品入库管理

仓库保管员应对货物按交通部颁发的《危险品运输规则》的要求进行抽查,做好相应的记录,并应在货物入库后两日内对其验收完毕。货物存放应按其性质分区、分类和分库存储。对不符合危险品保管要求的货物应与货主联系拒收。验收过程如下。

1) 验收准备。

① 物资验收专员熟悉即将到库的危险品,做好个人防护准备。

② 物资验收专员根据危险品的性质,做好到库验收场地、器材等方面的准备。

2) 审核凭证。

物资验收专员审核装箱单、租赁合同等入库凭证与来库物资的品种、数量、规格等是否一致。

3) 入库验收。

在入库验收方法上,主要是以感官验收为主,仪器和理化验收为辅。在验收程序上可按"四查一记一处理"6 个步骤进行。

① 查外表——不论是经由铁路、公路还是水路运输,工作人员都应检查危险品是否按分类混装运输,以免不同性质的商品混装混运、相互沾染,造成不同性质商品的相互反应,发生燃烧或爆炸等事故。因此,要检查是否发生过混装、外包装上是否沾有异物。

② 查包装——危险品外包装必须坚固、耐压、耐火、耐腐蚀。检查货物的包装、封口和衬垫物,看包装标志与运单是否一致,容器封口是否严密,衬垫是否符合该危险品运输、保管的要求,危险品包装不应有液体或气体渗漏和挥发。

③ 查数量——清点数量。

④ 查质量——针对危险品的特有属性,物资验收专员选择适合的工具对其进行质量检验,主要看是否有变质、挥发、变色或成分不符等问题。

⑤ 记数量——清点完毕后,如实记录。

⑥ 处理问题——提出对问题的处理意见,如果为当地货物,以书面形式提出问题和改进措施并退货;如果为外地货物,又无法退回,且是一般问题不会造成危险的可向货主提出整改意见;对于会影响货场安全的货物,则应置于安全地点进行观察,待问题解决后方可入库。

2. 危险品库的管理

(1) 建立严格和完善的管理制度

为保证危险品仓储的安全,仓库需要依据危险品管理的法律法规的规定,根据仓库的具体情况和所储存的危险品的特性,制定严格的危险品仓储管理制度、安全操作规程,并具体落实到责任人。仓库还要根据法规规定和管理部门的要求,履行登记、备案、报告的法律和行政义务。

(2) 严格出、入库制度

危险品入库时,仓库管理人员要严格把关,认真核查品名、标志,检查包装,清点数目,细致地做好登记,重点危险品要实行双人收发制度。危险品出库时,仓库管理人员除了要认真核对品名、标志、数目外,还要认真登记提货人,详细记录危险品的流向。

(3) 恰当选择货位和堆垛

危险品的储存方式、数量必须符合国家的有关规定,选择合适的存放位置,妥善安排相应的通风、遮阳、防水、防湿及温控条件,根据危险品的性质和包装合理确定堆放垛型和垛的大小,要有合理的间距,消防器材和配电箱周围禁止堆货或放置其他物品。

(4) 保管和装卸作业安全

在保管和装卸作业过程中,要严格遵守有关规定和操作规程,合理选用装卸器具,对包装不符合作业要求的要妥善处理再行作业。保管人员要定期检查危险品的品种、数量和相关设施,及时清扫库场,进行必要的消毒处理,严格限制闲杂人员进库。

(5) 要有周密的应急处理和废弃物处理措施

当危险品库遇到紧急情况时,要有措施安排和应急处理指挥人员,包括汇报情况、现场紧急处理、人员疏散、封锁现场及人员分工等。应急处理指挥人员要有相关的专业知识,能熟练掌握操作技能。

仓库要定期组织员工开展应急情况演习,新员工上岗时要进行培训。

对于废弃的危险品及包装容器等,要有妥善的处置措施,如封存、销毁、中和及掩埋等无害化处理,不得遗留隐患。处置方案要到相关部门备案,并接受监督。剧毒危险品被盗、丢失、误用时,要立即向公安部门报告。

经验之谈

危险品仓库在设置和管理过程中的注意事项

- 危险品库应远离火源、高压线、建筑、道路和人群,要求阴凉、通风。
- 建立合理的危险品仓库管理制度,按性质、分品种存放,入库、库存、出库时手续要齐全、账目要清楚。
- 进入危险品库不得携带火源,不得穿带铁钉的硬底鞋。
- 异味过重时不得开启电源进行排风,需自然通风。

师傅教我做

仓库安全作业的基本要求

仓储安全作业的基本要求包括人力作业和机械作业两方面内容。

1. 人力作业的安全操作要求

由于人工作业方式受到作业人员的身体素质、精神状况和感知能力、应急能力等多种因素的影响,所以必须做好作业人员的安全作业管理工作,具体要求如下。

① 仅在合适的作业环境和负荷条件下进行作业。人工作业现场必须排除损害作业人员身心健康的因素;对于存在潜在危险的作业环境,作业前要告知作业人员,让其了解作业环境,尽量避免作业人员身处或接近危险因素和危险位置;人力作业仅限制在轻负荷的作业,不超负荷作业,人力搬运商品时要注意商品标重,一般来说,男性员工不得搬举超过 80 kg 的商品,女性员工搬运负荷不得超过 25 kg,集体搬运时每个人的负荷不超过 40 kg。

② 尽可能采用人力机械作业。人力机械承重也应在限定的范围内,如人力绞车、滑车、拖车、手推车等不超过 500 kg。

③ 做好作业人员的安全防护工作。作业人员要根据作业环境和接触的商品性质,穿戴相应的安全防护用具,携带相应的作业用具,按照规定的作业方法进行作业;不得使用自然滑动、滚动和其他野蛮作业方式;作业时注意人工与机械的配合;在机械移动作业时人员需避开移动的商品和机械。

④ 只在适合作业的安全环境进行作业。作业前应使作业员工清楚明白作业要求,让员工了解作业环境,指明危险因素和危险位置。

⑤ 作业现场必须设专人指挥和进行安全指导。安全人员要严格按照安全规范进行作业指挥;指导人员避开不稳定货垛的正面、运行起重设备的下方等不安全位置进行作业;在作业设备调整时应暂停作业,适当避让;发现作业现场存在安全隐患时,应及时停止作业,消除隐患后方可恢复作业。

⑥ 合理安排作息时间。为保证作业人员的体力和精力,每作业一段时间应做适当的休息。例如,每作业 2 个小时便应有休息时间,每作业 4 个小时有 1 个小时的休息时间,还要合理安排吃饭、喝水等生理活动的时间。

2. 机械作业的安全操作要求

机械安全作业管理的内容主要是注意机械本身状况及可能对商品造成的损害。具体要求如下。

① 在机械设备设计负荷许可的范围内作业。作业机械设备不得超负荷作业;针对危险品作业时还须减低负荷 25% 作业;所使用的设备应无损坏,特别是设备的承重机件,更应无损坏,符合使用的要求,不得使用运行状况不好的机械设备作业。

② 使用合适的机械、设备进行作业。尽可能采用专用设备作业,或者使用专用工具。使用通用设备,必须满足作业需要,并进行必要的防护,如货物绑扎、限位等。

③ 设备作业要有专人进行指挥。采用规定的指挥信号,按作业规范进行作业指挥。

④ 移动吊车必须在停放稳定后方可作业。叉车不得直接叉运压力容器和未包装货物;移动设备在载货时需控制行驶速度,不可高速行驶。货物不能超出车辆两侧 0.2 m,禁止两车共载一物。

⑤ 载货移动设备上不得载人运行。

小结：产品质量是企业生存的保障！

要点回顾

一、水泥的保管

（一）水泥的种类

1. 按化学成分分类　2. 按用途分类　3. 按其主要水硬性物质名称分类　4. 按需要在水泥命名中标明的主要技术特性分类

（二）水泥的标号

（三）水泥受潮

1. 识别水泥受潮的情形　2. 水泥受潮的水化反应　3. 认识水泥受潮的后果　4. 防止水泥变质的措施

（四）水泥受潮变质的处理

二、粮食的保管

（一）认识粮食的仓储特性

1. 呼吸性和自热性　2. 吸湿性和散湿性　3. 吸附性　4. 易受虫害　5. 散落流动性

6. 扬尘爆炸性

（二）粮仓安全管理

1. 粮仓的种类与作用　2. 粮仓的管理

（三）粮食的储存技术

1. 小麦的储藏技术　2. 玉米的储藏技术

三、危险品的保管

（一）认识危险品

（二）危险品仓库的类型

（三）危险品仓库的库区布局

（四）危险品仓库的结构

1. 易爆炸性货物仓库　2. 氧化剂仓库　3. 压缩气体仓库　4. 自燃物品仓库　5. 遇水易燃物品仓库　6. 有毒物品仓库

（五）危险品仓库的管理

1. 危险品入库管理　2. 危险品库的管理

练一练

1. 参观本地粮库或粮食物流中心，观察其仓储条件、布局，调查其保管措施及相关管理制度，提出改进方案。

2. 参观经销建材的商店或集散中心，观察水泥的存放条件，结合所学及企业的实际情况，分析比较各类仓库的适用性，提出改进方案。

3. 工学结合项目：选择一个合作企业，研究如何提高（改善）该企业的粮食储存质量。

学习资源库

1. "物流管理基础"精品课程，http://ycr.lszjy.com/

2. "仓储管理实务"院级精品课程,http://ycrcc.kc.lszjy.com/
3. 中国物流与采购网,http://www.chinawuliu.com.cn/
4. 中国物流与采购教育认证网,http://www.caws.org.cn/

测一测

一、单项选择题

1. 由硅酸盐水泥熟料、0%~5%石灰石或粒化高炉矿渣和适量石膏磨细制成的水硬性胶凝材料,是(　　)。
　　A. 硅酸盐水泥　　　　　　　　B. 普通硅酸盐水泥
　　C. 矿渣硅酸盐水泥　　　　　　D. 火山灰质硅酸盐水泥
2. 由硅酸盐水泥熟料、6%~15%混合材料和适量石膏磨细制成的水硬性胶凝材料,是(　　)。
　　A. 硅酸盐水泥　　　　　　　　B. 普通硅酸盐水泥
　　C. 矿渣硅酸盐水泥　　　　　　D. 火山灰质硅酸盐水泥
3. 新鲜的水泥有流动性,肉眼观察完全呈细粉状,用手捏碾无硬粒,属于(　　)。
　　A. 轻微受潮　　B. 开始受潮　　C. 加重受潮　　D. 较重受潮
4. 水泥应分堆存放,堆垛之间的距离不能少于(　　)。
　　A. 2 m　　　　B. 1 m　　　　C. 3 m　　　　D. 5 m
5. 粮食能将外界环境中的气味、有害气体和液体等吸附在内部,不能去除,这是粮食的(　　)。
　　A. 吸附性　　　B. 吸湿性　　　C. 自热性　　　D. 自潮性
6. (　　)是我国目前建造最多,使用最普遍的一种仓型,以平房仓为主,楼房仓和拱形仓较少。
　　A. 房式仓　　　　　　　　　　B. 砖圆仓和土圆仓
　　C. 钢板圆仓　　　　　　　　　D. 钢筋混凝土立筒仓

二、多项选择题

1. 属于粮食特性的是(　　)。
　　A. 吸附性　　　B. 吸湿性　　　C. 自热性　　　D. 自潮性
2. 水泥受潮的两种情形是(　　)。
　　A. 吸附性　　　B. 直接受潮　　C. 间接受潮　　D. 自潮性
3. (　　)是快硬水泥,凝固时间短,用于紧急工程和水下建筑。
　　A. 500号　　　B. 600号　　　C. 700号　　　D. 800号
4. 属于防止水泥变质的措施是(　　)。
　　A. 缩短储存期　　　　　　B. 防水　　　　　　C. 露天存放
　　D. 尽量与其他货物混存　　E. 包装应保持完好
5. 危险品按仓库规模的不同可分为3级,分别是(　　)。
　　A. 大于9 000 m²为大型　　　　B. 550 m²~9 000 m²为中型
　　C. 400 m²~550 m²为小型　　　D. 小于400 m²为小小型

6. 对危险品库的管理要求是（　　　　）等。
   A. 建立严格和完善的管理制度　　B. 严格出入库制度
   C. 恰当选择货位和堆垛　　　　　D. 要有周密的应急处理和废弃物处理措施

三、判断题

1. 对危险品，应分类分堆存放，堆垛不宜过高，堆垛间应留有一定的间距，货堆与库壁间距要大于 7 m。（　　）

2. 遇水易燃物品是指受潮后会产生化学反应而升温，在温度达到一定时会引起自燃的物品。这类货物应被储存在地势较高、干燥，便于控制温、湿度的库房内。（　　）

3. 危害粮仓的昆虫种类很多，如甲虫、蜘蛛、米虫和白蚁等。它们往往繁殖力很强，危害性大，能在很短时间内造成大量的损害。（　　）

4. 微生物的生长繁殖需要较适宜的温度、湿度和氧气含量，在温度15℃～27℃、湿度55%～65%时，其生长繁殖最快。（　　）

5. 存放水泥时，应该按生产厂、品种、标号和批号分别堆垛，严禁混存。堆垛高度一般以10袋为宜，最高不要超出12袋，整垛不要超出1 000袋。（　　）

四、实务操作题

1. 学院创业中心新进一批新鲜玉米，准备暂时储存起来，等到春节前后上市，以卖上好价钱。

   要求：请帮他们合理进行嫩玉米保鲜储存。

2. 参观一个仓储企业，帮助其设计合理的仓储安全作业规范。

   要求：从人力作业的安全操作和机械作业的安全操作两个方面设计。

扩一扩

案例赏析：立足主产区、辐射主销区——北大荒粮食物流让"龙头"摆起来

建设粮食仓储物流节点是北大荒粮食物流有限公司搭建垦区商品粮运营与分销平台、完善收储运销体系的重要环节。这个公司在北大荒商贸集团的总体部署下，在辽宁锦州、江苏太仓、南通，广东中山、四川德阳等地布设节点，通过铁海联运、江海联运，使北大荒的优质商品粮顺畅流通到环渤海、长三角、珠三角及中西部等主销区。

发挥北大荒粮食物流的综合优势，建立畅通的产销渠道，推进北粮南运、产销对接，让垦区粮食流通产业的"龙头"摆起来，这是垦区粮食流通企业的历史责任和使命。

这个公司创建了以"粮食银行"为主导、电子交易为辅助、收储运销一体化运营的现代粮食营销模式，打造以垦区为粮食收储基地、以港口为中转出口、以南方物流节点为分销平台的现代粮食仓储物流体系，使农户、农场和企业利益实现有效链接。

2011年，这个公司经营粮食总量160万 t，销售额近40亿元；到2014年，公司的粮食流转量预计达到800万 t，实现销售额200亿元。

垦区得天独厚的粮食资源是北大荒粮食物流有限公司最大的发展优势。未来，北大荒粮食物流将立足粮食主产区，辐射粮食主销区，运用创新型粮食物流运营模式，积极与国内外大型粮食企业合作，力促中华大粮仓成为中华大粮商。

目前，这个公司的合作伙伴已经从中粮、中储等国内超大型粮食企业扩展到国际上有影响力的大粮商，如已经与日本三井物产株式会社正式签约合作，以及与美国斑马公司就建立长期战略合作关系事宜进行了洽谈。

点评：建设粮食仓储物流节点，是搭建商品粮运营与分销平台、完善收储运销体系的重要环节，另外，粮食物流发展还要运用创新型粮食物流运营模式，积极与国内外大型粮食企业合作。

资料来源：北大荒网．http://www.chinabdh.com/bdhzx/bdhyw/articleshow.aspx?id=433897

任务九　出库操作

货物出库业务是仓储作业管理的最后一步，也是仓储作业管理的重要环节，是仓库根据使用单位、业务部门或客户单位（货主单位）开出的货物出库凭证（提货单、领料单、调拨单），按其所列的货物名称、规格、数量、时间和地点等项目，从对出库凭证审核开始，进行拣货、登账、配货、复核、点交清理、包装、送货、记账，直到把货物交给用户或发运部门的一系列作业过程。

一、商品出库的依据、原则与要求

出库业务程序是保证出库工作顺利进行的基本保证，为防止出现工作失误，在进行出库作业时，必须严格履行规定的出库业务工作程序，使出库业务有序进行。

（一）货物出库的依据

货物出库也使得仓库的工作与运输、配送单位，与货物的使用单位直接发生了业务联系。在任何情况下，仓库都不能够擅自动用或外借库存的货物。在实践工作中，仓库工作人员要坚决杜绝凭口头、凭信誉、凭白条发货，否则极易发生差错事故甚至法律纠纷。遇到抢险救灾等紧急情况，发生非常规的货物出库，也要符合仓库的有关管理规定。通常情况下，物品出库必须依据货主的出库通知单或出库请求进行。坚决杜绝凭信誉或无正式手续发货。

业务部门或客户单位开出的提货单、调拨单等货物出库凭证，其格式会不尽相同。但是，无论采用什么格式，都必须是符合财务和业务管理制度要求的具有法律效力的凭证。通常，仓库与业务部门在货物出库管理规定中，或者与客户单位在仓储管理合同中，要明确规定有效的出库凭证格式等内容。

以下分别是某生产厂家内部业务部门向仓库开出的物资调拨单格式（见表9.1）和某家电企业向仓储企业开出的提货单格式（见表9.2）。

表9.1　物资调拨单样单

开单日期：　　年　月　日　　　　　　　　　　　　　　　　调拨单号：
调拨期限：　　年　月　日
领用单位：　　　　　　　　　　　　　　　　　　　　　　　　取料仓库：

序　号	物资编号	名　称	规　格	型　号	单　位	数　量	重　量	备　注

批准：　　　　　　记账：　　　　　　　　领用：　　　　　　　制单：

表9.2　提货单样单

提货单位：		联系方式：				提货单号：				
提货仓库：		仓库地址：								
提货方式：		结算方式：				开单日期：　　年　月　日				

序　号	货物编号	名　称	规　格	型号单位	数　量	重　量	单　价	总　价	备　注

主管：　　　　　　　财务：　　　　　　　提货人：　　　　　　　制单：

（二）货物出库的原则与要求

货物出库管理不仅体现仓库的管理水平和服务质量，而且直接牵涉到货物能否准确、及时、安全地送达货物的使用单位，也直接牵涉到仓库的经济效益。货物出库管理事关重大，要遵循以下基本原则与要求。

1. 严格遵守货物出库的各项规章制度，按程序和凭证出库

物品出库必须按规定程序有凭有据地进行，这是物品出库的重要原则。出库凭证的形式不尽相同，但不论采用何种形式，都必须真实、有效，不得凭非正式凭证或白条出库。

货物出库必须按章办事，严格遵守货物出库的各项规章制度。"收有据，发有凭"是货物收发管理的重要原则，仓库发放货物必须凭真实有效的出库凭证组织货物出库，发出的货物必须与调拨单或提货单上所列的货物名称、编号、型号、规格、数量等项目相符合，任何非正式的凭证均视为无效凭证，不能作为出库的依据。

2. 严格贯彻"先进先出、发陈储新"原则

所谓先进先出就是根据商品入库的时间先后，先入库的商品先出库，以保持库存商品质量完好状态。除非业务部门或客户单位特别要求，否则仓库一般根据货物入库时间的先后，先入库的货物先出库。

实际操作时，保管条件差的先出库，包装简易的先出库，易霉易腐易变质的先出库，有保管期限的先出库，回收复用的先出库，机能接近退化或接近老化及接近失效期的先出库，变质失效的货物则不予出库。例如，海尔、TCL等著名家电企业和伊利、蒙牛等著名奶制品企业与合作的各个仓储企业在签订仓储保管合同时，往往把"先进先出、发陈储新"作为主要的合同条款，要求仓储企业务必履行。

3. 严格贯彻"三不"、"三核"、"五检查"原则

货物出库要严格执行出库业务程序，依据正式的出库凭证进行，准确、及时地将货主所需货物送达，使客户满意。"三不"、"三核"、"五检查"原则是我国仓储企业多年来摸索出来的行之有效的货物出库的管理经验和基本原则。

"三不"，即未接单据不登账，未经审单不备货，未经复核不出库。

"三核"，即在发货时要核对凭证，核对账卡，核对实物。

"五检查"，即对单据和实物要进行品名检查、规格检查、包装检查、件数检查和重量检查。

4. 及时记账

物品发出后，应随即在物品保管账上核销，并保管好发货凭证。

5. 保证安全

物品出库作业，一要注意操作安全，防止损害包装和震坏、压坏、摔坏物品；二要保证运输安全，做到物品包装完整，捆扎牢固，标志正确清楚，性能不互相抵触，避免发生运输差错和损害物品的事故；三要保证质量安全，经常注意物品的安全保管期限，对已变质、已过期失效的物品不允许分发出库。

6. 注重提高服务水平，力求满足客户需要

货物出库要做到准确、及时、保质、保量，要确保货物安全，防止差错事故的发生。

所谓准确，是指按照货物出库凭证所列的货物编号、品名、规格、等级、单位、数量等，做到准确无误地出库。一般情况下，由于仓库储存品种较多，发货时间比较集中，业务比较繁忙，为做到出库货物准确无误，必须加强复核工作，要从审核出库凭证开始直到把货物交接为止，每一环节都要进行复核。

所谓及时，是指当接到出库凭证以后，按规定的交货日期及时组织货物出库。办理出库手续应在明确经济责任的前提下，力求手续简便，提高发货效率。为此，一方面要求作业人员具有较高的业务素质，全面掌握货物的流向动态，合理地组织出库业务；另一方面，还要加强与业务单位的联系，提前做好出库准备，以达到迅速、及时地完成出库业务。

在货物出库时，还要特别注重服务质量的提升，出库作业要提高工作效率，为客户和提货司机提货创造各种便利条件，主动帮助客户和提货司机解决实际问题。例如，有些仓储企业在货物出库时，为提货司机专门准备了用来装放出库凭证的单据袋，上面印有仓储企业的通信地址、联系电话等字样，既可以帮助司机在运输途中避免丢失、损坏凭证，又展示了企业形象、方便了客户和司机与仓库方面的工作联系。

二、货物出库的方式

货物出库的方式主要有提货、送货、托运、过户、取样和转仓。

1. 提货方式

提货方式是收货人自提，由客户单位或其代理人、收货人或其代理人持客户单位开出的货物出库凭证，自备运输工具到仓储企业取货的一种方式。仓库管理部门人员根据领料凭证转开货物发放单，并按上述证、单配货，一经复核人员逐项核对后，将物品当面点交给提货人员，在库内办理交接手续。它具有"提单到库，随到随发，自提自运"的特点。提货方式是物品发放的重要方式。

2. 送货方式

送货是由仓储企业根据用户订单需求，组织运力将用户所需的货物送到客户所在地点的一种出库方式。仓库根据客户订单需求，组织人力物力将货物备齐，根据客户单位的提货单等出库凭证，自行组织将货物直接装运、配送到客户单位指定的地点。其中，仓库受客户单位委托组织将货物送达指定地点，又有仓库自备运输工具进行运输、配送和仓库委托其他运输部门进行运输、配送两种形式，后者也叫仓库代办运输。送货具有"预先付货、按车排货、发货等车"的特点。因此，仓库管理部门在送货时必须以使用定额为依据，完善交接手续，分清责任。送货组织可采用专人定路线的方式。采用这种方式，可以用集装箱的办法巡回送货，也可采取由仓管员每日定时送货的办法。仓管员直接送货可以减少交接手续，直接由用料单位签收即可。仓库管理人员必须了解运送物品的性质、体积、重量，需要的紧迫性等，以便选择运送工具，组织装卸力量，安排装车的先后顺序，尽量节约运力。装车后，应检查捆绑、加固、苫盖等是否稳妥。卸车后，必须收回苫盖和加固材料。在送货过程中及在向用料单位交接物品过程中，如果发现物品包装损坏、物

品受损或物品数量短少等现象,应由物控人员追查处理。

实行送货具有多方面的好处:仓库可预先安排作业,缩短发货时间;收货人可避免因人力、车辆等不便而发生的取货困难;在运输上,可合理使用运输工具,减少运输费用。

3. 托运方式

托运是由仓库管理部门将物品通过运输单位托运,发到物品需用单位的一种发货方式。仓库管理部门备完货后,到运输单位办理货运手续,通过承运部门(铁路、水运、汽运、航空、邮局等)将物品运送到物品需用部门所在地,然后由其去提取。在办理托运前,仓库管理部门应根据需用单位的要求,进行物品的分割(如金属材料)、配套、包装等工作,并做好发运日记。

按运输方式不同,托运可以分为整车货物托运、零担货物托运、集装箱货物托运 3 种。一批货物的重量、体积或形状需要以一辆或一辆以上货车装运的应按整车托运;不够整车运输条件的按零担托运;具备集装箱运输条件的可以按集装箱托运。按零担托运的货物,单件的体积最小一般不小于 $0.22\ m^3$(单件重量在 10 kg 以上的除外),每批一般不得超过 300 件。按一批托运的货物,托运人、收货人、发站、到站和装卸地点必须相同。整车货物每车为一批;零担货物或使用集装箱运输的货物,按每张货物运单为一批。

4. 过户方式

货物过户是一种就地划拨的出库形式,在货物并未出库的情况下,将货物的所有权从原有的客户单位转移到新的客户单位。物品虽未出库,但是货物的所有权已从原存货户头转移到新存货户头,因此,仓库必须根据原存货人开出的正式过户凭证,才予以办理过户手续。日常操作时,往往是仓单持有人的转让,这种转让要经过合法手续。仓储部门在处理这种业务时,应根据货主单位的出库凭证和购进单位开具的入库凭证,分别进行转账处理。

仓库也根据原存货人开具的正式过户凭证办理过户手续。过户凭证可以代替新存货人的入库凭证,仓库据此向其开出储存凭证,并另建新的货物明细保管账。对原存货人来说,过户凭证相当于其出库凭证,仓库据此进行货物出库账务处理。

5. 取样方式

取样是货主出于对物品质量检验、样品陈列等需要,到仓库提取货样而产生部分物品的出库。在办理取样业务时,仓库要根据货主填制的正式样品提货单转开货物出库单,在核实货物的名称、规格、牌号、等级和数量等项后备货,经复核,将货物交提货人,并做好账务登记和仓单记载。

需要特别注意的是,有的货物取样会破坏整件库存货物的外包装(如整件包装的洗涤用品每件装有 24 瓶,客户取样进行质量检验仅提出其中的 2 瓶等),仓库方面需要做好详尽的记录并要求客户单位签字确认。

6. 转仓(调库或移库)方式

货物转仓是货物存放地点的变动。某些货物由于业务上的需要,或者由于货物不同特性的原因而需要变更储存场所,从一个仓库(或仓位)转移至另一仓库(或仓位)储存时,必须根据有关部门开具的货物移库单来组织货物出库。业务部门或客户单位为了业务方便、改变仓储条件或调整仓储面积,指令仓库方面将库存货物从甲仓库转至乙仓库,就是转仓方式。即使甲仓库和乙仓库属于同一个仓储企业管理,仓库也必须根据业务部门或客户单位开出的正式转仓凭证才能办理转仓手续。需要说明的是,仓库方面为了合理利用仓容或方便仓储作业,在不违反仓储合同的情况下,往往也对库存货物的仓位进行适当的调整并对仓位变动进行账务处理,这是调库,不是转仓。

转仓可分内部转仓和外部转仓,内部转仓为仓储企业内部的转仓单,并据此发货;外部转则根据货主填制的货物转仓单结算和发货。

三、货物出库作业流程

货物出库有8个业务环节的衔接，其流程如下。

（一）出库准备

为了做好货物出库工作，必须事先做好相应的准备，按照一定的作业流程和管理规章组织货物出库。物资出库前的准备工作分为两方面：一方面是计划工作，就是根据需货方提出的出库计划或要求，事先做好物资出库的安排，包括货场货位、机械搬运设备、工具和作业人员等的计划、组织；另一方面要做好出库物资的包装和涂写标志工作。出库货物从办理托运到出库的付运过程中，需要安排一定的仓库或站台等理货场所，且调配必要的装卸机具。提前集中付运的物品，应按物品运输流向分堆，以便于运输人员提货发运，及时装载物品，加快发货速度。由于出库作业比较细致复杂、工作量也大，所以事先要对出库作业合理加以组织，安排好作业人力，保证各个环节的紧密衔接。货物出库前的准备工作主要包括如下内容。

1. 检查出库商品和商品堆放场地，安排好人力和机械设备的调配工作

货物出库管理的人员组织，包括受理员、保管员等仓库管理人员就位和装卸人力、叉车司机等机械作业操作人员的安排等，这些是做好货物出库管理的重要措施。货物出库需要留出一定的仓容或站台作为理货场地，有的仓库专门设立了理货区；按不同的货物类型，需要准备相应的装卸搬运设备、计量设备和电子设备，如人力搬运用的"老虎车"，机械作业用的叉车、吊车，以及电子秤、电子扫描仪等。

2. 准备好包装材料或标准周转箱

出库货物的包装要符合运输管理部门的规定，并且要便于搬运装卸。对于那些经过多次中转装卸、堆码倒垛致使包装不能适应运输要求的货物，仓库要根据具体情况认真、主动地整理加固或改换包装。根据客户需要，对于货物出库时需要分拆的，仓库要事先备足分拆的货物，以免在货物发货时临时分拆延误时间；而对于货物出库时需要分拆、组装、拼箱或改装作业的，在发货前仓库应根据作业的性质和运输的要求，准备相应的包装材料和衬垫物，以及刷写包装标志的颜料、标签、唛头等用品用具和打包工具等。

3. 与客户保持联络

仓库在实施出库作业前，可主动与业务部门和客户单位进行工作联系，以确保货物出库顺利进行，避免忙乱现象。现在比较流行的做法是仓库方面与客户单位建立货物出库的预约制度，有条件的仓库还可以与客户单位进行电子数据联网，了解货物出库的最新动态和各项具体要求。

（二）审核凭证

仓库管理员接到客户的订货单，审核后签发发货单，仓库主管审核发货单后签发出库凭证（仓单），仓库管理员接到出库单后，必须对出库凭证进行审核。货物出库必须有正式有效的出库凭证，严禁无单或白条发料，仓库方面必须认真核对出库凭证。保管员接到出库凭证后，应仔细核对，审核出库凭证的合法性、真实性、有效期限及货物品名、型号、规格、单价、数量、收货单位等信息，如表9.3所示。

出库凭证通常包括凭证编号、收货单位或提货单位名称（有些还会注明提货车辆的车号等）、发货方式（自提、送货、代运等）、货物的名称、型号、规格、数量、重量、单价、总值等，以及业务部门或客户单位的签章等主要内容。

表 9.3 　出库单样单

提货单位名称：　　　　　　　　　　　　　　　　　　出货仓库：
储存凭证号码：　　　　　　　　　　　　　　　　　　出库日期：

品　名	规　格	单　位	计划数	实发数	单　价	包装押金	小计金额
总计金额（人民币大写）							

主管审批：　　　　　　审核：　　　　　　仓管员：　　　　　　提货人：

1. 审核内容

① 审核出库凭证的合法性和真实性。
② 审核出库凭证手续是否齐全,内容是否完整。
③ 核对商品的品名、型号、规格、单价、数量和提货日期等有无错误。
④ 核对收货单位、到站、开户行和账号是否齐全和准确。

2. 审核要求

① 要审核出库凭证的合法性和真实性,认真检查凭证的格式是否符合规定,签章是否齐全、是否相符、有无涂改,仓储客户也往往留有印鉴式样在仓库,以便于仓库方面核对。

② 在出库凭证审核无误之后,要按照出库凭证上所列的货物的名称、型号、规格、数量、重量、单价、总值等与仓库货账和货卡进行全面核对,同时审核收货单位或提货单位等内容。

③ 如果客户另有约定或出库凭证上签有"提货有效期"字样的,仓库方面要严格审核出库凭证的有效期。凡在审核出库凭证中,发现有货物名称、规格型号、出库数量与库存数量不符的,有签章不相符、不齐全、不清晰的,有涂改或其他手续不符合要求的,仓库不能够发货出库,并且要及时与业务部门或客户单位取得联系。审核出库凭证要有高度的责任感,工作疏忽大意不严谨,都可能酿成重大差错事故,给仓库和企业带来巨大的经济损失和负面影响。

出库凭证审核无误后,将出库凭证信息进行处理。采用人工处理方式时,记账员将出库凭证上的信息按照规定的手续登记入账,同时在出库凭证上批注出库货物的货位编号,并及时核对发货后的结存数量。当采用计算机进行库存管理时,将出库凭证的信息录入微型计算机后,由出库业务系统自动进行信息处理,并打印生成相应的拣货信息(拣货单等凭证),作为拣货作业的依据。

3. 出库凭证审核中的问题处理

出库凭证审核中的问题处理,如表 9.4 所示。

表 9.4 　出库凭证审核中的问题处理

问　题	处 理 方 式
出库凭证超过提货期限	用户前来提货,必须先办理手续,按规定缴足逾期仓储保管费。然后方可发货。任何非正式凭证都不能作为发货凭证。提货时,如果用户发现规格开错,保管员不得自行调换规格发货
出库凭证有疑点,或者情况不清楚	及时与出具出库单的单位或部门联系,妥善处理
出库凭证有假冒、复制、涂改等情况	及时与仓库保卫部门联系,严肃处理,触犯法律的应依法移交公安机关处理
物品进库未验收,或者期货未进库的出库凭证	一般暂缓发货,并通知货主,待货到并验收后再发货,提货期顺延,保管员不得代发代验

(续表)

问　题	处　理　方　式
客户将出库凭证遗失	客户应及时与仓库管理人员和财务人员联系挂失。如果挂失时货已被提走,保管人员不承担责任,但要协助货主单位找回商品;如果货还没有被提走,经保管人员和账务人员查实后,做好挂失登记,将原凭证作废,缓期发货

(三) 分拣备货

一般来说,大宗货物或整批货物出库,就在原货位上备货,不需要进行分拣。而对于不是整批量货物的出库,尤其是发放各种不同品名、不同类型、不同规格的货物,需要进行分拣,将这些货物从库存的货位上分拣出来,再搬运到指定的理货区域待装车。

1. 拣选作业

拣选作业是按订单将一种或多种存储货物取出,按顾客要求整理组合,包括拆包或再包装,并放置在指定地点的整套作业。所谓的拣选(分拣、拣货)作业,是指仓库和仓库或配送中心发货过程中,针对客户的订单,将每个订单上所需的不同种类的商品,由仓库或配送中心取出集中在一起,包括拆包或再包装。"在正确的时间内,将正确的商品及数量,以最好的产品状态与服务品质,在最低的运送成本下,送到正确的场地,给正确的客户",则依赖整个仓库或配送中心各项作业的相互配合。可以说,拣选作业的快慢及正确与否,将直接影响对客户的服务品质。拣选是物料搬运和信息处理的综合作业,其作业流程如图9.1所示;其各项工作的时间如图9.2所示;其成本比例如图9.3所示。

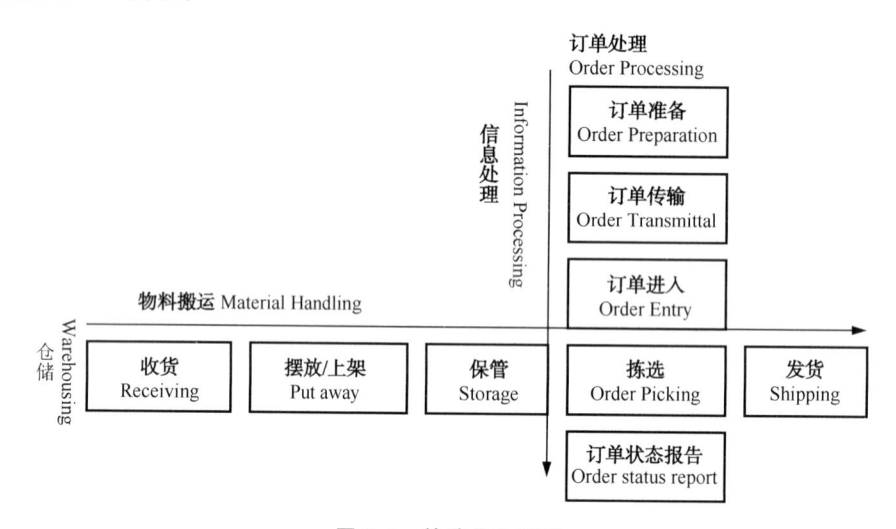

图 9.1　拣选作业流程

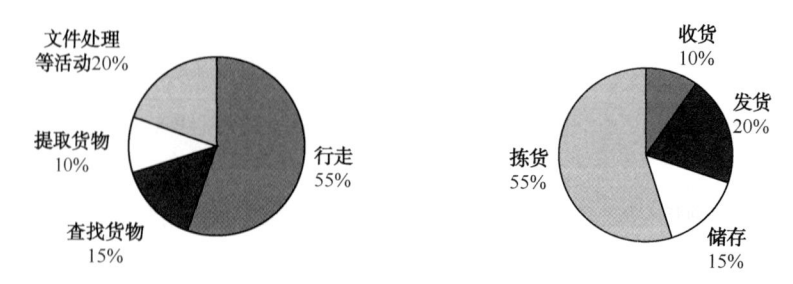

图 9.2　拣选作业各项工作的时间构成

图 9.3　拣选作业的成本比例

（1）拣选作业的要求

现代物流对拣选作业的要求主要有以下几点。

① 无差错地拣出正确的货物。
② 时间快，至少不影响后面的送货。
③ 拣选后进行必要的包装和贴标签。
④ 品种多，数量少。
⑤ 订单跟踪。
⑥ 完整的供应链服务和管理。
⑦ 前两项是最基本的要求，后几项是顾客提出的更高要求。

经验之谈

拣选作业"七不一无"

从拣选作业本身来说，拣选作业除了少数自动化设备逐渐被开发应用外，大多是靠人工的劳力密集作业，因此拣选作业要做到"七不一无"，即：

不要等待——零闲置时间；

不要拿取——零搬运（多利用输送带、无人搬运车）；

不要走动——行走距离尽量缩短；

不要思考——零判断业务（不依赖熟练工）；

不要寻找——加强储位管理；

不要书写——无纸化作业（不要拣选单）；

不要检查——利用条码由计算机检查；

无缺货——做好商品管理、储位管理、库存管理和拣货管理。安全库存量、订购时机、补货频率等状况要利用计算机随时掌握。

（2）拣选作业的分类

```
                         ┌ 单独拣选方式
                         │ 接力拣选方式
                         │ 标签拣选方式
         按单拣选（摘果式）┤ 拣选单拣选方式
                         │ 电子标签拣选方式
                         │ RF 拣选方式
                         └ IC 卡拣选方式
拣选作业 ┤
                         ┌ 批量拣选方式
                         │ 接力拣选方式
                         │ 标签拣选方式
                         │ 拣选单拣选方式
         批量拣选（播种式）┤ 数字显示拣选方式
                         │ 电子标签辅助拣选方式
                         │ RF 拣选方式
                         └ IC 卡拣选方式
```

按照拣货过程自动化程度的不同,拣货分为人工拣货、机械拣货、半自动拣货和自动拣货 4 种方式。

① 人工拣货方式:适合于数量少、品种多、重量轻的小货物的单件物品的拣选作业,这种拣货方式主要依靠人的体力来进行。其中的一种形式是拣货人员到物品存放位置把物品拣选出来;另一种形式是采用移动货架,通过移动货架的回转运动将物品移送到拣货者所在的固定位置,然后由拣货人员将货物拣选出来。

② 机械拣货方式:适合于集装单元货物或体积、重量较大的单件货物的拣选作业,它是由拣货人员操纵机械设备将货物从储存位置拣取出来的一种方式。

③ 半自动拣货方式:这是人和自动分拣系统有机结合的一种方式,货品从拣货区取出的过程由人工完成,货品的输送和分类由自动分拣系统来完成。

④ 自动拣货方式:它一般应用于自动化仓库,当拣货信息传输到拣货系统后,在货架区作业的堆垛机接收到拣货指令后,自动运行到相应的货位,将所需物品取出,然后送到巷道口的出入库站,再由货物转移装置将货物搬移到自动分拣线上。最后,由自动分拣线按照订单或运输路线等不同组合方式将货物输送到相应的发货准备区。

(3) 拣选单位

拣选单位与存货单位基本对应,但可能会因用户的需要做进一步的细分。一般来说,拣选单位可分成托盘(pallet)、箱(case)及单品(bulk) 3 种,即通常说的 PCB。以托盘为拣选单位的体积及重量最大,其次为箱,最小单位为单品。

① 单品:拣选的最小单位,单品可由箱中取出,可以用人工单手拣取,尺寸一般在 10 cm^3 以下,单边长不超过 20 cm,重量在 1 kg 以下。

② 箱:由单品所组成,可由托盘上取出,人工必须用双手拣取,尺寸一般在 10 m^3~1 m^3,单边长不超过 1 m,重量在 1~30 kg。

③ 托盘:由箱叠码而成,无法用人手直接搬运,必须利用叉车或托盘搬运车等机械设备。

④ 特殊品:体积大、形状特殊,无法按托盘、箱归类,或者必须在特殊条件下作业者,如大型家具、桶装油料、长杆形货物、冷冻货品等,都属于具有特殊的商品特性,存储和拣选时都必须特殊考虑。

注意拣选单位与基本库存单位(SKU,或称为货品、品项)的联系与区别。对仓库里的货品,不但要按货物名称,还要按型号和规格来区分。例如,可乐,内容一样,但单件商品包装有 2 L、1.25 L、600 mL、550 mL、330 mL 和 225 mL 等多种型号规格。这里提到的 6 种包装规格,每一种在仓库里都是一个独立的货品。

由拣选单位列出拣货的出库模式[托盘(pallet)、箱(case)、单品(bulk)],如表 9.5 所示。

表 9.5　7 种出库模式

模　式	储存单位	拣货单位	记　录
Ⅰ	托盘	托盘	P→P
Ⅱ	托盘	托盘+箱	P→P+C
Ⅲ	托盘	箱	P→C
Ⅳ	箱	箱	C→C
Ⅴ	箱	箱+单品	C→C+B
Ⅵ	箱	单品	C→B
Ⅶ	单品	单品	B→B

（4）拣选作业的方法

① 按单拣选作业方法。订单分别拣取是针对每一份订单，分拣人员按照订单所列商品及数量，将商品从储存区域或分拣区域拣取出来，然后集中在一起的拣货方式。其作业流量如图9.4所示。

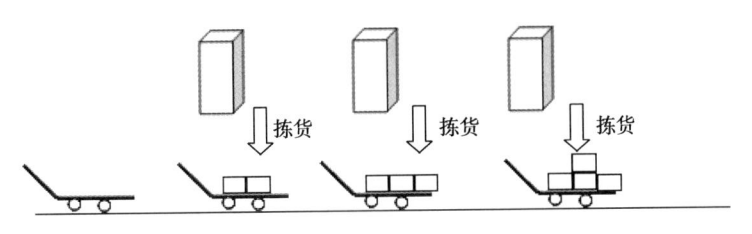

图9.4　按单拣选作业流程

按单拣选作业方法的特点与适用范围如表9.6所示。

表9.6　按单拣选作业方法的特点与适用范围

	特　点	适用范围
按单拣选	按订单拣选易于实施，而且配货准确度较高，不易出错； 对各用户的拣选相互没有约束，可以根据用户需求的紧急程度调整配货先后次序； 拣选完一个货单货物便配齐，因此货物可以不再落地暂存，直接装上配送车辆，有利于简化工序，提高作业效率； 用户数量不受限制，可在较大范围内波动，拣选作业人员数量也可随时调整，作业高峰时可临时增加作业人员，有利于开展即时配送； 对机械化、自动化没有严格要求，不受设备水平限制	订单分别拣取适合订单大小差异较大、订单数量变化频繁、商品差异较大的情况，如化妆品、家具、电器、百货、高级服饰等

② 批量拣选作业方法。批量拣取是将多张订单集合成一批，按照商品品种类别加总后再进行拣货，然后依据不同客户或不同订单分类集中的拣货方式，如图9.5所示。

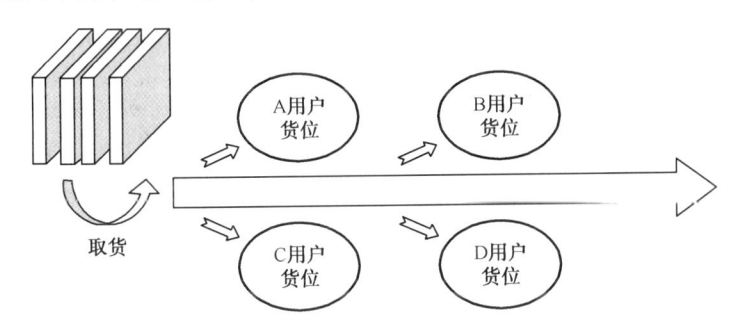

图9.5　批量拣选作业流程

批量拣选作业方法的特点与适用范围，如表9.7所示。

此外，还可以采用以下两种方法：整合按单拣选和复合拣选。

整合按单拣选：主要应用于一天中每一订单只有一种品项的情况，为了提高配送效率，将某一地区的订单整合成一张拣选单，做一次分拣后，集中捆包出库，属于按单拣选的一种变通形式。

复合分拣：为克服订单分别拣取和批量拣取方式的缺点，配送中心也可以采取将订单分别拣取和批量拣取组合起来的复合拣取方式。复合拣取为订单分别拣取与批量拣取的组合运用；依订单品项、数量及出库频率，决定哪些订单适合订单别拣取，哪些适合批量拣取。

表9.7 批量拣选作业方法的特点与适用范围

	特 点	适用范围
批量拣选	由于是集中取出共同需要的货物,再按货物货位分放,这就需要在收到一定数量的订单后进行统计分析,安排好各用户的分货货位之后才能反复分货作业,所以这种工艺难度较高,计划性较强,与按单拣选相比错误率较高; 由于是各用户的配送请求同时完成,可以同时开始对各个用户所需货物进行配送,所以有利于车辆的合理化调配和规划配送线路,与按单拣选相比可以更好地发挥规模效益; 对到来的订单无法做出及时反应,必须等待订单达到一定数量才做一次处理,因此会有停滞时间,只有根据订单到达的状况做等候分析,决定出适当的批量大小,才能将停滞时间减至最低	首先批量拣取适合订单变化较小、订单数量稳定的配送中心和外形较规则、固定的商品出货,其次需进行流通加工的商品也适合批量拣取,再批量进行加工,然后分类配送,有利于提高拣货及加工效率

适用场合:复合拣取即根据订单的品种、数量及出库频率,确定哪些订单适合订单分别拣取,哪些适合批量拣取,分别采取不同的拣货方式。

(5) 拣选行走方式

拣选行走方式主要有人至货和货至人两种方式。

① 人至货方式。这是最常见的一种方式,拣货员通过步行或搭乘拣选车辆到达货品储存位置。人至货的系统构成简单、柔性高,可以不用机械设备和计算机支持。"货到传送带"法是人至货方式最主要的方法,即拣选工作在输送机两边进行,拣出的货物由作业者直接送到输送机(集货点),或者用容器集中后送到输送机(集货点),由输送机送到集货中心。因有输送机的帮助,拣货员的行走距离短、劳动强度低、拣选效率高,每小时每人可拣选1 000件货物。但输送机将拣选作业区分成两个部分,在拣选任务不是均匀分布在两边的货架时,不能协调两旁拣货员的工作节奏,同时也造成系统的柔性差、补货不方便、所需的作业面积大。它的拣选搬运设备是传送带。因为有它们的存在,存储区同时也是拣选区的通道较宽,以布置输送机械。人至货方式的拣货设备主要有如下几种。

储存设备:栈板储架(pallet rack)、轻型储架(shelves)、橱柜(cabinet)、流动储架(flow rack)和高层储架(high bay rack)。

搬运设备:无动力拣货台车(picking cart)、动力拣货台车(picking vehicle)、动力牵引车(tractor vehicle)、堆高机(forklift)、拣货堆高机(picking truck)、搭乘式存取机(man aboard AS/RS)、无动力输送机(free conveyor)、动力输送机(power conveyor)及计算机辅助拣货台车(computer aided picking cart)。

② 货至人方式。货至人方式与人至货方式相反,主要行走的一方为被拣货物,拣取者在固定位置内作业,无须去寻找货位。货至人方式可分为普通、闭环和活动的3种。

普通的货至人方式中,拣货员不用行走、拣选效率高、工作面积紧凑、补货容易、空箱和空托盘的清理也容易进行,可以优化拣选人员的工作条件与环境。不足之处在于投资大,拣选周期长。这种拣选方法的应用系统称为小件自动化仓储系统。

闭环的货至人方式中,载货托盘(即集货点)总是有序地放在地上或搁架上,处在固定位置。输送机将拣选货架(或托)送到集货区,拣选人员根据拣选单拣取货架中的货物,放到载货托盘上,然后移动拣选货架,再由其他拣选人员拣选,最后通过另一条输送机,将拣空后的拣选货架送回。其优点是:拣选路线短、拣选效率高、系统柔性好,空箱和无货托盘的清理比较容易,所需作业面积小,劳动组织简单。其缺点是:为了解决拣选货架的出货和返回问题,仓库、输送机和控制系统的投资大;因顺序作业,造成作业时间长等。提高这种系统的效率的关键,可通过拣选任务的分批处理,减少移动的拣选货架的数量,缩短拣选作业的时间。

活动的货至人方式是拣货员(或拣选机器人、高架堆垛机)带着集货容器(集货点)在搬运机械的帮助下,按照订单的要求,到货位拣选,当集货容器装满后,到集货点卸下所拣选物。由于此系统一般是由机器人拣选,但机器人取物装置的柔性较差,不能同时满足箱状货物、球状货物、柱状货物的拣取,因此也就限制了它的应用。这种系统一般用在出库频率很高、货种单一的场合,是托盘自动仓库的主要方式。

货至人方式的拣货设备主要有如下几种。

储存设备:单元负载自动仓储(unit-load AS/RS)、轻负载自动仓储(mini-load AS/RS)、水平旋转自动仓储(horizontal carousel)、垂直旋转自动仓储(vertical carousel)和梭车式自动仓储(shuttle and server system)。

搬运设备:堆高机、动力输送带和无人搬运车(automatic guided vehicle)。

(6) 拣选策略

拣选策略通常有4种,即摘果式(discreet picking)、播种式(batch picking)、分区式(zone picking)和波浪式(wave picking)。

① 摘果式(discreet picking)也称单订单拣取(single-order-pick),即针对每一张订单,拣货人员巡回于储存场所,将客户所订购的每一种商品挑选出且集中起来,将配齐的商品放置到发货场所指定的货位,即可开始处理下一张订单。

摘果式拣选的作业流程如下。

1) 补货:从仓储区向拆零拣选区送货,并且逐个货位上架。

2) 沿线拣选:周转箱沿着分拣流水线移动,分拣人员从货架上取货,放入周转箱。

3) 复核装箱:拣选结束后,对已经装入周转箱的货物进行核对(品种、数量等),有时还需要换箱装货。

4) 货待运:把已经复核装箱完毕的货箱送到发货区,等待运出。

其优点是:作业方法单纯;订单处理前置时间短;导入容易且弹性大;作业人员责任明确,派工容易、公平;拣货后不必再进行分拣作业,适用于数量大、品种少的订单的处理。其缺点是:商品品种多时,拣选行走路径加长,拣取效率降低;多个工人在同时拣取不同的大数量订单时,会在通道处发生拥挤;拣选区域大时,搬运系统设计困难;少量、多批次拣取时,会造成拣货路径重复费时,效率降低。

② 播种式(batch pick)。也称批量拣选,即将每批订单的同种商品累加起来,从储存仓位上取出,集中搬运到理货场,并按每张订单要求的数量投入对应的分拣箱,分拣完成后分放到待运区域,直至配货完毕。

播种式分拣的作业流程如下。

1) 汇总拣货:从仓储区将该批次所需货物全部拣出,送到拆零分拣区,逐个放到分拣线上。

2) 沿线分货(含复核装箱):待分播货箱沿着流水线移动,分拣人员从流水线上的箱中取货,放入货架箱内;间歇性复核、装箱。

3) 集货待运:把已经复核装箱完毕的货箱送到发货区,等待运出。

其优点是:适合订单数量大的系统;可以缩短拣取时的行走搬运距离,增加单位时间的拣取量;对于少量、多批次的配送十分有效。其缺点是:由于必须等订单达到一定数量时才做一次处理,因此订单处理前置时间长。

③ 分区式(discreet picking)是各个工人分别在不同拣选区共拣一个订单的货物或多个订单的货物。每个工人只负责拣取他所在分区的货物。拣取的货物最后再分选、合并。每个拣货员负责一片存储区内货物的拣选,在一个拣选通道内,先将订单上所要货物中该通道内有的全部拣

出,汇集一起后再分配。

④ 波浪式(discreet picking)是按照某种特征将要发货的订单分组,如同承运商的所有订单为一组,一次完成这一组订单,下一波再拣选另一组的。它只适用于自动拣选机械的拣选,如UPS自动仓库拣选系统就是采用这种方式。

4种拣选策略的比较如表9.8所示。

表9.8 4种拣选策略比较

方法	每订单拣选人数	每拣货员处理订单数
摘果式	单人	单订单
播种式	单人	多订单
分区式	多人	单订单/多订单
波浪式	多机器	多订单

2. 补货作业

补货作业是为了满足拣选作业的需要,从保管区将货物移到拣货区的作业过程,即将待配商品放在存取方便的位置的过程。

(1) 补货作业流程

补货作业的基本流程如图9.6所示。

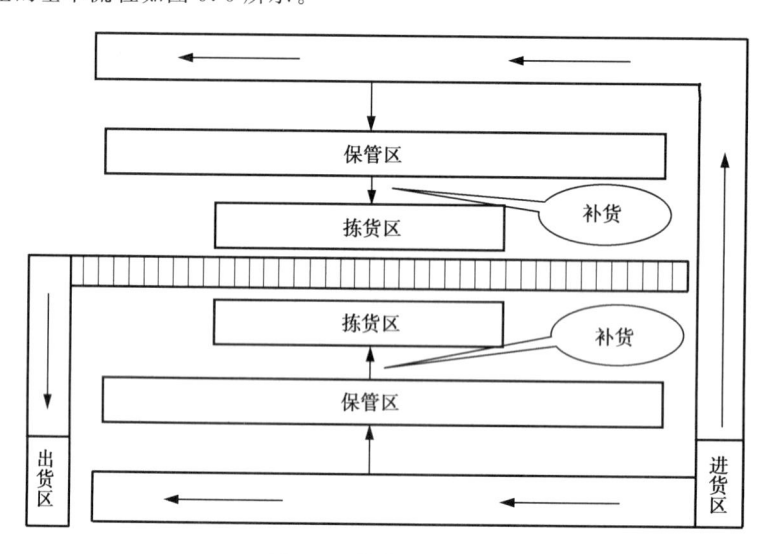

图9.6 补货作业流程

补货作业与拣选作业息息相关,补货作业要根据订单需求制订详细的计划,不仅要确保库存,但也不能补充过量,而且还要将其安置在方便存取的位置上。

当拣选区的存货水平下降到预先设定的标准以后,补货人员就将需要补充的存货种类由保管区搬运至拣选区,然后拣选人员再将物品拣出,放到出库输送设备上运走。

(2) 补货时机

补货时机一般有以下3种方式。

① 批次补货。它是通过计算机查询每天需要的总拣取量及拣货区存货量的情况,将补货量一次性补足的方式。这种方式比较适合一个工作日内作业量变化不大、紧急插单较少或每批次拣取量大须事先掌握的情况。

② 定时补货。每天规定几个时间点，补货人员在这几个时段内检查拣选区的存货情况，如果货架上的存货已降到预先规定的水平以下，则立即进行补货。这种方式适合拣选时间固定且处理紧急配送时间也固定的仓库。

③ 随机补货。它通常是指定专门的补货人员，随时巡视拣选区物品存量，发现存量不足则立即补货。这种方式适合每批次补货量不大，但紧急插单较多，不确定性大的情况。

(3) 补货方式

① 拼/整箱补货：适合体积小、量少但品种多的物品，如图9.7所示。

② 托盘补货：适合体积大或出货量大的物品，如图9.8所示。

③ 货位补货：适合保管区与拣货区处于同一货架的物品，如图9.9所示。

图9.7　拼/整箱补货　　　　图9.8　托盘补货　　　　图9.9　货位补货

3. 备货作业

备货是指准备货物的系列活动。它是配送的基础环节，又是决定配送成败与否、规模大小的最基础环节，也是决定配送效益高低的关键环节。如果备货不及时或不合理，成本较高，会大大降低配送的整体效益。

备货过程包括理单、销卡、核对、点数及签单等流程。

① 理单是指根据出库凭证所列出库货物的内容，迅速找准库存货位。

② 销卡就是在货物出库时，到货物存放的货位上对悬挂在货垛上的货卡进行核对并登记出库数量。

③ 核对是指在销卡后，再进行单（出库凭证）、卡（货卡）、货（实物）三者的核对。

④ 点数就是要仔细清点应发货物的数量，防止差错。

⑤ 签单是为明确责任，要求操作的保管员在货卡上签名并批注结存数，同时在出库凭证上予以签认。

仓库在备货时，如果出库凭证上特别注明了发货批次的，则按照规定的批次进行备货；出库凭证上未规定批次的，要按照"先进先出"的原则进行备货。因此，在备货工作中要注意以下几点。

① 所备货物的品质、规格、花色品种应符合合同的规定，即不要偏高，也不要偏低。

② 备货数量要多于合同规定的数量，以防不测；实际交货数量应符合合同或信用证规定。凡按重量计量的货物而在买卖合同或信用证中均未规定按何种方法计量的，按惯例应以净重计量。

③ 货物的包装必须符合合同规定和运输要求，唛头应按合同规定的式样刷制，要注意清楚醒目，颜色不易脱落。

④ 对于出口的货物，备货时间按距离启运港远近，提前进行。注意备货完成时间一定要早

于信用证规定的船期,严防脱节。

4. 分货(配货)作业

分货也称配货,拣货作业完成后,根据订单或配送路线等不同的组合方式对货品进行分类。需要流通加工的货物,先按流通加工方式分类,再按进货要求分类,这种作业称为分货作业。

(1) 分货作业的基本流程

1) 分类。对分拣出来的物品根据用户或配送路线进行分类,集中放置在缓冲区。分类的方法主要有人工分类、旋转货架分类及自动分类机分类等。

2) 配货检查。分类后需要进行配货检查,以保证发运前的物品的品种、数量、质量无误。配货检查比较原始的方法是人工检查,也就是人工点数、察看物品外观质量等。为了提高人工检查的效率,可以将物品有规律地放置,如进行"五五堆码"等以便于点数;或者采用称重的办法,先称出物品的总重量,再对照物品的单位重量,计算并核对配货数量;还可以采用抽查的技术。但总的来说,人工检查效率较低。随着信息技术的发展,现在还可以通过应用信息技术来进行配货检查,如通过扫描物品上的条码、应用语音输入技术等进行配货检查。

3) 包装、打捆。为了提高作业效率,一般还要对配送物品进行重新包装、打捆,以保护物品,提高运输效率,便于配送到户时客户能够快速、准确地识别各自的货物等。配货作业中的包装主要是指物流包装,其主要作用是为了保护货物并将多个零散物品放入大小合适的箱子中,以实现整箱集中装卸、成组化搬运等,以及减少搬运次数,降低货损、货差,提高配送效率。同时,包装也是产品信息的载体,通过在外包装上书写产品名称、原料成分、重量、生产日期、生产厂家、产品条码及储运说明等,可以便于客户和配送人员识别产品,进行物品的装运。通过扫描包装上的条码还可以进行货物跟踪,根据包装上的装卸搬运说明可以指导作业人员对货物进行正确操作。

(2) 分货作业方式

分货作业方式可分为人工分货和自动分类机分货两种方式。

① 人工分货。人工分货方式是指分货作业过程全部由人工完成。分货作业人员根据订单或其他方式传递过来的信息进行分货作业,分货作业完成后,由人工将各客户订购的货物放入已标示好的各区域或容器中,等待出货。

② 自动分货。自动分货是利用自动分类机来完成分货工作的一种方式。自动分货系统一般应用于自动化仓库,适用于多品种、业务量很大且业务较稳定的场合。其基本过程:将有关货物及分类信息输入自动控制系统,当货物通过输送系统运送至分拣系统时,首先通过分类识别装置对货物进行识别,然后由自动控制系统控制相应的执行装置产生相应的动作,从而控制货物按分类要求到达规定的分类道口,该分类道口的排出装置将货物排出分类机,进入相应的发货准备区,从而实现货物的自动分类。

5. 加工作业

这里所说的"加工"实际上是指出库流通加工的概念,是在物品由生产领域向消费领域流动的运输过程中,为提高物流效率和运输实载率,而对物品进行的流通加工。

(1) 主要的流通加工作业方法

① 以提高物流效率为目的的流通加工。

② 以提高实载率为主要目的的流通加工。

(2) 延迟生产

为了降低风险和存货水平,他们通常采取延迟生产策略,产品先行运到各仓库,待客户订单确定以后再由各仓库进行最后的包装和粘贴标签。有些油漆厂商为了给客户提供更多颜色的商品,同时又不想保持过高库存,他们常常在仓库只储存一部分单一颜色的油漆,然后配备调色机和色卡,根据客户订单现场为客户调配颜色。

(3) 促销加工

为了配合大型超市灵活多变的价格策略,超市还要经常将同类或不同的商品进行重新打包组合以推销新产品或扩大销售。例如,将几袋鲜奶捆绑在一起进行销售,将洗发水和毛衣清洗剂捆绑在一起销售等。

(四) 出库复核

为保证出库货物不出差错,配货后应立即进行出货检查。出库检查是防止发货差错的关键。采用人工拣货和分货作业方式时,每经一个作业环节,必须仔细检查,按照"动碰复核"的原则,既要复核单货是否相符,又要复核货位结存量来验证出库量是否正确。发货前由专职或兼职复核员按出库凭证对出库货物的品名、规格、单位及数量等仔细地进行复验,核查无误后,由复核人员在出库凭证上签字,方可包装或交付装运。在包装、装运过程中要再次进行复核。

为有效防止差错,仓库在分拣备货后,应立即进行专门的复核查对作业。复核查对作业的形式应视具体情况而定,可由仓库所设的复核员、仓库主管等工作人员进行,也可由操作的保管员进行。

复核查对的主要内容如下。

① 货物的名称、规格、型号及数量等项目是否与出库凭证所列的内容一致。

② 外观质量是否完好,包装是否完好、正确,是否便于装卸搬运作业。

③ 出库货物的配件(如机械设备等)是否齐全。

④ 出库货物所附证件、单据是否齐全等。

复核人员复核查对无误后,应在出库凭证和仓库内部的相关账册上签认。如果经过复核查对,所备货物与出库凭证不符,应立即查明原因、予以调换,并及时更正或除掉所备货物外包装上的有关标记,及时调整货卡和账册。

(五) 出库货物包装标识(志)

1. 包装的种类

包装的种类可以从功能、形态、作用等不同角度划分,按功能划分可分为销售包装(也称商业包装)和运输包装(也称工业包装),这也是最常用的分类方式。我们这里主要研究的是运输包装。

出库货物有的可以直接装运出库,有的还需要经过包装待运环节。特别是发往外地的货物,为了适应安全运输的要求,往往需要进行重新组装或加固包装等作业。

运输包装的一般要求如下。

① 根据商品的外形特点,选择适宜的包装材料,包装尺寸要便于商品的装卸和搬运。

② 要符合商品运输的要求:包装应牢固,怕潮的商品应垫一层防潮纸,易碎的商品应垫软质衬垫物,包装的外部要有明显标志,标明对装卸搬运的要求及其他标志,危险品必须严格按照规定进行包装,并在包装外部标明危险品有关标志;不同运输费率的商品应尽量不包装在一起,以免增加运输成本,如图9.10所示。

图 9.10　运输包装物

③ 严禁性能抵触、相互影响的商品混合包装,如图 9.11 所示。

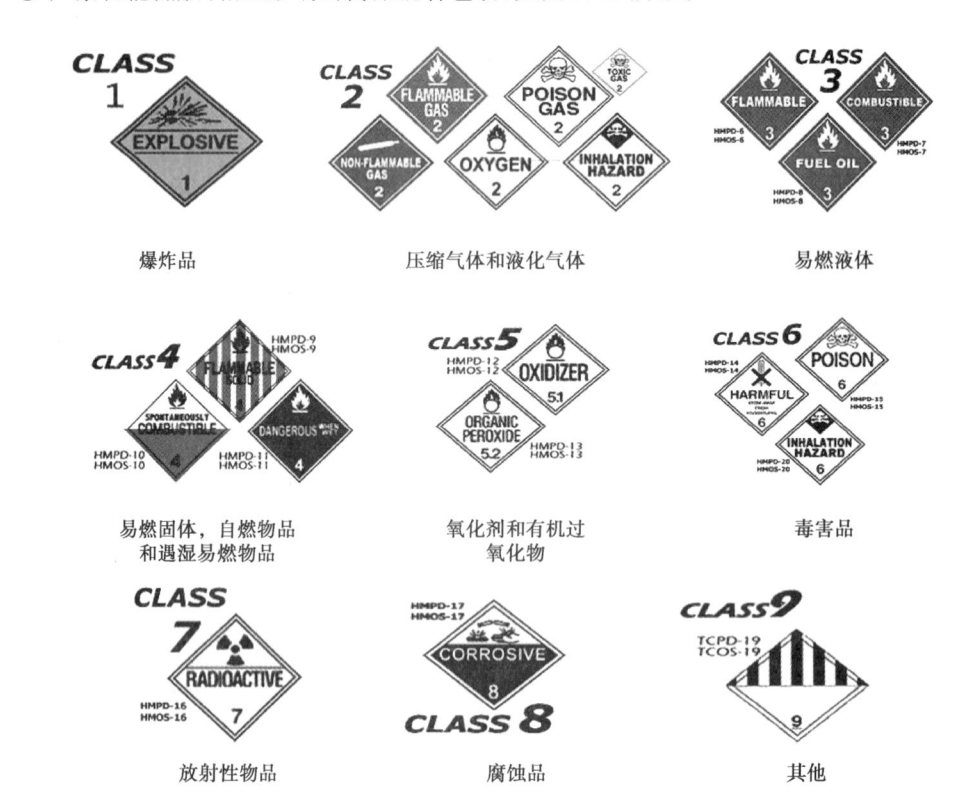

爆炸品　　　　　　压缩气体和液化气体　　　　　　易燃液体

易燃固体,自燃物品　　氧化剂和有机过　　　　毒害品
和遇湿易燃物品　　　　　氧化物

放射性物品　　　　　腐蚀品　　　　　　其他

图 9.11　严禁性能抵触、相互影响的商品混合包装

④ 包装的容器应与被包装商品的体积相适应。
⑤ 要节约使用包装材料,注意节约代用、修旧利废。

2. 包装作业的内容

运输包装作业既包括包装前的技术处理、包装过程,还包括包装的辅助工作。主要内容包括 6 个环节:填充(包括装放、填充及灌装);包装封口(包括黏合封口、胶带封口、插接封口、捆扎封口、绞结封口及装订封口等);捆扎(包括直接捆扎、半包装捆扎、夹板捆扎、成件捆扎及密缠捆扎);裹包(包括直接裹包、多件裹包、收缩包装、压缩捆包及卷绕裹包);加标和检重。

师傅教我做

包装流程图

1) 填充。填充是将物品装入包装容器的操作,分为装放、填充与灌装3种形式。

2) 包装封口。包装封口是包装操作的一道重要工序,它直接关系着包装作业的质量与包装的密闭性。根据封口部位的不同,可分为顶端封口、侧面封口和底端封口等。根据容器和密封性能的要求有黏合封口、胶带封口、插接封口、捆扎封口、绞结封口、装订封口、热熔封口、收缩封口、盖塞封口、焊接封口、卷边封口、压接封口、缝合封口、真空封口、胶泥封口及浸蜡封口等。

3) 捆扎。捆扎是将物品或包装件用适当材料扎紧、固定或增强的操作,主要有直接捆扎、半包装捆扎、夹板捆扎、成件捆扎和密缠捆扎等形式。

4) 裹包。裹包是用一层挠性材料包覆物品或包装件的操作。裹包过程结束后,被包物品与包装物呈现的外形通常称为包裹。裹包的方法主要有直接裹包、多件裹包、收缩包装、压缩捆包与卷绕裹包等形式。用于裹包的材料主要有纸张、织品、塑料薄膜及蒲席等。

5) 加标和检重。加标就是将标签粘贴或栓挂在物品或包装件上,标签是包装装潢和标志,因此加标是很重要的工作。检重是检查包装内容物的重量,目前一般会使用电子检重机进行测量。

3. 包装标志

包装标志是为了便于货物交接、防止错发错运,便于识别、运输,仓储和海关等有关部门进行查验等工作,也便于收货人提取货物,在进出口货物的外包装上标明的记号。标志的颜色一般为黑色。如果包装件的颜色使图示标志显得不清晰,则可选用其他颜色印刷,也可在印刷面上选用适当的对比色。一般应避免采用红色和橙色。粘贴的标志采用白底印黑色,如图 9.12 所示。

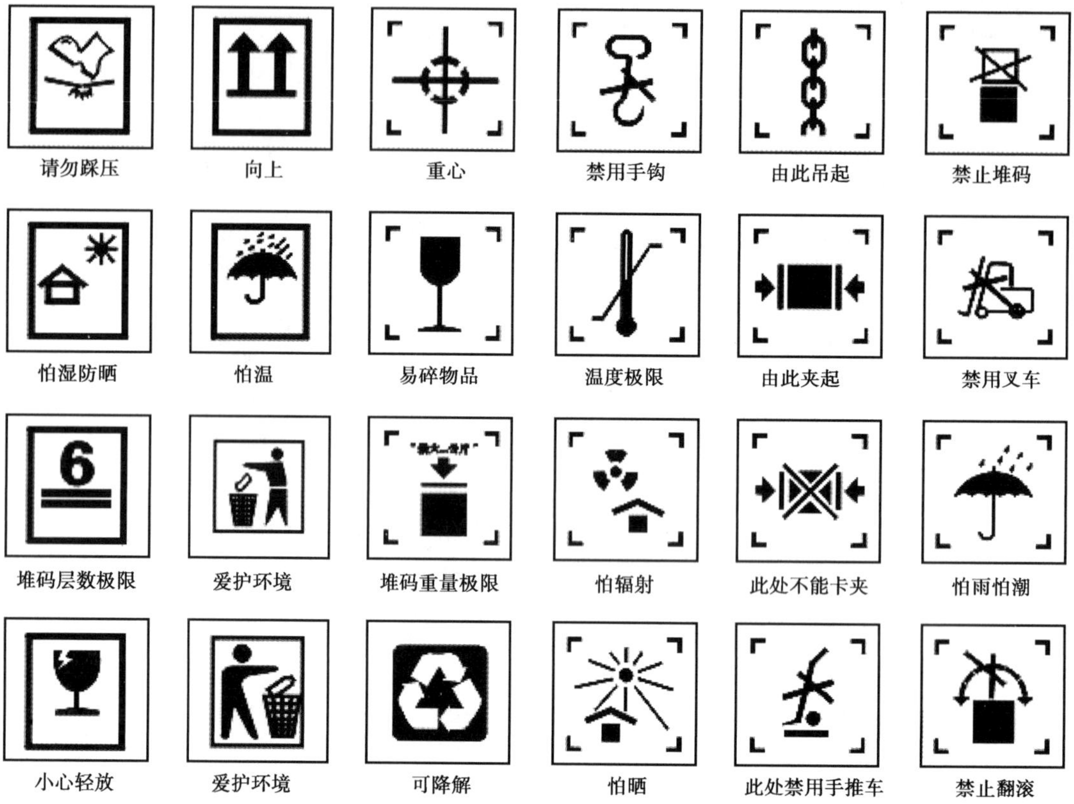

图 9.12　货物包装标志

（1）运输包装标志

运输包装标志即唛头。这是贸易合同、发货单据中有关标志事项的基本部分。它一般由一个简单的几何图形及字母、数字等组成。唛头的内容包括：目的地名称或代号,收货人或发货人的代用简字或代号、件号(即每件标明该批货物的总件数),体积(长、宽、高),重量(毛重、净重、皮重)及生产国家或地区等,如图 9.13 所示。

图 9.13　运输包装标志

(2) 指示性标志

按商品的特点,对于易碎、需防湿、防颠倒等商品,在包装上用醒目图形或文字,标明"小心轻放"、"防潮湿"、"此端向上"等。

指示标志用来指示运输、装卸、保管人员在作业时需要注意的事项,以保证物资的安全。这种标志主要表示物资的性质,物资堆放、开启、吊运等的方法。

根据国家标准GB 190—2009的规定,在有特殊要求的货物外包装上粘贴、涂打、钉附以下不同名称的标志,如向上、防潮、小心轻放、由此吊起、由此开启、重心点、防热及防冻等。

在国际物流中则要求在包装上正确绘制货物的运输标志和必要的指示标志。标志至少应包括这些内容:目的地:收货人的最终地址、中转地点、订货单号;装卸货指示标志:特别是对于易碎商品,更应在包装上标记出装卸操作的方向以防商品损坏。

(3) 警告性标志

对于危险物品,如易燃品、有毒品或易爆炸物品等,在外包装上必须醒目标明,以示警告。

(4) 危险品标志

危险品标志是用来表示危险品的物理、化学性质,以及危险程度的标志。它可提醒人们在运输、储存、保管及搬运等活动中引起注意。

根据国家标准GB 190—2009的规定,在水陆、空运危险货物的外包装上拴挂、印刷或标打以下不同的标志,如爆炸品、遇水燃烧品、有毒品、剧毒品、腐蚀性物品及射性物品等。

4. 包装标志的要求

(1) 必须按照国家有关部门的规定办理

我国对物资包装标记和标志所使用的文字、符号、图形及使用方法,都有统一的规定。

(2) 必须简明清晰、易于辨认

包装标记和标志要文字少、图案清楚、易于制作、一目了然、方便查对。标记和标志的文字、字母及数字号码的大小应和包装件的标记和标志的尺寸相称,笔画粗细要适当。

(3) 涂刷、拴挂、粘贴标记和标志的部位要适当

所有的标记和标志都应位于搬运、装卸作业时容易看到的地方。为防止在物流过程中某些标志和被抹掉或不清楚而难以辨认,应尽可能在同一包装物的不同部位制作两个相同的标记和标志。

(4) 要选用明显的颜色做标记和标志

制作标记和标志的颜料应具备耐温、耐晒、耐摩擦等性能,以致不发生褪色、脱落等现象。

(5) 标志的尺寸一般分为3种

用于拴挂的标志为74×52.5(mm);用于印刷和标打的标志为105×74(mm)和148×105(mm)两种。需要说明特大和特效的包装不受此尺寸限制。标志的尺寸一般分为4种,如表9.9所示。

表9.9 标志的尺寸　　　　　　　　　　　　　　　　　　　　　　　　　　毫米

宽尺寸	号　别	长
1	70	50
2	140	100
3	200	150
4	280	200

注:如遇特大或特小的运输包装件,标志的尺寸可以比表9.9的规定适当地扩大或缩小。

5. 包装标志的使用方法

① 标志的标打，可采用印刷、粘贴、拴挂、钉附及喷涂等方法。印刷时，外框线及标志名称都要印上；喷涂时，外框线及标志名称可以省略。
- 箱状包装：位于包装明显处。
- 袋、捆包装：位于桶身或桶盖。
- 桶形包装：位于桶身或桶盖。
- 集装箱、成组货物：粘贴4个。

② 标志的文字书写应与底边平行；出口货物的标志，应按外贸的有关规定办理；粘贴的标志应保证在货物储运期内不脱落。

③ 运输包装件需标打哪种标志，应根据货物的性质正确选用。

④ 标志由生产单位在货物出厂前标打。出厂后如改换包装，标志由改换包装单位标打。

（六）出库验收

物品的验收工作，实际上包括品质的检验和数量的点收两个任务。

1. 物品验收的标准

物品要能达到客户满意程度才准许出库，因而验收要符合预定的标准。基本上验收物品时，可根据下列几项标准进行检验。

① 采购合约或订购单所规定的条件。
② 以比价或议价时的合格样品为标准。
③ 采购合约中的规格或图解。
④ 各种物品的国家品质标准。

2. 出库验收的内容

出库验收工作是一项细致复杂的工作，一定要仔细核对，才能做到准确无误。在对物品验收核对时主要是核对商品条码（或物流条码）、核对物品的件数、核对物品包装上品名、规格及细数。只有这样，才能达到品类相符、件数准确。有的物品即使进行了验收核对，也可能仍会产生一些规格或等级上的差错，如品种繁多的物品，对这类物品则要采取全核对的方法，要以单对物，核对所有项目，即品名、规格、颜色、等级及标准等，以确保单物相符，准确无误。

出库的货物在清点验收时，仓库工作人员应该在出库单上认真填写实发数、发货日期等相关项目并签名。仓库门卫通常凭出库单的出门联或专门的出门单放行出库的货物。表9.10所示为某综合型仓库的出库单的样式。出库验收的内容包括：品质检验和数量点收；具体内容如品名、数量、规格及商品条码等。

表9.10 出库单样单

货主单位： 出库单编号：
提货人及提货方式： 提货单号：
结算方式： 出库日期： 年 月 日

序 号	货物编号	名 称	规 格	型 号	单 位	提单数量	实发数量	实发重量	发货货位	备 注

其他记载事项	货物包装：	提货车号：

审核： 记账： 提货人： 制单：

仓库依据业务部门或客户单位的出库凭证和保管人员开具的出库单,按照货物账目日清日结的原则,进行货物账的登录和记载。在实际工作中,库存的货物往往在出库之后,仓库方面才能够与客户单位结算仓租费、装卸搬运费及手续费等相关费用,因此仓库的货物账要及时登录和记载,以便仓库结算人员或财务人员及时进行结算。

3. 出库中的问题处理

出库中的问题处理如表9.11所示。

表9.11 出库中的问题处理

问 题	原 因	处 理 方 式
提货数与实存数不符	入库时错账	采用报出报入的方法进行调整
	仓库保管员串发、错发	由仓库方面负责解决库存数与提单数间的差数
	货主漏记账而多开的出库数	货主出具新的提货单,重新组织提货和发货
	仓储过程中的损耗	与货主协商解决
串发货和错发货	发货人员因不熟悉或疏漏将物品错发出库	根据是否提出仓库来分别处理
包装破漏	物品外包装破散、沙眼等现象引起的物品渗漏、裸露等问题	发货时应经过整理或更换包装,方可出库,否则造成的损失应由仓储部门承担
漏记账	在物品出库作业中,由于没有及时核销物品明细账而造成账面数量大于或小于实存数量的现象	除了及时向有关领导如实汇报情况外,同时还应根据原出库凭证查明原因调整保管账,使之与实际库存保持一致。如果由于漏记和错记账给货主、承运人和仓储部门造成了损失,应予赔偿,同时应追究相关人员的责任
错记账	在物品出库后核销明细账时没有按实际发货出库的物品名称、数量等登记,从而造成账实不符的情况	

(七) 出库点交与销账

出库商品无论是要货单位自提,还是交运输部门发运,仓库发货人必须向提货人或运输人员按出库凭证所列逐件点交清楚,划清责任。得到提货人员认可后,仓库交货人随即在出库凭证上加盖"商品付讫"章戳,表示已办理出库手续。

出库物品经凭证审核、出库验收后,要向提货人员点交。同时应将出库物品及随行证件逐笔向提货人员当面点交。在点交过程中,对于有些重要物品的技术要求、使用方法、注意事项,保管员应主动向提货人员交代清楚,做好技术咨询服务工作。当物品出库完毕后,仓管员应及时将物品从仓库保管账上核销,取下垛牌,以保证仓库账账相符、账卡相符、账实相符;并将留存的仓单(提货凭证)、其他单证、文件等存档。

货物交点清楚,出库发运之后,该货物的仓库保管业务即告结束,仓库保管人员应做好清理工作,及时注销账目、料卡,调整货位上的吊牌,以保持货物的账、卡、物一致,及时、准确地反映物资进出、存取的动态。

(八) 装载发运、现场清理和数据归档

装载上车是指车辆的配载,根据不同的配送要求,在选择合适的车辆的基础上对车辆进行配载以达到提高车辆利用率的目的。

由于物品品种、特性各异,为提高配送效率,确保物品质量,必须首先对特性差异大的物品进行分类,并分别确定不同的运送方式和运输工具。特别要注意散发臭味的物品不能与具有吸臭性的物品混装;散发粉尘的物品不能与清洁物品混装;渗水物品不能与易受潮物品一同存放;另外为了减少或避免差错,也应尽量把外观相近、容易混淆的物品分开装载。

在具体装车时,装车顺序或运送批次的先后,一般按用户的要求时间先后进行,但对同一车辆共送的物品装车则要将物品依"后送先装"的顺序进行。但有时在考虑有效利用车辆的空间的同时,还要根据物品的一些特性(怕震、怕压、怕撞、怕湿)、形状、体积及重量等,做出弹性调整,如轻货应放在重货上面,包装强度差的应放在包装强度好的上面,易滚动的卷状、桶状物品要垂直摆放等。另外,应按照物品的性质、形状、重量体积等来具体决定物品的装卸方法。其如图9.14所示。

图 9.14 货物装载上车

1. 装载发运

装载发运是指根据配送计划所确定的最优路线,在规定的时间内及时、准确地将物品运送到客户手中。同时,根据不同的配送要求,在选择合适的车辆的基础上对车辆进行配载以达到提高车辆利用率的目的。

由于物品品种、特性各异,为提高配送效率,确保物品质量,必须对特性差异大的物品进行分类,并分别确定不同的运送方式和运输工具。运输方式是客、货运输所赖以完成的手段、方法与形式,是为完成客、货运输任务而采取一定性质、类别的技术装备(运输线路和运输工具)和一定的管理手段。运输的工具主要是车、船、飞机、管道等,相应的运输方式也有铁路、公路、航空、水路和管道运输5种。

一般来讲,应从物流系统要求的服务水平和允许的物流成本来决定,可以使用一种运输方式,也可以使用联运方式。在决定运输方式方面,可以在考虑具体条件的基础上,对下述5个具体项目做认真研究。

(1) 货物品种

关于货物品种及性质、形状,应在包装项目中加以说明,选择适合这些货物特性和形状的运输方式,货物对运费的负担能力也要认真考虑。

(2) 运输期限

运输期限必须与交货日期相联系,应保证运输时限。必须调查各种运输工具所需要的运输时间,根据运输时间来选择运输工具。运输时间的快慢顺序在一般情况下依次为航空运输、汽车运输、铁路运输、船舶运输。各运输工具可以按照它的速度编组来安排日程,加上它的两端及中转的作业时间,就可以算出所需的运输时间。在商品流通中,要研究这些运输方式的现状,进行有计划的运输,确定有一个准确的交货日期是基本的要求。

（3）运输成本

运输成本因货物的种类、重量、容积及运距的不同而不同,因此运输工具不同,运输成本也会发生变化。在考虑运输成本时,必须注意运费与其他物流子系统之间存在着互为利弊的关系,不能只考虑运输费用来决定运输方式,要由全部总成本来决定。

（4）运输距离

从运输距离看,一般情况下可以依照以下原则：300 km 以内,用汽车运输;300～500 km,用铁路运输;500 km 以上,用船舶运输。一般采取这样的选择是比较经济合理的。

（5）运输批量

因为大批量运输成本低,应尽可能使商品集中到最终消费者附近,因此选择合适的运输工具进行运输是降低成本的良策。一般来说,15～20 t 以下的商品用汽车运输;15～20 t 以上的商品用铁路运输;数百吨以上的原材料之类的商品,应选择船舶运输。

2. 现场清理和数据归档

物品出库后,有的货垛拆开,有的货位被打乱,有的现场还留有垃圾、杂物。现场物品清理完毕后,还要收集整理该批物品的出入库情况、保管保养及盈亏等数据情况,并将这些数据存入物品档案,妥善保管,以备查用。保管员应根据储存规划要求,及时整理、清扫发货现场,保持清洁整齐。

（1）清理现场

商品出库后,保管员应根据储存规划要求,该并垛的并垛,该挪位的挪位,并及时清扫发货现场,保持清洁整齐,腾出新的货位、库房,以备新的入库商品使用。清理货场包括清理库存货物、库房、场地、设备和工具等,如图 9.15 所示。

（2）数据归档

货物出库后,还要整理该批货物的出入库情况、保管保养情况及盈亏数据等情况,清理并按规定传递出库凭证、出库单等,相关原始依据要存入货物保管档案,档案要妥善保管,以备查用。

清理财务是指货物发出后要清理单据、核对账目,出现盘亏的要办理盈亏手续,确保账、卡、物三者相符。清理后的单据、资料、货物档案要装订保存和归档备查。

图 9.15 清理现场

四、货物出库常发生的问题的处理

货物出库过程中出现的问题有很多,应分别对待并及时处理。

1. 提货数与实存数不符

一般是实存数小于提货数。出现这种问题的主要原因如下。

① 商品入库时,由于验收问题,增大了实收商品的签收数量,从而造成账面数大于实存数。

② 仓库保管人员和发货人员在以前的发货过程中因错发、串发等差错而形成实际商品库存

量小于账面数。

③ 货主单位没有及时核减开出的提货数,造成库存账面数大于实际储存数,从而开出的提货单提货数量过大。

④ 仓储过程中造成了货物的毁损。

2. 串发货和错发货的问题处理

所谓串发货和错发货,主要是指发货人员对货物种类规格不是很熟悉的情况下,或者由于工作中的疏漏,把错误规格、数量的货物发出库的情况。如果物品尚未离库,应立即组织人力重新发货。如果物品已经离开仓库,保管人员应及时向主管部门和货主通报串发货和错发货的品名、规格、数量及提货单位等情况,会同货主单位和运输单位共同协商解决。一般在无直接经济损失的情况下由货主单位重新按实际发货数冲单(票)解决,如果形成直接经济损失,应按赔偿损失单据冲转调整保管账。

3. 包装破漏的问题处理

包装破漏是指在发货过程中,因货物外包装破损,造成货物渗漏、裸露等问题。

一般来说,仓储部门在发货时,凡原包装经挤压,装卸搬运不慎造成的破损、污损都需重新整理或更换包装,才能出库。所以出现此类客户投诉,一般造成的原因是在运输途中,因碰撞、挤压或装卸搬运造成的,应与运输部门协商,由运输部门(物流公司)解决此问题。

4. 漏记账和错记账的问题处理

漏记账是指在货物出库作业中,由于没有及时核销货物明细账造成账面数量大于或少于实存数的现象。错记账是指在货物出库后核销明细账时没有按实际发货出库的货物名称、数量等登记,从而造成账物不相符的情况。不论是漏记还是错记,一经发现,除及时向有关领导如实汇报情况外,还应根据原始出库凭证查找原因调整账目,使之与实际存货相符。如果由于漏记账和错记账给货主单位、运输单位和仓储部门造成了损失,应予赔偿,同时应追究相关人员的责任。

5. 退货的问题处理

凡属产品内在质量问题,客户要求退货和换货时,应由质检部门出具质量检查证明、试验记录等书面文件,经货物主管部门同意后,方可以退货或换货。同时,按照退货处理流程进行处理。

退货程序如下。

1) 客户退货时应填写退货申请表,经同意后按约定的运输方式办理运输。

2) 仓库收到退货时,尽快清点完毕,如有异议以书面形式提出。

3) 退回的物品与退货申请表是否相符,以仓库清点为准。

4) 仓库根据其退货原因将物品分别存放、标识。对属于供应商造成的不合格品,应与采购部门联系,催促供应商及时退回;对属于仓库造成的不合格品且不能修复的,每月应申报一次,及时处理。

5) 登记入账,并按时向其他部门报送有关资料。

五、库存整理

仓储业务主要是对库存货物进行数量和质量方面的管理,是保持货物在数量上不短溢,在质量上不损伤所进行的一系列业务活动,仓库只有从数量和质量两个方面保证其完整性才能完成仓储任务,才能有效发挥物流的时间价值。由于仓储企业的货物存量大、品种多、出入库操作频繁,在实务中难免会发生计量和计算上的差错,以及自然损耗及人为损失等。为此,必须采取一定的措施,最大限度地减少库存货物的损耗和短少,对物资进行清查盘点,加强保管过程中货物损耗的控制是完成仓储管理工作积极而有效的方法。通过清查盘点,查清库存货物在数量上已有的或潜在的差错,达到账实一致;查明仓库内有无积压呆滞、规格不符的物品;仓储条件、安全措施和消防设备是否符合要求等,以便及早采取补救措施,减少损失。其如图 9.16 所示。

(一)库存整理的目的

通过库存整理,可以控制存货,以指导日常经营业务,同时能够及时掌握货物的损益情况,以便真实地把握经营绩效,并尽早采取相应措施。

图 9.16 库存盘点

1. 查清实际库存数量

通过盘点可以查清实际库存数量,并通过盈亏分析,使账面数量和实际库存数量保持一致。账面库存数量与实际库存数量不符的主要原因通常是收发作业中产生的误差所致,如记录库存数量时多记、误记、漏记等;验收与出库时清点有误;作业中导致商品损坏、遗失;盘点时误盘、重盘、漏盘等。如果发现盘点的实际库存数量与账面库存数量不符时,应及时查清问题原因,并根据原因做出相应处理。

2. 确认企业损益

库存商品的总金额直接反映企业流动资产的使用情况,库存量过高,流动资金的正常运转将会无法保证,对制造业来讲,库存金额与库存量及单价成正比,为了能准确地计算出企业的实际损益情况,必须通过盘点搞清楚库存商品的盈亏情况,进而分析原因,提出库存控制的措施。

3. 发现仓储管理中存在的问题

通过盘点查明盈亏的原因,可发现作业或管理中存在的问题,并通过解决问题来改善作业流程和作业方式,提高人员素质和管理水平。例如,通过盘点可以查出存货周转率、废品的处理状况、超期保管、长期积压商品的实际品种、数量,分析原因并提出改进措施,防止再度发生类似情况,从而使管理水平不断提高。

(二)库存整理的基本工作程序

一般情况下,库存整理可按以下步骤进行,如图 9.17 所示。

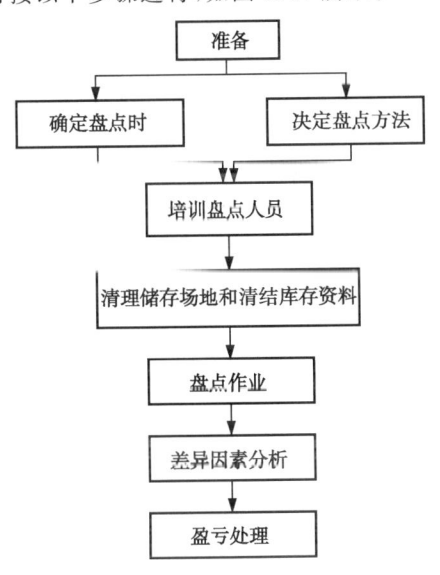

图 9.17 库存整理的基本工作程序

1. 盘点前的准备工作

盘点前的准备工作是否充分,关系到盘点作业能否顺利进行,因此要事先对可能出现的问题,以及盘点工作中易出现的差错,进行周密的研究和准备。具体准备工作如下。

① 仓管员将所保管的货物进行整理,做到货垛、货架整齐有序。对尚未办理入库手续、不在盘点之列的货物予以标示;对已办理出库手续的货物要全部搬出;对损失变质的货物要加标记以示区别;对已划归超储积压的货物要单独设库保管。

② 仓库记账员要将全部的有关收发的凭证登记入账,仓库物资明细账要校对无误。

③ 准备盘点所用表格,其参考格式如表 9.12 所示。

④ 做好人员安排和分工,并配备好需用的各种装卸搬运实施设备。

表 9.12　商品盘点单样单

盘点日期：　　　　　　　　　　　　　　　　　　　编号：

序　号	名　称	规格型号	存放位置	盘点数量	复查数量	盘点人	复查人

2. 确定盘点时间

从理论上讲,在条件允许的情况下,盘点的次数越多越好。但每一次盘点,都要耗费大量的人力、物力和财力。事实上,导致盘点误差的主要原因在于出入库的过程,可能是因出入库作业单据的输入,检查点数的错误或出入库搬运造成的损失,一旦出入库作业次数多时,误差也会随之增加。因此,盘点频率的确定就显得尤为重要。对一般的企业而言,由于货物周转频率不大,可以半年或一年进行一次货物盘点。对于货物周转频率较大的仓储配送中心,由于商品流动频率很大,出现差错的概率也很大,因此要加强库存控制,通常的办法是根据物品的性质、价值大小、流动速度及重要程度来分别确定不同的盘点时间,盘点时间间隔可以是每天、每周、每月、每季、每年盘点一次不等。例如,可按 ABC 分类法将货物科学地分为 A、B、C 3 个不同的等级,分别制定相应的盘点周期,重要的 A 类物品每天或每周盘点一次,一般的 B 类物品每二周或三周盘点一次,C 类物品可以一个月甚至更长时间盘点一次。另外,盘点的日期一般选择在:①财务决算前夕,配合财务决算,以查清财务状况;②淡季。因淡季存货较少,业务不太频繁,盘点较为容易,需要投入的资源也较少,且人力调动也较方便。

3. 确定盘点方法

由于仓储条件、货物特性等的限定,盘点方法也会有所差异,为尽可能快速、准确地完成盘点作业,必须根据实际需要确定盘点方法。

4. 培训盘点人员

正式盘点以前,为保证盘点作业顺利进行,必须对参与盘点的所有人员进行集中培训。培训的主要内容是盘点的方法及盘点作业的基本流程和要求,分为两部分:一部分是对所有人员进行盘点方法训练;另一部分是针对复盘与监盘人员进行认识货品的训练。例如,对商品名称、品种、规格等分类方法要统一口径,按账目记载的为准,避免因技术概念不清而导致盘点结果发生错误。另外,在进行盘点时,通常还要有管理部门的人员参加,其主要任务是对盘点过程进行监督,并复核盘点结果,因此,必须对他们进行熟悉盘点现场及盘点商品的训练。

5. 清理储存场所和清结库存资料

盘点工作开始时,首先要对储存场所及库存商品进行一次清理,清理工作主要包括以下几方面的内容。

① 在盘点前,对厂商发来的物料必须明确其所有权。如果已验收完成,属仓储企业的物料应及时整理归库;如果尚未完成验收程序的物料,属厂商,应划分清楚,避免混淆。

② 对已办理出库手续的商品,要提前通知有关部门,运到相应的配送区域。

③ 账卡、单据、资料均应整理后统一结清。

④ 储存场所在关闭前应通知相关业务部门预领所需的物品。

⑤ 整理商品堆垛、货架等,使其整齐有序,以便于清点计数。

⑥ 储存场所的管理人员在盘点前应自行预盘,预先鉴定呆料、废品、不良品,以便盘点。

⑦ 检查计量器具,使其误差符合规定要求。

6. 盘点作业

由于盘点作业比较单调,在进行盘点时一方面应注意加强领导,另一方面要注意劳逸结合,活跃工作气氛。

7. 差异因素分析

通过盘点,发现账物不符且差异超过容许的误差时,应立即追查产生差异的原因,主要的差异因素通常有以下几个方面。

① 商品入库登记账卡时看错数字。

② 账务处理系统管理制度和流程不完善,导致数据有误。

③ 捆扎包装错误使数量短缺。

④ 盘点前数据资料未结清,使账面数不准确。

⑤ 因气候影响而发生腐蚀、硬化、变质、生锈及发霉等。

⑥ 由于自然特性,某些商品因挥发、吸湿而使重量有所增减。

⑦ 液体商品因容器破损而流失。

⑧ 盘点错误,如漏盘、重盘和错盘。

⑨ 计量器具不准确或使用方法不当。

⑩ 货物损坏、丢失等原因。

8. 盈亏处理

查清差异原因后,为了通过盘点使账面数与实物数保持一致,需要对盘点盈亏和报废品一并进行调整。按差异的主要原因制定解决办法。对呆、废品,不良品应视为盘亏。货物在盘点时除了产生数量的亏损外,有些货品在价格上也会发生增减情况。这种价格变化经主管部门批准后,利用盘点盈亏和价目增减表格的形式进行更正。

(三) 库存整理的工作内容

盘点的目的在于检查金额、数量、时间是否准确,是一项综合性的考查工作。为了把账簿上显示的货物数量与仓库内或其他库区内货物的实有数进行核对,应从核对数量开始,进而核对质量。

1. 查数量

通过盘点查明库存商品的实际数量,核对库存账面数量与实际库存数量是否一致,这是盘点的主要内容。理论上,账面数量和实际数量应该一致,但因出入库经常发出差错,因此应该进行核对。

2. 查质量

检查库存商品的质量是盘点的另一项主要内容,主要是检查在库商品是否超过有效期和保质期,是否有长期积压等现象,必要时要对商品进行技术检验。

3. 查保管条件

检查保管条件是否与商品要求的保存条件相符合,这是保证在库商品使用价值的一个基本条件。例如,堆码是否合理稳固,库内温、湿度是否符合货物存储要求,各类计量器具是否准确等。

4. 查安全

检查各种安全措施和消防设备、器材是否符合要求,建筑物和作业设备等是否处于良好状态。

经验之谈

仓库盘点

1. 物资保管必须建立盘点检查制度,确保"三清三符"(三清:数量清、规格清、质量清;三符:财务账与物资分类明细账相符、物资分类明细账与物资实物台账相符、物资实物台账与实物相符)。物资的盘点检查分为月度盘查、季度盘查和年度盘查。

2. 月度盘查可采用永续盘存制,由采购与物流部门负责人、料账人员和库管人员共同对物资进行实物数量盘点,并与实物台账核对,核对无误后,与物资分类明细账核对。盘查时还需检查物资质量、保管期限、保管条件、库容库貌及计量器具是否准确无误、装卸机具是否完好、堆码苫垫是否符合规定。

3. 季度、年度盘查是由采购与物流部门组织,相关财务、审计、纪检监察等部门参与,共同对保管物资进行清点核查。

4. 物资盘点检查后须填写物资盘查表,物资盘查表包括:表单编号、盘查日期、物资类别(编码)、名称、规格型号、计量单位、账面数量、实盘数量、单价、盈亏数量、盈亏金额、库龄、存放地点、库管人员、料账人员及负责人等信息。物资盘查表一式三联,分别为仓库联、料账联、财务联。

5. 盘点检查过程中发现物资实物数量与实物台账和物资分类明细账记录数量不符、物资数量盈亏或存在变质损坏的,由库管人员按规定填写盈亏报告单,详细注明盈亏原因,转料账人员报本部门主管领导,经相关审批手续后进行账务调整。盘查中发现的变质损坏物资需单独存放,不得出库。

(四)盘点方法

1. 按盘点的方式分类

与账面库存与现货库存一样,盘点也分为账面盘点及现货盘点。账面盘点又称永续盘点,现货盘点又称实地盘点或实盘。要得到最正确的库存情况并确保盘点无误,最直接的方法就是确保账面盘点与现货盘点的结果完全一致。

例如,某位仓库管理专家采用了用颜色标识的办法,很有效。吊牌或货卡用两种颜色,一面是白色,另一面是黄色。入库的时候填白色这面,如果这一堆货一直没动,就一直白色,一旦要动这个货,就把它翻过来,写在后面黄色的这部分。下次盘点的时候,只要是白色的部分就不用盘了,因为没动过。这样可以减少重复的劳动。这叫随机盘点,一进来就盘好,下次盘点的工作量就减少了,也叫动态盘点、永续盘点,随时知道准确的库存量,化整为零。

(1) 账面盘点

账面盘点就是将每种商品分别设立存货账卡(见表 9.13),将每天出、入库商品的数量及单价记录在计算机或账簿的存货账卡上,连续计算汇总出账面上的库存结余数量及库存金额。

表 9.13　存货账卡样单

商品名称:				储位号:				
订货点:				经济订购批量:				
日　期	凭证及号码	订购数量	入库数量	单　价	金　额	出库数量	余　额	
							数量	金额

(2) 现货盘点

现货盘点就是实际去储存场所清点商品数量,再依商品单价计算出实际的库存金额。常见的方法是通过对实物进行点数、过磅或检尺,以确认实存数量,一般对计件商品要全部清点;货垛层次不清的商品要翻垛清理,对计重商品中的少数或贵重物品应全部过磅;对大量价廉体重的散垛、散装商品,可用估计和测量计算方法确定其数量;对包装完整的商品,可凭原始凭证和包装上的数量标记进行校对。

现货盘点法按时间频率的不同又可分为期末盘点及循环盘点。所谓期末盘点是指在会计计算期末统一清点所有商品的方法;循环盘点是指在每天、每周清点一小部分商品,一个循环周期将每种商品至少清点一次的方法。

期末盘点法。由于期末盘点是将所有商品一次点完,因此工作量大、要求严格。通常采取分区、分组的方式进行,其目的是明确责任,防止重复盘点和漏盘。分区就是将整个储存区域划分成一个个的责任区,不同的区由专门的小组负责盘点,因此,一个小组通常至少需要 3 个人:一人负责清点数量并填写盘点单,另一人复查数量并登记复查结果,第三人负责核对前两次盘点数量是否一致,对不一致的结果进行检查。待所有盘点结束后,再与计算机或账册上反映的账面数核对。

循环盘点法。循环盘点通常是对价值高或重要的商品进行盘点的一种方法。因为一些商品属于重要物品,对库存条件的要求比较高,一旦出现差错,不但会大大影响仓储中心的经济效益,而且有损企业的形象。因此,在仓储管理过程中,要对物品按其重要程度科学地分类,对重要的物品进行重点管理,加强盘点,防止出现差错。由于循环盘点只对少量商品盘点,所以通常只需保管人员自行对照库存资料进行盘点即可,发现问题后及时处理。

目前,国内大多数配送中心都已使用计算机来处理库存账务,当账面库存数与实际库存数发生差异时,很难断定是账面有误还是实盘出现错误,所以,可以采取账面盘点与现货盘点相结合的方法进行盘点。

2. 按盘点工作的时间间隔分类

(1) 动态盘点

动态盘点也称日常盘点,是仓库保管人员在日常物资管理中所坚持的一种制度,在物资出库、入库后,立即将实存数与账、卡、结存数相对。这种方法费时少,能及时发现问题。

(2) 分批、分期和分库盘点

仓库保管人员对各自所管的仓库及物资品种,按月、季进行有计划、有重点的分期、分批、分库清查盘点。这种方法可以将年度集中清查逐点的繁重工作有节奏地分散到平时进行,既不妨碍物资收发工作的正常进行,又能使保管员充分利用作业的间隙。

(3) 定期盘点

它是仓库中的全面盘点,一般是每半年或一年进行一次。这种盘点应由主管部门派人会同保管员、会计一起盘点对账。定期盘点要求对全部库存物资按批量做逐垛、逐堆、逐架清点。定期盘点一般是在年度终了后的 3~5 天内完成,时间比较短,仓库需事先做好各种准备工作。

(4) 临时盘点

它是根据上级布置的清产核资和开展经济核算而进行的临时性的清查盘点,仓库保管员交接或发生意外事故时,也需进行局部性的临时盘点。

盘点后要对库存数量或金额的增减状况进行说明,通常是计算出盘点增减率,即计算出盘点后库存金额增减程度,以便今后采取相应的对策。

盘点增减率的计算公式为:

$$盘点增减率 = \frac{期内增减金额}{期内进货累计金额} \times 100\% = \frac{账面记载金额 - 库存实际金额}{期内进货累计金额} \times 100\%$$

一般盘点增减率的年平均值不应超过 0.1%~0.3%,最理想值应为 0.05%~0.08%。

如果核对数量的结果发现有差错时,应研究是属于哪种原因,并采取相应措施以改进工作。以上 4 种盘点方法的比较如表 9.14 所示。

表 9.14 4 种盘点方法的比较

序号	方法名称	操作规程	此方法的优点
1	账面盘点	入库时随之盘点,及时与保管卡记录核对	可随时知道准确存量,盘点工作量小
2	现货盘点之循环盘点法	按入库先后,每天盘点一定数量的存货	节省人力/全部盘完后开始下一轮盘点
3	分批、分期和分库盘点	对进出频率高/易损耗/价值高的存货重点盘库	可控制重点存货动态有效防止发生差错
4	定期盘点	定期(周/月/季/年末)全面清点所有存货	便于及时处理超储/呆滞存货

(五) 库存整理后的结果分析及处理

1. 库存整理后的处理工作

(1) 核对盘点单据

盘点开始时发给盘点人员的盘点单,必须统一编号,盘点后及时收回,以防最后计算上的疏漏。

(2) 核账

盘点单是盘点实际库存数的记录,应将盘点单与商品账、卡进行核对。

(3) 追查发生盈亏的原因

当盘点结束后,发现所得数据与账簿资料不符时,应追查引起差异的主因。其着手查找原因的方向有以下几个。

① 盘点所得的数据与账簿的资料,差异是否在允许误差范围内。
② 是否因料账处理制度的缺点,导致货品数目无法表达。
③ 盘点人员是否尽责,产生盈亏时应由谁负责。
④ 是否因记账员素质不高,致使货品数目无法表达。
⑤ 是否因盘点制度的缺点,导致货账不符。
⑥ 是否产生漏盘、重盘、错盘等情况。
⑦ 盘点的差异是否可事先预防,是否可以降低料账差异的程度。

(4) 编表与分析

商品盘盈、盘亏与金额增减处理完后,应编制商品盘点分析表(见表9.15),作为库存管理考核的依据。

表 9.15　商品盘点分析表样单

序号	品名	规格	单位	上期盘点			本期出库			本期入库			本期盘点			超过最高库存量	低于安全库存量	缺货次数	标准单价	平均单价	价差原因
				数量	单价	金额	数量	单价	金额	数量	单价	金额	数量	单价	金额						

经验之谈

盘点的注意事项

1. 合格品与不良品应分开存放,分开清点,并在盘点标签上分开记录。

2. 对于散装货物,账上有具体数量的,应认真清点;对于刚进仓一时未入账的,应暂时写上箱数,并标明原因。

3. 对散货物,原封包装的可以不开箱,未封封条的一定要开箱清点,并于清点之后在箱子表面标明箱内个数。它的量化指标是盘点的增减率。其计算公式为:

$$盘点的增减率 = 期内的增减金额 \div 期内进货累计的金额$$

(5) 盘盈或盘亏的处理

发生盈亏的原因查清之后,应针对主要原因进行适当的调整与处理,至于废品、不良品减价的部分则须与盘亏一并处理。物品除了盘点时产生数量的盈亏外,有些货品在价格上会产生增减,这些变更在经主管审核后必须利用货品盘点盈亏及价目增减更正表修改,如表9.16、表9.17所示。

表9.16　商品盘点盈亏调整

编号	商品名称	单位	账面数量	实存数量	单价	盘盈 数量	盘盈 金额	盘亏 数量	盘亏 金额	备注

表9.17　商品价格调整

商品编号	商品名称	单位	数量	原价	金额	现价	金额	差异 单价	差异 金额	备注

（6）分析研究库存策略

盘点结果出来后，应研究确定今后的库存策略，作为下一阶段库存管理工作的依据，以防止问题的再度发生。

2. 货物损耗的控制

货物在保管期间由于各种因素的影响，会发生使用价值的降低，产生各种损耗。造成这种损耗的主要原因有以下3点。

（1）自然损耗

它是指物资本身发生物理和化学变化所引起的自然减量和在储运过程中不可避免的损耗。它是由于自然条件、装卸搬运、检验及在储存各环节中的换装、拆包、倒垛、管道输送及技术操作等所造成的。造成自然损耗的因素有很多，如挥发、干燥、风化、散失、潮解、腐蚀、漏损、粘结和破碎等。物资的自然损耗是不可避免的，但也有一定的经济、技术范围，超过定额范围就属于非正常损耗了。

（2）人为损耗

它包括由于仓库保管人员的工作失职所造成的库存物资的损变或丢失，以及由于包装破损没有及时修补而造成的大量漏损等。

（3）由于自然灾害(如地震、水灾和火灾等)所造成的损失

物资在保管期间所产生的各种损耗，不仅增加仓储费用，而且对于生产建设所需物资的正常供应也会带来不利影响。因此，要采取措施尽量减少各种损耗。通常，最有效的办法是合理制订物资保管损耗定额并落实到保管人员的岗位责任制中，促使仓库保管人员想方设法改善物资维护保养工作。

物资保管损耗定额，是指允许仓库对所保管的物资所发生的最低程度的数量损耗。物资的自然损耗是组成物资保管损耗定额的主要部分。另外，还要加上合理的磅差。从理论上，磅差损耗不应算在保管期间所发生的损耗内。但实际上，物资保管损耗与磅差的关系是不容易分清楚的，进库检斤与出库检斤的差额实际上也就包括了保管损耗和磅差。只要这些数字是在物资定额损耗的范围内，也就可以将磅差损耗并在自然损耗之内了。

物资保管损耗定额的制订要具有科学性、合理性和先进性。要根据各种物资损耗的历史统

计资料,结合现有的储存条件、包装情况、季节、保管期限和计量器具的准确程度等进行综合分析确定。为了准确地制定物资损耗定额,应尽可能采用技术查定法,即对一定数量的某种物资,在不同的储存条件下进行储存试验,记录其数量和质量的变化情况,找出各种因素与物资损耗之间的关系,结合企业实际和上级有关部门的要求,合理地制订物资的保管损耗定额。

物资保管损耗定额反映了仓库在正常保管条件下的物资正常损耗,它是物资在保管期间的各种损失是否合理的判定标准。因此,物资保管损耗定额也是评价物资保管工作质量的一项重要指标,通过对物资保管实际损耗的比较和分析,找出超耗的原因,以便采取各种有效措施,控制保管损耗。

3. 计算机在库存整理中的应用

计算机的应用可以大大提高盘点的工作效率,一般的库存管理软件都具有盘点功能,具体可实现如下功能。

(1) 实时查询

系统可以按照不同条件进行实时查询,如可以按商品的种类、名称、时间、货位、出库量等条件进行快速查询,实时掌握库存动态信息。

(2) 库存统计

库存统计功能可对库存商品情况进行分类统计及汇总。系统可根据管理者的需要,按不同的条件进行分别统计。

(3) 盘点结果分析处理

将实际的库存数量输入到计算机库存管理系统中,系统会对盘点结果进行自动分析,并以一定的格式显示出来,以辅助管理人员进行管理决策。

(4) 报表及打印

盘点结果可以生成各类报表,如库存台账、盘盈盘亏处理表等,并可按不同的报表格式显示,打印功能可随时将报表打印输出。

师傅教我做

如何做好仓库盘点

如何做好仓库盘点在企业中占据着举足轻重的地位,它直接关系到生产、采购、销售部门的日常工作。如果仓库管理不当,会严重影响企业的经营状况、企业的成本核算问题。仓库管理是企业降低成本管理的有效方法之一,企业应重视仓库规划管理。

第一步:收集仓库物品资料

这一步要求仓库人员与采购人员互相配合,对仓库的到货检验、入库、出库、调拨、移库移位及库存盘点等各个作业环节的数据进行数据采集,不但整理出仓库物品名称,而且要尽量使用物品名称的简化称呼。而且物品名称的明细程度要高,一般来说都有名称、规格型号、数量、颜色及价格等。

第二步:整理数据,分区分工

一般企业仓库都有几大区域:包装用料、五金、办公用品、其他物品等,应将它们分区域管理盘点。将物品名称归类、整理,制订出相应的编号、账页号、标识卡,将常用的物品放在仓库随时能取的地方,保证仓库管理各个作业环节数据输入的效率和准确性,确保企业及时、准确地掌握库存的真实数据,合理保持和控制企业库存。

第三步：现场规划

根据仓库的空间大小，进行仓库规划，将仓库分区。充分利用空间，如制定相应的货架，并且要考虑到仓库的最高库存量。现场规划不能忽视，虽然只是一个小小的仓库规划，但如果规划得不理想，导致空间不够用，尤其是到了整理仓库、物品入仓摆放的时候才发现空间不够，那么，不但浪费了时间，还浪费了人力。规划时应注意几点：①重要、常用的物品先规划；②体积大的物品应先考虑数量的多少；③易燃、易爆、易霉的东西要严格按照安全生产管理来规划。

第四步：整理仓库

按照已划分好的区域、货架，将已经归类的物品对号入座，应在摆放物品时盘点数量，这样便于库存登记，而且可以省去再统计物品的时间。要求物品摆放整齐，名称、规格型号清晰，数量准确，最终将仓库整理做到一步到位。

第五步：建立台账

根据盘点数据，按照不同的物品名称建立仓库台账，细心登记每天仓库物品的出入库、结存情况；并严格控制单据的出仓、入仓、领料的填写，尽量控制漏单情况的出现。账目清晰、准确与否，可以反映出企业经营状态是否可以健康地成长。如果是一盘乱账，会直接影响企业每个部门的运作，影响企业的持续发展经营。

仓库的工作繁琐，需要细致对待、细心管理。提高对仓库人员的要求才能保证企业的正常的运作，保证数量的准确性，备料、购料中的及时性都直接影响到企业的生产运作。因此需要仓库人员做到"精、准、稳"的工作标准，担负好仓库主管的重任。

小结："骑马思维"说穿了就是"创造性思维"。其特点是跳出平庸，出奇制胜。因此，在社会的各个领域里，那些能"骑马思维"的，往往是赢家！

要点回顾

一、商品出库的依据、原则与要求

（一）货物出库的依据

（二）货物出库的原则与要求

1. 严格遵守货物出库的各项规章制度，按程序和凭证出库　2. 严格贯彻"先进先出、发陈储新"原则　3. 严格贯彻"三不"、"三核"、"五检查"原则　4. 及时记账　5. 保证安全　6. 注重提高服务水平，力求满足客户需要

二、货物出库的方式

1. 提货方式　2. 送货方式　3. 托运方式　4. 过户方式　5. 取样　6. 转仓（调库或移仓）方式

三、货物出库作业流程

（一）出库准备

1. 检查出库商品和商品堆放场地，安排好人力和机械设备的调配工作　2. 准备好包装材料或标准周转箱　3. 与客户保持联络

（二）审核凭证

1. 审核内容　2. 审核要求　3. 出库凭证审核中的问题处理

(三)分拣备货

1. 拣选作业 2. 补货作业 3. 备货作业 4. 分货(配货)作业 5. 加工作业

(四)出库复核

(五)出库货物包装标识(志)

1. 包装的种类 2. 包装作业的内容 3. 包装标志 4. 包装标志的要求

(六)出库验收

1. 物品验收的标准 2. 出库验收的内容 3. 出库中的问题处理

(七)出库点交与销账

(八)装载发运、现场清理和数据归档

1. 装载发运 2. 现场清理和数据归档

四、货物出库常发生的问题的处理

1. 提货数与实存数不符 2. 串发货和错发货的问题处理 3. 包装破漏的问题处理 4. 漏记账和错记账的问题处理 5. 退货的问题处理

五、库存整理

(一)库存整理的目的

1. 查清实际库存数量 2. 确认库存损益 3. 发现仓储管理中存在的问量

(二)库存整理的基本工作程序

1. 盘点前的准备工作 2. 确定盘点时间 3. 确定盘点方法 4. 培训盘点人员 5. 清理储存场所和清结库存资料 6. 盘点作业 7. 差导因素分析 8. 盈亏处理

(三)库存整理的工作内容

1. 查数量 2. 查质量 3. 查保管条件 4. 查安全

(四)盘点方法

1. 按盘点的方式分类 2. 按盘点工作的时间间隔分类

(五)库存整理后的结果分析及处理

1. 库存整理后的处理工作 2. 货物损耗的控制 3. 计算机在库存整理中的应用

练一练

1. 在实训室,练习拣选作业过程。现场以小组为单位进行比赛(比速度),在单位时间内,比小组准确率,准确率最高者为100分,依次折合。

2. 自备道具,选择一个货物(商品)进行包装。提交照片或现场展示。

3. 卖场要进行盘点作业,你和另外3个人为一组进行4个食品货架商品盘点,让你作为组长来安排此次盘点,应如何安排?

4. 工学结合项目:选择一个合作企业,通过调查研究提出改善其库存整理工作的对策和建议。

5. 工学结合项目:教师带领学生参观合作企业的物流公司,观察仓库管理人员出库作业,由学生分析其合理性,若认为不合理,如何调整?请提交电子版设计与调整方案。

学习资源库

1. 中国物流与采购网,http://www.chinawuliu.com.cn/
2. 中国物流与采购教育认证网,http://www.clpp.org.cn/
3. 中国物讯网,http://edu.56156.com/

4. 中国大物流网,http://www.all56.com/
5. 中国物流与采购网,http://www.chinawuliu.com.cn/xsyj/class_44.shtml/
6. 畅享网,http://scm.vsharing.com/
7. 九九物流网,http://college.9956.cn/

测一测

一、单项选择题

1. 为保持库存商品质量完好,货物出库应遵循(　　)原则。
   A. "收有据,发有凭" B. "先进先出、发陈储新"
   C. "三不"、"三核"、"五检查" D. "七不一无"

2. 我国仓储企业多年来摸索出来的行之有效的货物出库的管理经验和基本原则是(　　)。
   A. "收有据,发有凭" B. "先进先出、发陈储新"
   C. "三不"、"三核"、"五检查" D. "七不一无"

3. 仓库发放货物必须凭真实有效的出库凭证组织货物出库,因此,货物收发管理的重要原则是(　　)。
   A. "收有据,发有凭" B. "先进先出、发陈储新"
   C. "三不"、"三核"、"五检查" D. "七不一无"

4. 警告性标志一般是对于(　　)。
   A. 危险物品,如易燃品、有毒品或易爆炸等商品
   B. 易碎,如玻璃、瓷器等商品
   C. 需防湿,如水泥等商品
   D. 易腐烂,如食品等商品

5. 零担托运的货物,单件的体积最小一般不小于(　　)(单件重量在 10 kg 以上的除外),每批一般不得超过 300 件。
   A. 22 m³　　　B. 2.2 m³　　　C. 0.22 m³　　　D. 0.022 m³

6. 外部转仓则根据(　　)填制的货物转仓单结算和发货。
   A. 货主　　　B. 仓库主管　　　C. 仓库管理员　　　D. 仓库

7. 仓库依据业务部门或客户单位的(　　)和保管人员开具的出库单,按照货物账目日清日结的原则,进行货物账的登录和记载。
   A. 出库凭证　　　B. 发货凭证　　　C. 入库凭证　　　D. 验收凭证

8. 货物盘点作业流程的第一步是(　　)。
   A. 确定盘点方法　　　B. 盘点准备工作　　　C. 确定盘点时间
   D. 培训盘点人员　　　E. 实物盘点

9. (　　)是 B 类物资管理策略。
   A. 每月盘点一次　　　B. 每两三周盘点一次
   C. 大量采购　　　D. 少量采购

10. (　　)不是计算盘点差错率的指标。
    A. 盘点品项误差率　　　B. 盘差损失率
    C. 平均每件盘差品金额　　　D. 盘差次数比率

11. 在定量订货法中,当订购点和订购量确定后,实现库存的自动管理可以利用的方法是

（　　）。

　　A. 永续盘点法　　　　　　　　　　B. 间断盘点法
　　C. 定期盘点法　　　　　　　　　　D. 不定期盘点法

12. 盘点的内容主要包括数量盘点、重量盘点、（　　）、账卡核对及账账核对。
　　A. 临时盘点　　B. 定期盘点　　C. 品种盘点　　D. 账实核对

13. 盘点的周期因盘点方法的不同而不同，对于定期盘点，一般一年（　　）。
　　A. 1至2次　　B. 1至4次　　C. 1至6次　　D. 1至12次

14. 一般的出库业务程序包括核单备货、复核、包装、点交、登账、（　　）等过程。
　　A. 清理　　B. 查数　　C. 检验质量　　D. 清扫

15. 保管成本中为存储货物支出的货物养护、保管等费用叫（　　）
　　A. 入库成本　　B. 保管成本　　C. 出库成本　　D. 运输成本

16. 出库单证包括提货单、送货单，移库单和（　　）等。
　　A. 凭证　　B. 通知单　　C. 过户单　　D. 记账单

17. 代表盘点数量误差率的是（　　）
　　A. 盘点数量÷实际库存数×100%
　　B. 实际库存数－账目库存数
　　C. 盘点误差次数÷盘点执行次数×100%
　　D. 盘点误差品项数÷盘点实际品项数×100%

二、多项选择题

1. 货物出库的形式具体主要有（　　）和转仓。
　　A. 自提　　B. 托运　　C. 送货
　　D. 过户　　E. 取样

2. 按照拣货过程自动化程度的不同，拣货分为（　　）。
　　A. 人工拣货　　B. 机械拣货　　C. 半自动拣货
　　D. 自动拣货　　E. 混合拣货

3. 通常有（　　）等拣选策略。
　　A. 摘果式　　B. 播种式　　C. 分区式
　　D. 波浪式　　E. 直线式

4. 常见补货策略有（　　）
　　A. 批次补货　　B. 定时补货　　C. 随机补货
　　D. 定量补货　　E. 混合补货

5. 危险品标志是用来表示危险品的物理、化学性质，以及危险程度的标志。它可提醒人们在（　　）等活动中引起注意。
　　A. 运输　　B. 储存　　C. 保管
　　D. 搬运　　E. 装卸

6. 备货过程包括（　　）等流程。
　　A. 理单　　B. 销卡　　C. 核对
　　D. 点数　　E. 签单

7. 包装作业包括（　　）和检重环节。
　　A. 填充　　B. 包装封口　　C. 捆扎

D. 裹包　　　　　　E. 加标
8. 清理货场包括清理（　　　）等。
   A. 库存货物　　　B. 库房　　　　　C. 场地
   D. 设备　　　　　E. 工具
9. 按盘点实施的时间，门店盘点的类型有（　　　）。
   A. 月度盘点　　　B. 日常盘点　　　C. 年度盘点　　　D. 周期盘点
10. 循环盘点法也可细分为的3种方法是（　　　）。
    A. 分区轮盘法　　　　　　　　　　B. 最低存量盘点法
    C. 分批分堆盘点法　　　　　　　　D. 连续盘点法
11. 盘点实施应坚持的原则有（　　　）。
    A. 全面原则　　　B. 时效原则　　　C. 真实原则　　　D. 协调原则
12. 盘点后的工作内容主要集中在（　　　）。
    A. 盘点数据统计　B. 盘点差异分析　C. 盘点结果处理　D. 盘点考核
13. 库存商品盘点作业的作用表现为（　　　）。
    A. 确定现有量　　B. 确认企业损益　C. 确定需求量　　D. 核实管理成效
14. 检查实物主要是（　　　）
    A. 外观检查　　　B. 检查数量　　　C. 检查质量　　　D. 机器检验

三、判断题

1. 拣选作业是按订单将一种或多种存储货物取出，按顾客的要求整理组合，包括拆包或再包装，并放置在指定地点的整套作业。（　　）
2. 一般来说，拣选单位可分成托盘（Pallet）、箱（Case）及单品（Bulk）3种。（　　）
3. 订单分别拣取是针对每一份订单，分拣人员按照订单所列商品及数量，将商品从储存区域或分拣区域拣取出来，然后集中在一起的拣货方式。（　　）
4. 补货作业是为了满足拣选作业需要，从保管区将货物移到拣货区的作业过程。（　　）
5. 运输标志也叫唛头。（　　）
6. 出库的货物在清点验收时，仓库工作人员不必在出库单上认真填写实发数、发货日期等相关项目并签名。（　　）
7. 标志的颜色一般为黑色。如果包装件的颜色使图示标志显得不清晰，则可选用其他颜色印刷，一般应避免采用红色和橙色。（　　）
8. 收货人自提具有"提单到库，随到随发，自提自运"的特点。（　　）
9. 包装标志是为了便于货交接、防止错发错运，也便于收货人提取货物。（　　）
10. 数百吨以上的原材料之类的商品，选择汽车或火车运输最经济。（　　）
11. 货物出库后，只需整理该批货物的出库情况，不用传递出库凭证、出库单等。（　　）
12. 一般来说，造成包装破漏的原因是在运输途中，因碰撞、挤压或装卸搬运造成的。（　　）
13. 盘点就是定期或不定期地由人员直接对店内的商品数量进行全部或部分的清点，以验证账面数量是否正确，并切实掌握该期间内实际损耗的管理或审查行为。（　　）
14. 盘点出现差异是指初点和复点不一样及抽点与初点、复点的结果不一样。（　　）
15. 掌握损益是盘点作业的目的之一。（　　）
16. 复点作业规范中，复点者须使用黑色圆珠笔填表。（　　）

四、实务操作题

1. 初盘操作。

要求:盘点人员按照盘点进度计划及盘点表进行盘点,在盘点物品的物料存卡或部品票上登记好盘点日期、盘点数量、盘点人;盘点人员核对盘点结果是否与盘点表的结存数量一致,如不符,则在确认后查找不符原因,直至清楚无误为止;盘点人员在盘点表上签名后交部门负责人审核签字;部门负责人在盘点表上签名后将其交给财务人员进行复盘统计。

2. 复盘操作。

要求:复盘人员在初盘人员的陪同下进入盘点区域进行实物盘点;复盘可采用100%复盘,也可采用抽盘,但抽盘比例不得低于物料种类的50%;复盘人员按复盘安排分工进行盘点,点数员应边点数边报数,记录员应将盘点结果记录在盘点表上,如需称量,由点数员进行称量作业;复盘与初盘如有差异,需与初盘人员进行盘点确认,确认有误的,由初盘人员在盘点表中的"实存数量"盘上签字,以示负责;如果复盘物料种类差错率超过15%(含15%)以上时,则报告盘点总指挥处理,必要时,盘点总指挥要求实物保管员对所管全部物料进行重新盘点。

扩一扩

案例赏析一:大连恒新公司配件出库管理制度

大连恒新零部件制造公司(以下简称恒新公司),是大连市五十家纳税大户之一。作为大连市重点企业,恒新公司原材料需求很大,每年采购定额为4亿元,所以如何对库存进行管理和控制对企业的发展至关重要。

出库程序是:出库前准备——核对出库凭证——备料——复核——发料和清理

配件出库前的准备。仓库要深入实际,掌握用料规律,并根据出库任务量安排好所需的设备、人员及场地等。

核对出库凭证。仓库发出的配件,主要是车间所领用,有少部分对外销售、委托外单位加工或为基建工程所领用。为了确定出库配件的用途,计算新产品成本,防止配件被盗,出库时必须有一定的凭证手续。严禁无单或白条发料。配件出库凭证主要有领料单等。保管员接到发料通知单,必须仔细核对,无误后才能备料。

备料。按照出库凭证进行备料。同时变动料卡的余存数量,填写实发数量和日期等。

复核。为防止差错,备料后必须进行复核。复核的主要内容有出库凭证与配件的名称、规格、质量、数量是否相符。

发料和清理。复核无误后即可发料。

发料完毕,当日清理单据、证件,并清理现场。

仓库出、入库工作的好坏直接影响着企业的秩序,影响配件的盈亏、损耗和周转速度,因此,仓库应努力做好出入库工作。

讨论分析:

1. 结合所学知识,分析恒新公司的配件出库管理有何优点?
2. 恒新公司的配件出库管理还有哪些地方需要改进?

案例赏析二:广东宝供储运有限公司仓库标准操作程序——货物出库操作

1. 目的:保证发放的货物是合格的和正确的,防止不合格货物被发放到客户手中。
2. 责任:仓管主管、仓管员应保证出库货物数量准确、质量合格、包装完好。

3. 范围:适用于宝供公司的仓库。

4. 步骤如下。

1) 货物出库应在防雨、防风沙的装卸区域内装卸。

2) 审核出库凭证:仓管主管、统计员应审核提单的有效性,并审核提货人在提单上的签名及身份证号码。

3) 凭单核销存货:仓库统计员办理登记手续,核销库存数量。

4) 仓管员检查提货车辆是否清洁,是否有防雨措施,达要求后方可装车。

5) 发货:仓管员将提单所列项目同货卡及货物外包装进行核对,包括品名、规格及代码等。

6) 发货后立即复核,扎清桩脚余数,随即在原进仓单上注明结存数、提单号、出货日期、发货数量、提货原因和签名。

7) 交接签收:仓管员与提货人在仓库门口交接清楚,严格做到破包、破件、混批、渗漏不出仓,仓管员如发现货物出现上述问题,继续发放完好货物,按实发数签单,将出现问题而不能发放的原因注明在进仓单和提单上注明并盖章,及时填写有关记录并反馈给有关部门待处理,在发货完毕后仓管员开出门证给予放行。

8) 单据处理:按单据的要求及时传递给各部门,仓库做好有关登记及统计工作。

5. 附件:货车检验记录表。

货车检查记录表

仓库号:

日 期	检查人	卡车人	提单号	仓单号	产品批号	是否适于装载

讨论分析:

结合所学知识,分析宝供公司的货物出库管理的特点。其出库管理规定还有哪些地方需要改进?

心灵悟语: 人生在世,要想成功,智慧是不可或缺的必要条件! 即要想成功一定要先有学问。

项目五
库存控制

财富故事

制度的力量

这是历史上一个制度建设的著名例证。18世纪末期,英国政府决定把犯了罪的英国人统统发配到澳洲去。一些私人船主承包从英国往澳洲大规模地运送犯人的工作。英国政府实行的办法是以上船的犯人人数支付船主费用。当时那些运送犯人的船大多是一些很破旧的货船改装的,船上设备简陋,没有医疗药品,更没有医生,船主为了牟取暴利,尽可能地多装人,使船上条件十分恶劣。一旦船只离岸,船主按人数拿到了政府的钱,对于这些人能否远涉重洋活着到达澳洲就不管不问了。有些船主为了降低费用,甚至故意断水断食。3年以后,英国政府发现,运往澳洲的犯人在船上的死亡率达12%,其中最严重的一次是一艘船上424个犯人死了158个,死亡率高达37%。英国政府费了大笔资金,却没能达到大批移民的目的。

英国政府想了很多办法,每一艘船上都派一名政府官员监督,再派一名医生负责犯人的医疗卫生,同时对犯人在船上的生活标准做了硬性的规定。但是,死亡率不仅没有降下来,有的船上的监督官员和医生竟然也不明不白地死了。原来一些船主为了贪图暴利,贿赂官员,如果官员不同流合污就被扔到大海里喂鱼了。政府支出了监督费用,却照常死人。

政府又采取了新办法,把船主都召集起来进行教育培训,教育他们要珍惜生命,要理解去澳洲开发是为了英国的长远大计,不要把金钱看得比生命还重要,但是情况依然没有好转,死亡率一直居高不下。

一位英国议员认为是那些私人船主钻了制度的空子,而制度的缺陷在于政府给予船主的报酬是以上船人数来计算的。他提出从改变制度开始,政府以到澳洲上岸的人数为准计算报酬,不论在英国上船时装多少人,到了澳洲上岸的时候再清点人数以支付报酬。问题迎刃而解,船主主动请医生跟船,在船上准备药品,改善生活条件,尽可能地让每一个上船的人都健康地到达澳洲。一个人就意味着一份收入,自从实行上岸计数的办法以后,船上的死亡率降到了1%以下。有些运载几百人的船只经过几个月的航行竟然没有一个人死亡。

在这个故事中,你能悟出什么道理?

知识点

1. 库存。
2. 库存成本。
3. 库存成本管理。
4. 库存控制技术。

项目五 库存控制

学习目标

1. 知识目标
- 能够掌握库存的含义。
- 掌握库存成本的构成。
- 掌握库存成本管理的指标体系。
- 掌握定量订货与定期订货的库存控制技术。

2. 素质目标
- 熟悉库存的清点。
- 了解库存成本管理的意义。
- 树立库存成本控制意识。

3. 技能目标
- 能够利用所学的知识进行库存成本的统计。
- 能够利用知识计算库存成本管理的各项指标。
- 能够使用库存控制技术。

实训项目

1. 参观超市货架,了解各种商品的在架数量。
2. 参观超市仓库,了解各种商品的安全库存量、报警点等指标。
3. 选择一家企业,使用库存控制技术为企业服务。

引例

某物流公司的主要工作是每天从内地粮食产地将玉米装进麻袋,通过火车运进转运站、晾晒,再将干玉米用皮带机运进粮仓。一个月后,再装麻袋,用火车将粮食运进港口的后方库场落地堆放。运粮船靠泊的前一日,将粮食由后方库场移至码头前沿。第二日装船时,吊车将麻袋吊至舱口,装卸工割口,将玉米倒进船舱。分析该物流过程,提出改进意见。

引例分析

该物流公司的业务流程如下。
1) 粮食产地将粮食直接晾晒。
2) 用集装箱或集装袋将玉米装运进火车货运站。
3) 用运粮专用列车将玉米运进码头的粮仓。
4) 用卷扬机或气动输送设备装船。

任务十 库存成本管理

一、认识库存成本

(一)库存

1. 库存的含义

在物流管理中这样定义"库存":一切目前闲置的,用于未来的,有经济价值的资源。库存具有狭义和广义两种含义。

① 狭义的观点认为,库存仅仅指的是在仓库中处于暂时停滞状态的物资。
② 广义的观点认为,库存表示用于将来目的,暂时处于闲置状态的资源。

需要明确两点:其一,资源停滞的位置,可以是在仓库里、生产线上或车间里,可以是在非仓库中的任何位置,如汽车站、火车站、机场及码头等类型的流通节点上,也可以是在运输途中,如图 10.1 所示;其二,资源的闲置状态可能由任何原因引起,而不一定是某种特殊的停滞。资源闲置的原因大体有如下几个。

① 主动的各种形态的储备。
② 被动的各种形态的超储。
③ 完全的积压。

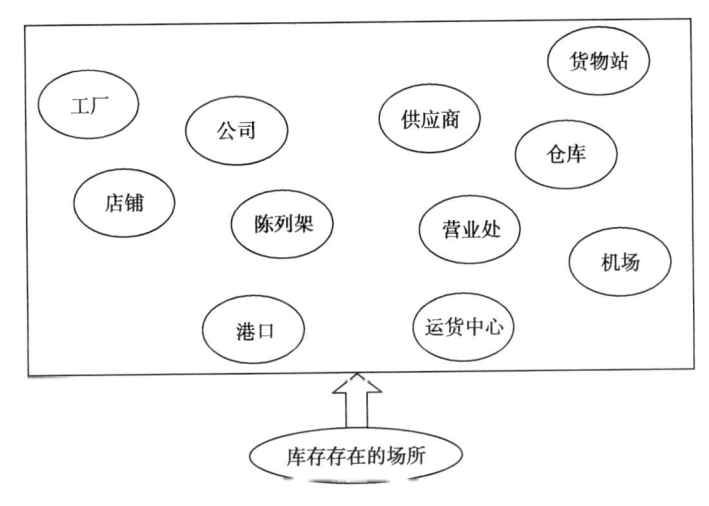

图 10.1 可以有库存的场所

2. 库存的分类

库存是一项代价很高的投资,无论是对生产企业还是物流企业,正确认识和建立一个有效的库存管理计划都是很有必要的。库存可以从企业经营过程、库存的经济用途和经营环节等几个方面来进行分类。了解库存的分类有利于更好地理解库存的内涵。

(1) 按企业经营过程分类

① 经常库存。经常库存是指在正常的经营环境下,企业为满足日常需要而建立的库存。这种库存随着每日的需要不断减少,当库存降低到某一水平(如订货点)时,就要按一定的规则反复进行订货来补充库存。

② 季节性库存。季节性库存是指为了满足特定季节出现的特定需要而建立的库存,或者指对季节性出产的原材料在收获的季节大量收购所建立的库存。

③ 安全库存。安全库存是指为了防止不确定因素而准备的缓冲库存。安全库存由于不确定性的存在,在进行决策时要比经常库存更难。

④ 投机库存。投机库存是指为了避免因物资价格上涨造成损失或为了从物资价格上涨中获利而建立的库存。

⑤ 促销库存。促销库存是指为了解决企业促销活动引起的预期销售增加而建立的库存。

⑥ 积压库存。积压库存是指因物资品质变坏不再有效用的库存或因没有市场销路而卖不出去的产品库存。

⑦ 生产加工和运输过程的库存。生产加工过程的库存是指处于加工状态及为了生产的需

要暂时处于储存状态的零部件、半成品或成品；运输过程的库存是指处于运输状态或为了运输的目的而暂时处于储存状态的物资。

(2) 按库存的经济用途分类

① 制造业库存。制造业库存是指购进后直接用于生产制造的货物，在出售前需要经过生产加工过程改变其原有的实物形态或功能。

② 商品库存。商品库存主要是指流通企业购进后以供转售的货物，货物在转售前保持其原有实物形态不变。

③ 其他库存。除了上述库存外，还存在供企业一般耗用的用品和为生产经营服务的辅助性物资，它们主要是为了满足企业的各种消耗性需要。

(3) 按库存的经营环节分类

各经营环节发生的库存如图 10.2 所示。

① 成品工厂库存。它是指企业已经全部完工，可供销售的产品的库存。

② 成品分销库存。它是指批发环节形成的库存。

③ 成品零售库存。它是指在产品的零售环节形成的库存。

④ 在制品库存。它是指企业在生产过程中的有待进一步加工制造的物资库存。

⑤ 原材料库存。企业通过采购或其他方式取得的用于制造的原材料，在用于生产之前形成的库存，是企业为保持生产的正常顺利进行所必备的库存。

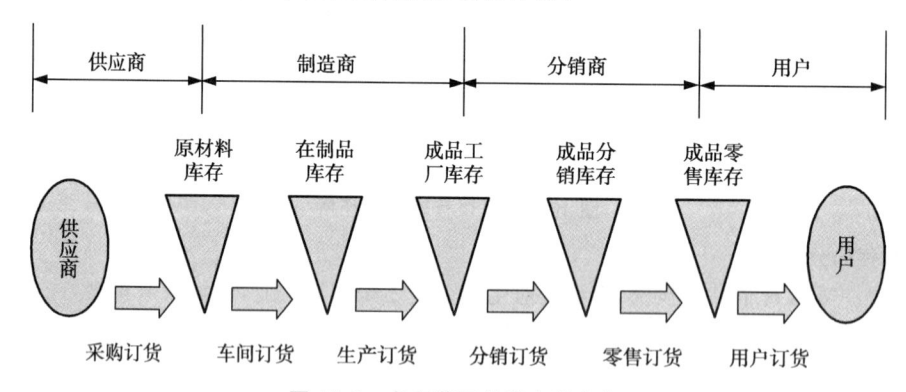

图 10.2　各经营环节发生的库存

3. 库存的目标

许多企业都信奉准时生产的库存概念，它的主要目标是零库存。从纯理论的角度讲，这意味着完全没有库存，货物必须在顾客购买地准时到达货架。但应该注意的是，通过持有库存，企业可以实现许多有意义的目标。

① 提供平衡供给和需求的途径。有些特殊的商品可能只在一年内的某个特殊时期销售，为了充分利用固定资产，确保拥有稳定、熟练的劳动力，企业可能全年都在生产，这时库存是不可缺少的。

② 为不确定需求提供保障。产品的需求量是不可能准确地预知的，为了避免突发性事件导致产品的紧缺，必须持有一定量的库存，以保证即使生产出现了中断，产品也能持续供应。

③ 获取规模经济效益。企业通过一次性大批量采购某种商品或原材料，可以降低运输成本和订货成本，而且持续不间断的生产也可以降低制造成本。

4. 库存的利弊

既然库存是闲置的资源，就一定会造成浪费，增加企业的开支。那么，为什么还要维持一定量的库存呢？这是因为库存有其特定的对供给与需求之间的平衡关系进行缓冲的作用，可以解决供给的最佳批量和需求的实际批量之间存在差异的矛盾。

（1）库存的作用

① 维持生产的稳定。企业按销售订单与销售预测安排生产计划，并制订采购计划，下达采购订单。由于采购的物品需要一定的提前期，这个提前期是根据统计数据或是在供应商生产稳定的前提下制定的，但存在一定的风险，所以有可能会拖后而延迟交货，最终影响企业的正常生产，造成生产的不稳定。为了降低这种风险，企业就会增加材料的库存量。

② 维持销售产品的稳定，平衡供求关系。由于物资数量、价格和市场政策的变化等原因，导致供求在时间和空间上出现不平衡现象，企业为了稳定生产和销售，必须准备一定数量的库存以避免市场震荡。在这种方式下，企业并不预先知道市场真正需要什么，只是按对市场需求的预测进行生产，因而产生一定数量的库存是必需的。但随着供应链管理的形成，这种库存也在减少或消失。

③ 降低运输成本。企业有时会面临原材料和产成品的零担运输问题，长距离零担运输的费用比整车运输要高得多。通过将零担物资运到附近的仓库后再从仓库运出，仓储活动就能够使企业将少量运输结合成大量运输，有效地减少运输费用。

④ 平衡企业物流，减少运输的复杂性。企业在采购材料、生产用料、在制品及销售物品的物流环节中，库存起着重要的平衡作用。企业会根据库存能力，协调来料收货入库。同时，对生产部门的领料应考虑库存能力、生产线物流情况，平衡物料发放，并协调在制品的库存管理。

⑤ 提高服务水平，实现企业工厂（车间）或客户所需物资的组合。企业工厂（车间）发出的用料需求和客户发出的订单需求通常都是各种物资的组合。如果这些原料或产品被存放在不同的地点，企业就必须从各个地点分别运货来履行供应和服务的功能，就可能会出现运达时间不同、物资弄混等问题。因此，企业可以通过建立混合仓库，用小型交通工具进行集货和交付，并在最佳时间安排这些活动以避免交通阻塞，提高服务水平。

⑥ 平衡流通资金的占用。库存的材料、在制品及成品是企业流通资金的主要占用部分，因而对库存量的控制实际上也是进行流通资金的平衡。例如，加大订货批量会降低企业的订货费用，保持一定量的在制品库存与材料会节省生产交换次数，提高工作效率，但这两方面都要寻找最佳控制点。

⑦ 预防意外的发生。仓储管理可以有效地预防如运输延误、零售商缺货和自然灾害等意外事件的发生。

（2）库存的弊端

① 增加了企业的产品成本与管理成本。库存材料的成本增加直接增加了产品成本，而相关库存设备、管理人员的增加也加大了企业的管理成本。

② 占用企业大量资金，引起资金周转困难。

③ 库存时间过长，会造成库存物资过时、陈腐，使库存积压产品的损失风险加大。

④ 库存使预期的投资利润受到损失。

⑤ 库存产品有时不得不降价出售，使利润降低。

⑥ 如果在制品库存过多，会降低企业的生产效率。

⑦ 库存会掩盖企业众多管理问题。例如，计划不周、采购不力、生产不均衡、产品质量不稳定及市场销售不力等。

项目五　库存控制

经验之谈

库存管理"六不"法

1. 不让等。员工和设备闲置时间应为零,合理安排作业流程与作业量,使其连续工作。
2. 不让碰。员工与物品接触机会为零,利用机械化和自动化设备,减轻劳动强度。
3. 不让动。缩短移动距离和次数,科学地规划以减少物品不必要的移动。
4. 不让想。操作简便。
5. 不让找。通过现场5S管理,使物品一目了然。
6. 不让写。无纸化作业。

(二) 库存成本

企业在决定持有多大库存时必须确定每一项具体决定对库存成本的影响。在库存决策中涉及的成本主要有以下几类。

1. 随库存量增加而下降的费用

① 调整准备费。加工零件一般需要准备图纸、工艺和工具,需要调整机床、安装工艺装备。这些活动需要的费用就是调整准备费。如果花费一次调整准备费,多加工一些零件,则分摊在每个零件上的调整准备费就少,但扩大加工批量会增加库存。

② 订货成本。订货成本是企业向供应商发出采购订单的费用及订单处理过程中发生的相关费用,是指准备采购订单或生产订单时所引起的管理和办公费用。它具体包括订购手续成本、采购成本、进货验收成本和进库成本等,一般与订货次数有关,而与一次订多少无关。

③ 购买费和加工费。采购或加工的批量大,可能会有价格折扣。

④ 生产管理费。加工批量大,为每批工件做出安排的工作量就会少。

⑤ 缺货损失费。批量大则发生缺货的情况就少,缺货损失就小。

2. 随库存量增加而上升的费用

① 仓储成本。要维持库存必须建造仓库、配备设备,还有供暖、照明、修理和保管等开支。

② 资金成本。库存资源本身有价值,占用了资金。这些资金本可以用于其他活动来创造新的价值,库存使这部分资金闲置起来,造成机会损失。如果每年在其他地方使用这笔资金的投资报酬率为20%,则每年存货资金成本为这笔资金的20%。

③ 搬运成本。存货数量增加,则搬运和装卸的机会也会增加,搬运工人与搬运设备同样也会增加,这就造成了搬运成本的增加。

④ 折旧及陈腐成本。在闲置过程中,存货容易发生变质、陈旧、破损、报废、价值下跌或呆、滞料的出现等,因而所丧失的价值就会加大,导致折旧及陈腐成本增加,如金属生锈、药品过时、油漆褪色和鲜货变质等。

⑤ 税收和保险。

3. 库存总费用

计算库存总费用一般以年为时间单位。年库存费用包括以下4项。

① 年补充订货费。它与全年发生的订货次数有关,一般与一次订多少无关。

② 年维持库存费。它是维持库存所必需的费用,包括资金成本、仓库及设备折旧、税收、保险和陈旧化损失等。这部分费用与物品价值和平均库存量有关。

③ 年缺货损失费。它反映失去销售机会带来的损失、信誉损失及影响生产造成的损失,与

缺货多少、缺货次数有关。

④ 年购买费。它与价格和订货数量有关。

(三) 库存成本管理

1. 库存成本管理的含义

库存成本管理又称存货管理或在库管理，是企业为满足外界对库存的要求和企业本身生产或订购的特点，预测、计划和执行一种补充库存的行为，并对这种行为进行控制，重点在于确定如何订货、订定购多少和何时订货。

简单地说，库存成本管理主要是企业经营者解决何时补货、补货多少，以及库存系统的安全库存量、平均库存量、周转率和缺货率各是多少等问题所采取的方法。它只考虑其合理性、经济性与最优性，而不是从技术上去考虑存货的保管与储藏及如何运输。

库存成本管理应该特别考虑下述两个问题。

① 根据销售计划，按计划生产的商品在市场上流通时，要考虑在什么地方，存放多少。

② 从服务水平和经济效益出发来确定库存量及如何保证补充的问题。

2. 库存成本管理的目标

库存管理基于两点考虑：一是客户服务水平，即在正确的时间和地点，将正确的商品送至正确的客户手中；另一个则是订货成本和库存持有成本。库存管理的总目标是：在合理的库存成本范围内达到满意的客户服务水平。为了达到这个目标，应尽量使库存水平在两者间寻求平衡。因此，库存管理人员必须做出两项基本决策——确定订货时间与订货批量。库存管理的目的就是在满足客户需求的前提下通过对企业的库存水平进行控制，尽可能降低库存水平，提高物流系统的效率，以强化企业的竞争力。

库存管理不善会导致库存不足或过剩，库存不足将错过销售机会，减少销售额，使客户不满，产生生产瓶颈；而库存过剩会不必要地占用更多的资金，增加企业的经营成本。尽管库存过剩看起来危害较小，但附着在太多库存过剩上的价值令人吃惊，当库存持有成本较高时，局面容易失控。

具体来讲，库存成本管理的目标包括以下几点。

① 降低缺货率。

② 提高客户服务水平。

③ 增加销售，同时尽量减少库存水平。

④ 加快库存资金周转率。

⑤ 为企业库存决策提供理论依据。

⑥ 减少滞销品。

3. 库存成本管理的指标体系

(1) 库存成本管理的相关名词

① 订货量，指企业在库存不足的情况下，一次性向供货商订购某种物资的数量。

② 订货间隔期，指企业向同一供货商就某种物资两次订货的时间间隔。

③ 需求量，指客户到企业仓库来提货的数量。

④ 备运期，指从向一供货商就某种物资订货时起算，到所订购物资验收入库的时间间隔。

⑤ 到货延迟期，指所订物资的实际到货入库时间比规定的到货时间延迟的时间。晚于规定到货时间时，此值为正值；早于规定到货时间时，此值为负值。

⑥ 在库库存量，指仓库内现有物资的数量。

⑦ 在途库存量，指已经订货，但尚未验收入库的物资的数量。

⑧ 名义库存量，指在库库存量与在途库存量之和。
⑨ 库存占用金额，指仓库内现有物资所占用的资金金额。
⑩ 库存年消耗金额，指在一段时间内由仓库所发出的物资所值的金额。
⑪ 周转率，指库存占用金额与库存年消耗金额之比。
⑫ 安全库存量，是一种额外持有的库存，它作为一种缓冲器用来补偿在订货提前期内实际需求量超过期望需求量或实际提前期超过期望提前期所产生的需求。
⑬ 报警点，指当某种物资的库存量下降到某一点时，必须立即订货。报警点也称订货点，这个点的库存量应在新订购的物资入库前，能按既定服务水平满足客户的需求。
⑭ 订货后库存量。当库存量下降到报警点发出订货要求后，会使名义库存量上升到某一数额，该名义库存量为订货后库存量。

(2) 库存成本管理的指标体系

① 库存资金周转率，是衡量单位库存资金用于供应的效率。其计算公式为：

库存资金周转率＝期间销售金额÷期间加权平均库存额（次）　　　　　　　　　　(10-1)

要提高库存资金周转率，一方面可以提高销售，一方面可以降低库存，或者使销售增长速度大于库存增长速度。

② 客户需求满足率，是衡量企业客户订单满足程度的指标。其计算公式为：

客户需求满足率＝（供应量÷需求量）×100%　　　　　　　　　　　　　　　　(10-2)

需求量＝供应量＋缺货量　　　　　　　　　　　　　　　　　　　　　　　　　(10-3)

对于一个库存系统来说，为了保证供应，尽量满足客户的需求，必须设置一定的安全库存，以防止某些突发性事故造成生产和供应的中断，防止因缺货造成的损失。要提高客户需求满足率，就要尽量使供应量达到需求量，但同时又要尽量减少库存，这就凸显了库存分析的必要性和重要性。

③ 缺货率，与客户需求满足率指标相似，是从另一个角度衡量服务水平高低的指标。其计算公式为：

缺货率＝（缺货量÷需求量）×100%　　　　　　　　　　　　　　　　　　　　(10-4)

缺货率＋客户需求满足率＝1　　　　　　　　　　　　　　　　　　　　　　　(10-5)

④ 滞销品率，是衡量企业滞销品消化能力的一个重要指标。其计算公式为：

滞销品率＝（滞销品品种数量÷全部库存品品种数量）×100%　　　　　　　　　(10-6)

或　滞销品率＝（滞销品额÷库存金额）×100%　　　　　　　　　　　　　　　(10-7)

⑤ 平均供应费用，反映为供应每单位库存物资所消耗的活劳动和物化劳动的水平。其计算公式为：

平均供应费用＝库存系统年总费用÷年总销售金额　　　　　　　　　　　　　　(10-8)

以上五大指标是互相联系又互相制约的。库存成本管理的任务就在于审时度势、权衡轻重、分清主次和全面考虑，以做出最佳的决策。

4. 库存成本管理的思想

(1) 独立需求与相关需求

独立需求，是指需求变化独立仅涉及该产品，其需求的数量和时间与其他商品无关。一般面向消费市场的产成品库存属于独立需求库存，对于这类物资适用于采用定量订货法进行库存控制。

相关需求，是指需求的数量和时间与其他变量存在一定的相互关系，可以通过一定的数学关系推断出来。

一般来说,制造产成品的原材料或零部件库存属于相关需求库存。例如,汽车生产企业,生产多少辆即产品需求波动受市场影响,而不受其他库存的影响,这类库存问题属于独立需求库存,往往通过预测分析,建立库存模型,用定量订货法来进行有效管理。而生产一辆汽车所需的零部件是固定的,如一辆汽车需一台发动机和 4 个轮胎,它们之间的关系是确定的,生产 100 辆汽车就需要 100 台发动机和 400 个轮胎,这类库存问题属于相关需求库存问题。如果用传统的定量订货法来处理制造过程中的这类相关需求问题则有很大的盲目性。例如,某零部件一个月的经济批量是 90 件,但可能前 3 周都是多余的库存,到了第 4 周才会使用,用现代的库存成本管理理念来看,这就造成了库存的浪费。

(2) 独立需求与从属需求的区别

① 需求的数量和时间不同。独立需求是随机的,只能靠预来掌握;从属需求是确定的、随时间变化的,特征是已知的,因此不需要预测,只需根据生产计划来确定。

② 满足两种需求的库存在性质上的不同。满足独立需求的库存需要设立发全存货,满足从属需求的库存不需要设立安全存货,而且在理想情况下,所有的生产存货都应该是在制品。

不管是独立需求库存控制还是从属需求库存控制,都要回答以下问题。

① 如何优化库存成本?
② 怎样平衡生产与销售计划,来满足一定的交货要求?
③ 怎样避免浪费及不必要的库存?
④ 怎样避免需求损失和利润损失?

因此,库存管理要根据用户需求量的大小,指定一个订货进货策略,来控制订货进货过程,达到既满足用户需要,又控制库存水平,使库存总费用最小的目的。

师傅教我做

正确确定库存物料

对一般性的企业来说,其所经营的产品少则几十种,多则成千上万种,并且在大多数的情况下,不需要也不可能对所有的产品都准备库存。因此企业的首要任务就是正确确定库存和非库存的物料。

一般来说,企业的库存管理模式可以分为拉动式(反应式)和推动式(计划式),前者是基于需求(生产或客户的订单),仅在需要时才生产或采购的库存管理模式,JIT 和看板管理系统就是属于这种方式。这种模式所适用的产品通常有以下特点。

① 产品大多数为客户订制,或者说产品的标准化程度较低。
② 产品的单价较高,这种产品如果备大量的库存对企业的资金流动会造成巨大的压力。
③ 产品生产或采购的前置时间可以满足客户订单的交货要求,这种情况下企业通常没有必要准备库存。
④ 产品的流动性较慢。

推动式的库存管理模式是企业基于预测和需求计划,预先准备一定量的原材料或产成品,以满足随时发生的生产或客户订单的交货需求。这种模式所适用的产品通常有以下特点。

① 产品的标准化程度较高,通用性较强。
② 产品的单价适中。
③ 产品的生产或采购的前置时间不能满足客户订单的交货要求。

④ 产品的销售具有季节性。
⑤ 产品的流动性较快。

除了个别特殊的行业和企业外,大多数的企业在通常情况下同时采用以上两种模式来管理企业不同的产品。这样既能缩短订单交货时间,增强企业的竞争力,同时又能降低企业的库存水平,加快资金的流动。

二、控制库存成本

为了控制库存成本,需要控制库存数量,因此根据不同商品的库存数量,决定合适的采购时间和采购数量,是控制库存成本最为关键的问题。根据库存商品的不同,采购订货分为定量订货和定期订货两种不同的方法。

(一) 定量订货技术

定量订货技术是指在库存数量到达固定点的时候,发出固定数量的订单,以采购商品的订货点技术。其订货间隔期不固定,因此又可以理解为"两固定一不固定"(订货点和订货批量固定,订货周期不固定)。

1. 定量订货技术的计算过程

定量订货技术共有 10 个步骤,10 个步骤的过程和关系如图 10.3 所示。其中前 5 个步骤是准备工作,后 5 个步骤是真正计算的过程。

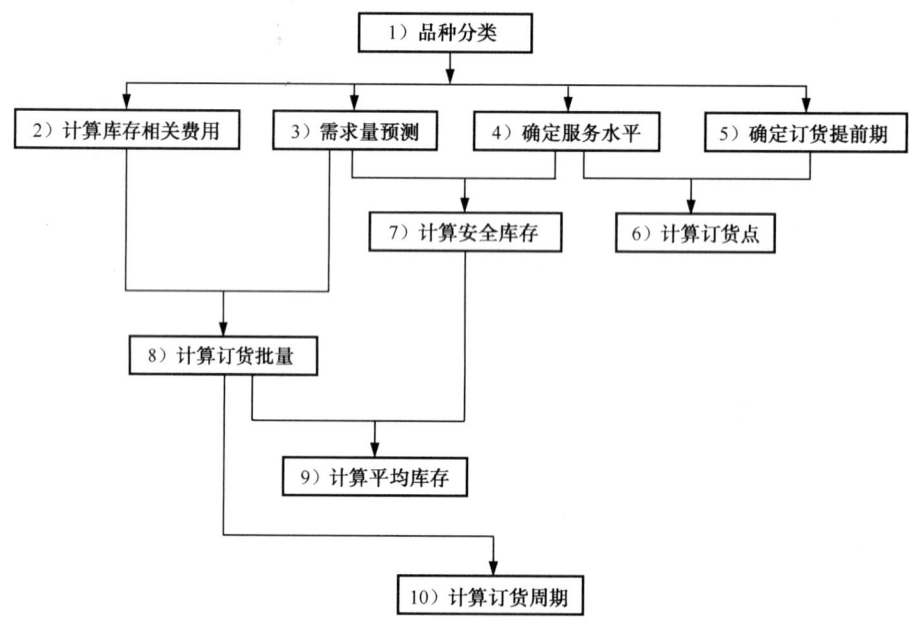

```
1) 品种分类
  ├── 2) 计算库存相关费用
  ├── 3) 需求量预测
  ├── 4) 确定服务水平
  └── 5) 确定订货提前期
       7) 计算安全库存
       6) 计算订货点
       8) 计算订货批量
       9) 计算平均库存
       10) 计算订货周期
```

图 10.3 定量订货技术的步骤

1) 品种分类。

在对商品进行管理之前,首先要了解商品。不分主次、"眉毛胡子一把抓"的管理方式,是不科学的管理方式。分清被管理商品对企业的重要程度,是企业管理成功的关键基础,也是定量订货技术的第一步,因此首先要对商品进行分类。

品种分类可以使用很多方法,在实际工作中常用的是 ABC 分类法。

例 10-1 某公司仓库库存商品情况如表 10.1 所示,按照表 10.2 所示的标准用 ABC 分类法进行分类。

表 10.1 某公司库存商品种类和金额情况

商品单价 P/元	品种种类数/种	占用资金总额/万元
P>120	260	5 800
100<P≤120	68	450
80<P≤100	55	300
60<P≤80	95	340
40<P≤60	200	420
20<P≤40	322	410
P≤20	2 421	670

表 10.2 某公司库存商品的 ABC 划分标准

分类类别	品种数占全部品种数的百分比	资金总额占全部资金总额的百分比
A	5%～10%	70%～75%
B	10%～20%	10%～20%
C	70%～75%	5%～10%

解:将表 10.1 做累加后得到表 10.3,按照表 10.2 的标准进行 ABC 分类后得到的结果如表 10.4 所示。

表 10.3 某公司库存商品种类和金额的总计情况

商品单价 P/元	品种种类数/种	品种累计数/种	累计占全部品种百分比	占用资金总额/万元	资金总额累计/万元	累计占全部资金百分比
P>120	260	260	7.6%	5 800	5 800	69.1%
100<P≤120	68	328	9.6%	450	6 250	74.4%
80<P≤100	55	383	11.2%	300	6 550	78.1%
60<P≤80	95	478	14.0%	340	6 890	82.1%
40<P≤60	200	678	19.8%	420	7 310	87.1%
20<P≤40	322	1 000	29.2%	410	7 720	92.0%
P≤20	2 421	3 421	100%	670	8 390	100%

表 10.4 某公司库存商品的 ABC 分类结果

分类类别	商品单价 P/元	占全部品种百分比		占全部资金百分比	
A	P>120	7.6%	9.6%	69.1%	74.4%
	100<P≤120	2%		5.3%	
B	80<P≤100	1.6%	19.6%	3.7%	17.6%
	60<P≤80	2.8%		4%	
	40<P≤60	5.8%		5%	
	20<P≤40	9.4%		4.9%	
C	P≤20	70.8%	70.8%	8%	8%

从表 10.4 中可见该公司库存商品中单价 100 元以上的是 A 类商品,单价 20～100 元的是 B 类商品,单价 20 元以下的是 C 类商品。

一般情况下,定量订货技术用于 C 类商品。

2) 计算库存相关费用。

在认识成本部分,了解了与库存相关的成本及它们之间的相互关系,现在要进一步计算这些成本费用。

需要首先掌握库存管理中的所有费用,然后对这些费用逐项分解,以便得到每一项费用。具体的分项费用如表 10.5 所示。表中所示的一些费用是固定和连续使用的,一些费用是跨部门的,一些费用是很多不同的商品之间共有的,因此对于比较难以具体划分到某种商品上的费用计算,一般采用经验方法和统计方法得到。

表 10.5 库存相关费用

总 项	分 项	描 述	备 注
购买费	—	商品的进价,即单价(P)。	大量采购一般有折扣价
订货费	—	与订货有关的通信费、外勤费、运输费、入库费等的事务费用,一般指从开始订货,直到商品入库这段时间内的费用	平均到每次后就得到单次订货费(S)
保管费	利息	库存货物占用的资金,需要支付利息;或是为增加库存而支付的费用;或是在库存商品上希望赚取的收益等。上述中取最大的作为商品利息	保管费根据库存量不同而变化的费用。总保管费在单位时间内(如每年),合理平摊到每种商品上,就可以得到单位商品年保管费(C)。但很难做到合理平摊,因此一般取单价的某个百分比
	保险金	为防范风险,投保产生的费用	
	搬运费	仓库内搬运产生的费用	
	仓库经费	仓库的地租、房租、维修费、水电费、设备费等	
	盘点货物损耗费	货物变质、丢失、损耗的费用	
	税金	库存资产需要上交的税金	
缺货费	—	缺货引起的停工、停产损失,或者由于紧急订货的额外费用	一般很难计算,因此要么不考虑,要么取前 3 项和的某个百分比

3) 需求量预测。

合理的订货数量是建立在对以往需求量之上的,因此需要根据以往的需求记录,利用统计学方法预测未来的需求量,以指导订货。

需求量预测常用的统计方法是移动平均法、加权移动平均法、指数平滑法和回归分析,其中前 3 种方法用于时间序列,第 4 种方法用于相关性分析。

例 10-2 某公司某种商品前 16 个月的销售数据如表 10.6 所示,为了指导采购,现要预测该商品未来几个月的需求量。试用移动平均法预测本月和后两个月的可能销售数量,其中跨距设定为 5。

表 10.6　某公司某种商品前 16 个月的销售数据情况

销售月份	销售数量/箱	销售月份	销售数量/箱
1	45	9	64
2	52	10	67
3	60	11	69
4	48	12	73
5	52	13	75
6	55	14	80
7	58	15	82
8	62	16	84

说明：销售月份越大越靠近本月。

解： 移动平均法分为一次移动平均法、二次移动平均法和三次移动平均法，分别针对历史资料分布趋势呈水平直线、倾斜直线和曲线的情况，如图 10.4 至图 10.6 所示。

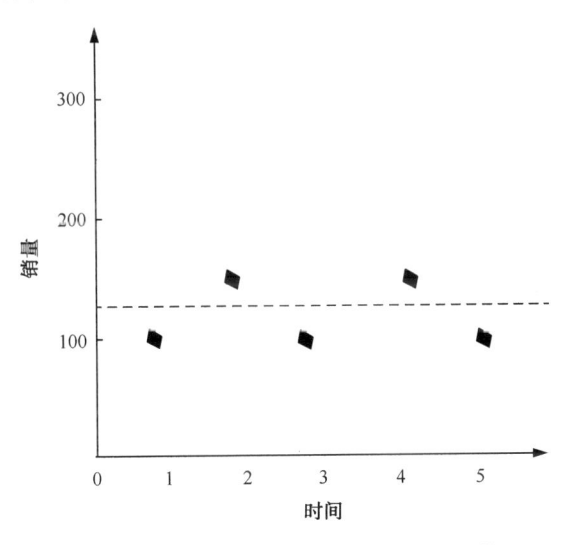

图 10.4　一次移动平均法的历史资料趋势

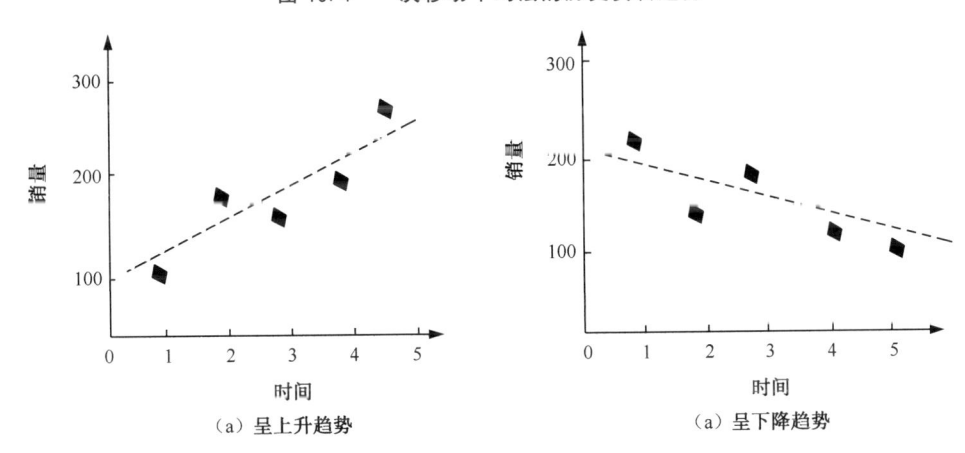

（a）呈上升趋势　　　　　　　　　　（a）呈下降趋势

图 10.5　二次移动平均法的历史资料趋势

（a）呈凹上升趋势

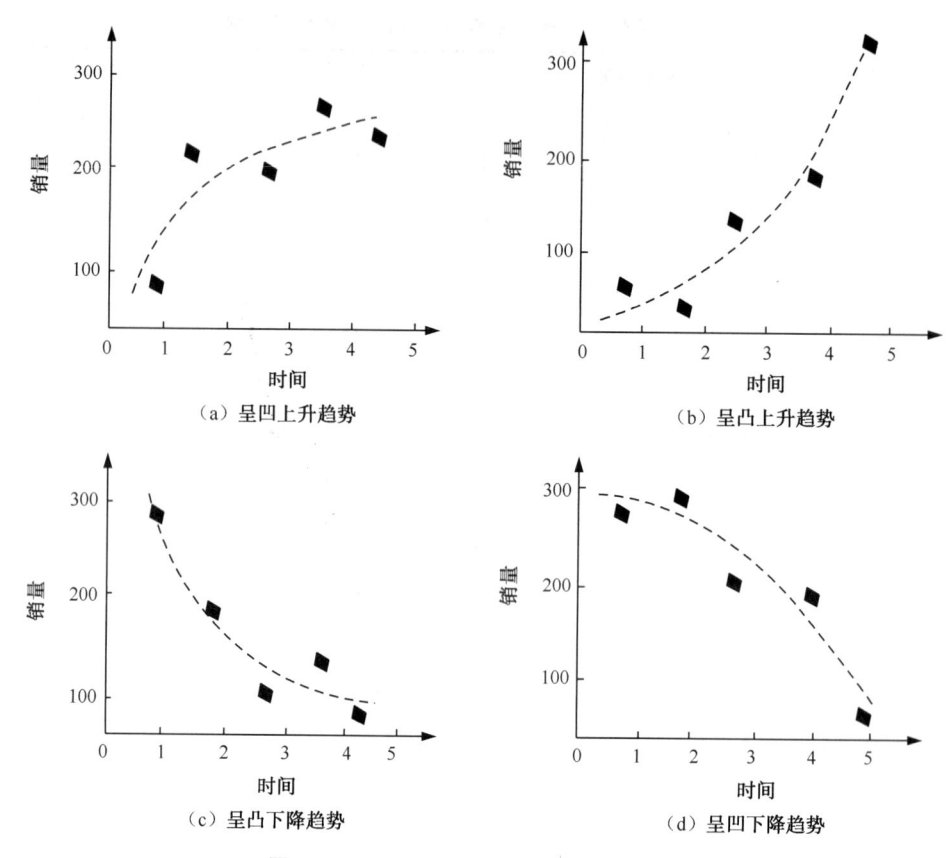

（b）呈凸上升趋势

（c）呈凸下降趋势

（d）呈凹下降趋势

图 10.6　三次移动平均法的历史资料趋势

一般很少使用一次移动平均法做预测，它只是为二次移动平均法做准备的。而三次移动平均法需要很多的历史数据，不容易收集，而且较早的数据对当期预测的指导意义不大，因此也很少使用三次移动平均法做预测。如果有曲线趋势的情况，可以用三次指数平滑法来计算，有关内容后面部分将会讲到。移动平均法主要使用二次移动平均法。观察历史数据后发现，销售数据资料呈倾斜直线趋势，适合采用二次移动平均法。现用二次移动平均法预测本月和后两个月的可能销售数量。根据数据，分别计算一次和二次移动平均值，如表 10.7 所示。

表 10.7　销售数据的移动平均值

销售月份(t)	销售数量(X_t)/箱	一次移动平均值($M_t^{(1)}$)	二次移动平均值($M_t^{(2)}$)
1	45	—	—
2	52	—	—
3	60	—	—
4	48	—	—
5	52	51.4	—
6	55	53.4	—
7	58	54.6	—
8	62	55.0	—
9	64	58.2	54.52

(续表)

销售月份(t)	销售数量(X_t)/箱	一次移动平均值($M_t^{(1)}$)	二次移动平均值($M_t^{(2)}$)
10	67	61.2	56.48
11	69	64.0	58.60
12	73	67.0	61.08
13	75	69.6	64.00
14	80	72.8	66.92
15	82	75.8	69.84
16	84	78.8	72.80

$a_{16} = 2M_{16}^{(1)} - M_{16}^{(2)} = 2 \times 78.8 - 72.80 = 84.8$

$b_{16} = \dfrac{2}{N-1}(M_{16}^{(1)} - M_{16}^{(2)}) = \dfrac{2}{5-1}(78.8 - 72.8) = 3$

因为有：$Y_{t+T} = a_t + b_t T$

所以：$Y_{17} = Y_{16+1} = 84.8 + 3 \times 1 = 87.8 \approx 88$

$Y_{18} = Y_{16+2} = 84.8 + 3 \times 2 = 90.8 \approx 91$

$Y_{19} = Y_{16+3} = 84.8 + 3 \times 3 = 93.8 \approx 94$

由计算可知，根据二次移动平均法预测得到的本月和后面两个月的可能销售数量分别是88箱、91箱和94箱。

例10-3 某公司某种商品前5个月的销售数量分别是73、75、80、82、84，权重由远及近分别是0.1、0.15、0.2、0.25、0.3。试用加权移动平均法预测本月可能的销量。

解：本月可能的销量 $Y_t = 0.1 \times 73 + 0.15 \times 75 + 0.2 \times 80 + 0.25 \times 82 + 0.3 \times 84 = 80$

例10-4 某公司某种商品前8个月的销量分别是2.3、3.4、5.1、7.2、9、10.6、12、14.3，单位为t。试用指数平滑法预测本月可能的销量，平滑指数$\alpha = 0.3$。

解：平滑指数法判断历史数据趋势的方法和移动平均法一样，因为数据比较少，所以不能确定趋势，因此本例将计算一次、二次和三次指数平滑预测值。因为：

$S_t^{(1)} = \alpha X_t + (1-\alpha) S_{t-1}^{(1)}$

$S_t^{(2)} = \alpha S_t^{(1)} + (1-\alpha) S_{t-1}^{(2)}$

$S_t^{(3)} = \alpha S_t^{(2)} + (1-\alpha) S_{t-1}^{(3)}$

所以，可以得到各次平滑指数值，如表10.8所示。

表10.8 销售数据的平滑指数值

t	销售数量(X_t)/t	一次平滑指数值($S_t^{(1)}$)	二次平滑指数值($S_t^{(2)}$)	三次平滑指数值($S_t^{(3)}$)
0		2.30	2.30	2.30
1	2.3	2.30	2.30	2.30
2	3.4	3.07	2.53	2.37
3	5.1	3.68	2.88	2.52
4	7.2	4.74	3.44	2.8
5	9.0	6.02	4.21	3.22

(续表)

t	销售数量(X_t)/吨	一次平滑指数值($S_t^{(1)}$)	二次平滑指数值($S_t^{(2)}$)	三次平滑指数值($S_t^{(3)}$)
6	10.6	7.39	5.17	3.80
7	12.0	8.77	6.25	4.54
8	14.3	10.43	7.50	5.43

采用一次指数平滑法时,因为:

$$Y_{t+T} = S_t^{(1)}$$

所以,本月销售预测 $Y_9 = Y_{8+1} = S_8^{(1)} = 10.43(t)$

采用二次指数平滑法时,因为

$$a_t = 2S_t^{(1)} - S_t^{(2)} = 2 \times 10.43 - 7.50 = 13.36$$

$$b_t = \frac{\alpha}{1-\alpha}(S_t^{(1)} - S_t^{(2)}) = \frac{0.3}{1-0.3}(10.43 - 7.5) = 1.26$$

$$Y_{t+T} = a_t + b_t T$$

所以,本月销售预测 $Y_9 = Y_{8+1} = 13.36 + 1.26 \times 1 = 14.62(t)$

采用三次指数平滑法时,因为:

$$a_t = 3S_t^{(1)} - 3S_t^{(2)} + S_t^{(3)} = 3 \times 10.43 - 3 \times 7.50 + 5.43 = 14.22$$

$$b_t = \frac{\alpha}{2(1-\alpha)^2}[(6-5\alpha)S_t^{(1)} - 2(5-4\alpha)S_t^{(2)} + (4-3\alpha)S_t^{(3)}] = 2.07$$

$$c_t = \frac{\alpha^2}{2(1-\alpha)^2}(S_t^{(1)} - 2S_t^{(2)} + S_t^{(3)}) = 0.08$$

$$Y_{t+T} = a_t + b_t T + c_t T^2$$

所以,本月销售预测 $Y_9 = Y_{8+1} = 14.22 + 2.07 \times 1 + 0.08 \times 1^2 = 16.57(t)$

综上所述,各次指数平滑法的预测值分别是 10.43t、14.62t 和 16.57t。

例10-5 某公司的10个分公司与总公司的距离和平均货物运输时间如表10.9所示,现该公司准备再设立一个分公司,与其距离为1 000 km。试预测总公司和该分公司之间可能的货物运输时间。

表 10.9 里程和时间

分公司编号	与总公司的距离 X/km	平均货物运输时间 Y/h
1	210	5
2	290	7
3	350	6
4	480	11
5	490	8
6	730	11
7	780	12
8	850	8
9	920	15
10	1 010	12

解:回归系数计算如表 10.10 所示。

表 10.10 回归系数计算

分公司	X_t	Y_t	X_tY_t	X_t^2	Y_t^2
1	210	5	1 050	44 100	25
2	290	7	2 030	84 100	49
3	350	6	2 100	122 500	36
4	480	11	5 280	230 400	121
5	490	8	3 920	240 100	64
6	730	11	8 030	532 900	121
7	780	12	9 360	608 400	141
8	850	8	6 800	722 500	64
9	920	15	13 800	846 400	225
10	1 010	12	12 120	1 020 100	144
合计	6 110	95	64 490	4 451 500	993

$$\overline{X} = \frac{\sum X_t}{n} = \frac{6\ 110}{10} = 611 \qquad \overline{Y} = \frac{\sum Y_t}{n} = \frac{95}{10} = 9.5$$

因为:$b = \dfrac{\sum\limits_{i=1}^{n}(X_tY_t) - n\overline{X}\ \overline{Y}}{\sum\limits_{i=1}^{n}X_t^2 - n\overline{X}^2} = \dfrac{64\ 490 - (10 \times 611 \times 9.5)}{4\ 451\ 500 - 10 \times 611^2} = 0.008\ 97$

$a = \overline{Y} - b\overline{X} = 9.5 - 0.008\ 97 \times 611 = 4.019$

所以:$Y_t = a + bX_t = 4.019 + 0.008\ 97 \times 1\ 000 \approx 12.99(h)$

4) 确定服务水平。

某种商品的服务水平用服务率来表示。服务率是指在一定时间内的需要量中,如在一年内的需要量中,不缺货情况所占的比率。服务率可以用订单笔数表示,也可以用货物数量表示。例如,某种商品一年内共收到 100 份订单,其中没有缺货情况的是 80 份订单,则服务率为 80%。又如,某种商品一年内共收到 100 箱的订单,其中没有缺货情况的是 80 箱,则服务率也为 80%。

某种商品的服务率高,则缺货率就低,如服务率为 80%,则缺货率就为 20%;服务率为 20%,则缺货率就为 80%。

可以根据某种商品的重要程度不同,设定不同的服务率。如果某种商品非常重要(如 A 类商品),不能缺货,否则可能造成丢失重要订单、停工停产等事故,则该商品的服务率可以定高些,如 90% 以上。如果某种商品不是很重要(如 C 类商品),则该商品的服务率可以定低些。因为过多的储存商品,会造成较高的库存成本,所以用适度缺货来换取成本降低。

5) 确定订货提前期。

订货提前期(又称供应周期)是指从发出订单开始,直到收到货物的时间间隔。因为向供应商发出订单后,供应商还要采购、生产、运输等,所以存在订货提前期。订货提前期和供应商的供应响应速度、运输情况等有关系。供应响应速度快,运输情况好,则订货提前期就短,自然可以安排较少库存;反之则要较多库存。因此订货提前期和库存量有一定关系(具体说,和安全库存有关,后面会详细讲述)。

可以通过统计某种商品供应情况的历史资料来确定订货提前期,一般是列出某种商品的最近若干次的订货提前期。

需要说明的是,订货提前期和订货周期有区别,前者是指从发出订单开始,直到收到货物的时间间隔,后者是两次发订单的时间间隔。如图 10.7 所示,T_K 是订货提前期(供应周期),T 是订货周期。

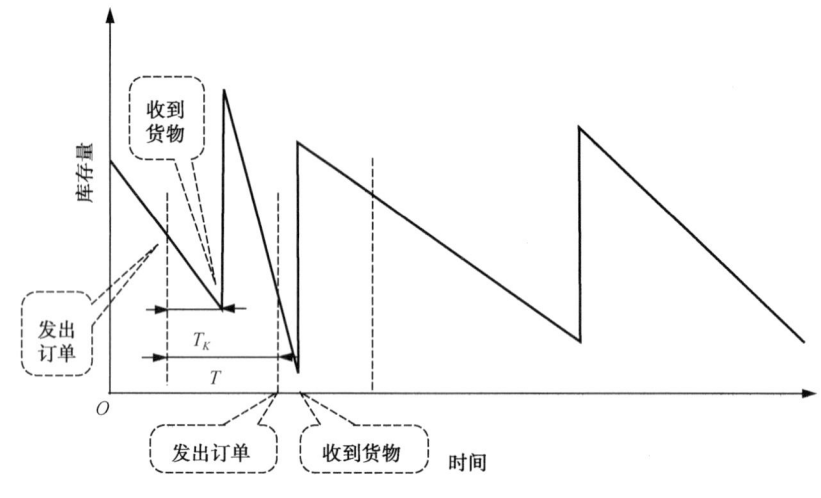

图 10.7　订货提前期和订货周期

6) 计算订货点。

前面的 5 个步骤是做准备的,从第 6 步开始进入定量订货技术的计算,先计算订货点。订货点是指当某种商品的库存数量到达这个数量点时,就发出订单。例如,某种商品的订货点设定为 150 个,那么当该商品库存降到 150 个时,就向供应商发出订单。由图 10.10 可知,订货点需要需求量、服务水平和订货提前期 3 个量来确定。按照需求量和订货提前期是否固定,定量订货技术的订货点确定分为两种情况。

第一种情况:当需求量和订货提前期固定时,不需要设置安全库存,则订货点的计算公式为:

$$订货点 = (全年需求量 \div 365) \times 订货提前期 \tag{10-9}$$

式中,365 天可用 360 天代替。

例10-6　某公司某种商品每年的需求量为 24 000 个,每日需求量固定。供应商的供货质量较好,订货提前期固定为 12 天。试计算该商品的订货点。

解:订货点 =(全年需求量÷365)×订货提前期
　　　　　=(24 000÷365)×12
　　　　　=789(个)

因此,该商品的订货点是 789 个,即当该商品库存还剩 789 个时,应向供应商发出订单。从图 10.8 中可以看出,当需求量和订货提前期固定时,发出订单时库存还剩 789 个,每天大致需要 66 个,当 12 天后 789 个库存消耗完后,订购的商品恰好到达。这是最理想的情况,但是也是很少出现的情况。

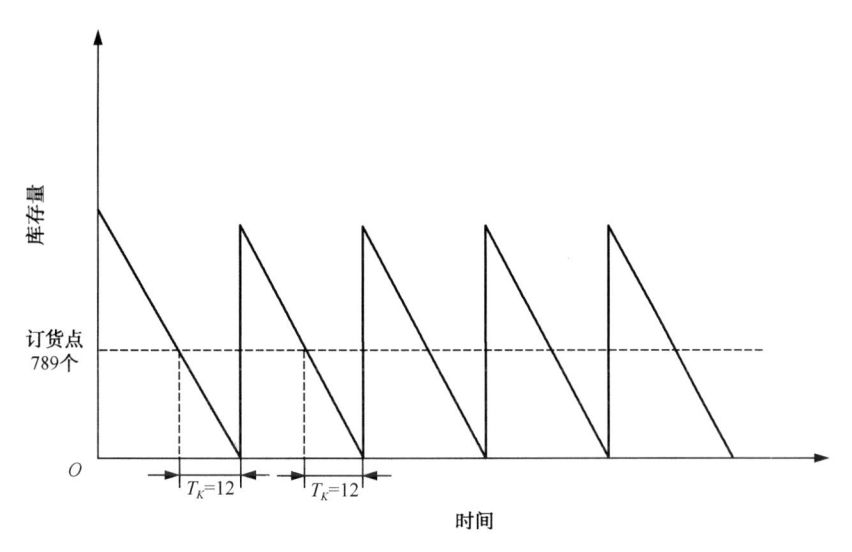

图 10.8 需求量和订货提前期固定时的定量订货技术订货点

第二种情况：需求量和订货提前期不固定。如果历史数据资料较少(5 个以下)，可使用以下计算公式：

$$需求变动值 = \sqrt{\frac{\sum(x_i - \overline{x})^2}{n}} \tag{10-10}$$

$$安全库存 = 安全系数 \times \sqrt{\max T_K} \times 需求变动值 \tag{10-11}$$

$$订货点 = 平均需求量 \times \max T_K + 安全库存 \tag{10-12}$$

式中：x_i 是每个历史数据；$\overline{x}$ 是历史数据的平均值；

$\text{Max} T_K$ 为最大订货提前期；安全系数是和服务水平（即缺货概率）相对应的系数。其对应关系如表 10.11 所示。

表 10.11 安全系数

缺货概率/(%)	0.8	1.4	1.8	2.3	2.9	3.6	4.5	5.0	5.5	6.7
安全系数值	2.3	2.2	2.1	2.0	1.9	1.8	1.7	1.65	1.6	1.5
缺货概率/(%)	8.1	9.7	11.5	13.6	15.9	18.4	21.2	24.2	27.4	30.6
安全系数值	1.4	1.3	1.2	1.1	1.0	0.9	0.8	0.7	0.6	0.5

如果历史数据资料较多(5 个以上)，可使用以下计算公式：

$$需求变动值 = \frac{R}{d_2} \tag{10-13}$$

$$安全库存 = 安全系数 \times \sqrt{\max T_K} \times 需求变动值 \tag{10-14}$$

$$订货点 = 平均需求量 \times \max T_K + 安全库存 \tag{10-15}$$

式中：R 是历史数据的极差（极大值和极小值之差）；d_2 是随着资料数（样本数）的变化而变化的常数，如表 10.12 所示。

$\max T_K$ 和安全系数与资料较少时的情况相同。

项目五　库存控制

表 10.12　随资料数变动的 d_2 值

n	5	6	7	8	9	10	11	12	13	14
d_2	2.326	2.543	2.704	2.847	2.970	3.078	3.173	3.258	3.336	3.407
n	15	16	17	18	19	20	21	22	23	24
d_2	3.472	3.532	3.588	3.640	3.689	3.735	3.778	3.820	3.858	3.896

例 10-7　某公司某种商品在过去 3 个月的需求量分别是 126 个、110 个和 127 个,服务率设定为 69.4%,过去该种商品从发出订单直到收到货物的时间间隔中,最长的一次是一个月。试求该商品的订货点时。如果上述时间间隔最长的是 45 天,订货点又是多少?

解：因为历史数据资料是 3 个,所以选择公式(10-10)至公式(10-12)。

$$\bar{x} = \frac{126+110+127}{3} = 121(个)$$

$$需求变动值 = \sqrt{\frac{(126-121)^2+(110-121)^2+(127-121)^2}{3}} = 7.79(个/月)$$

服务率设定为 69.4%,则缺货率是 30.6%,查表 10.11 可得安全系数值是 0.5。

安全库存 = 安全系数 × $\sqrt{\max T_K}$ × 需求变动值
　　　　 = 0.5 × $\sqrt{1}$ × 7.79
　　　　 = 3.895(个)

订货点 = 平均需求量 × $\max T_K$ + 安全库存
　　　 = 121 × 1 + 3.895
　　　 ≈ 125(个)

如果 $\max T_K$ 是 45 天,则为 1.5 个月。

安全库存 = 安全系数 × $\sqrt{\max T_K}$ × 需求变动值
　　　　 = 0.5 × $\sqrt{1.5}$ × 7.79
　　　　 = 4.77(个)

订货点 = 平均需求量 × $\max T_K$ + 安全库存
　　　 = 121 × 1.5 + 4.77
　　　 ≈ 186(个)

因此,当最大订货提前期是一个月时,该商品订货点为 125 个;当最大订货提前期是 45 天时,该商品订货点为 186 个。

例 10-8　某公司某种商品在过去一年的需求量如表 10.13 所示,缺货率设定为 5%,最大订货提前期为 2 个月。试求该商品的订货点。

表 10.13　某公司商品销量

月份	1	2	3	4	5	6	7	8	9	10	11	12	合计
需求量/个	162	167	173	181	180	172	174	170	168	165	163	168	2 052

解：因为历史数据资料较多,所以选择公式(10-13)至(10-15)。

月平均需求量 171(2 052÷12)个,安全系数为 1.65,极差 R 为 19(181−162)个,查表 10.12

得知 $n=12$ 对应的 d_2 值为 3.258。

$$需求变动值 = \frac{R}{d_2} = \frac{19}{3.258} = 5.831(个/月)$$

$$\begin{aligned}安全库存 &= 安全系数 \times \sqrt{\max T_K} \times 需求变动值\\ &= 1.65 \times \sqrt{2} \times 5.831\\ &= 13.6(个)\end{aligned}$$

$$\begin{aligned}订货点 &= 平均需求量 \times \max T_K + 安全库存\\ &= 171 \times 2 + 13.6\\ &\approx 356(个)\end{aligned}$$

7) 计算安全库存。

安全库存是指当发出订单后，在预定的到货时间内，订购的货物没有按时到达时，为保证生产和经营所必需的保障性库存。安全库存是为了防止意外情况发生而设置的缓冲库存，其示意图如图10.9所示。从图中可以看出，订货点由常规库存和安全库存组成，这和公式计算是一致的。

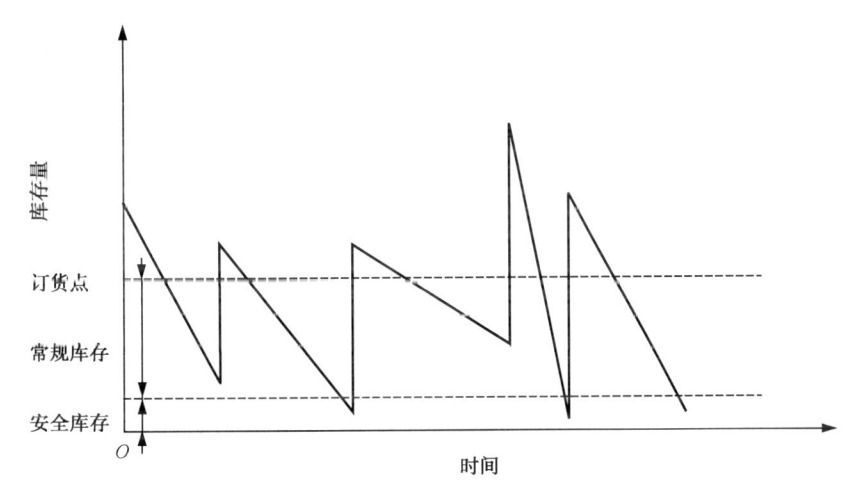

图 10.9 安全库存示意

由图10.3可知，安全库存也是由需求量、服务水平和订货提前期3个量来确定的。其实安全库存的计算在第6)步计算订货点中已经计算过了，具体可以分为需求量和订货提前期固定[此时无安全库存]与需求量和订货提前期不固定(此时又可以分为历史数据资料较少和较多两种情况，计算公式分别见公式(10-11)和公式(10-14)]。

8) 计算订货批量。

订货批量是指每次发出订单订购的商品的数量，因为是定量订货技术，所以订货批量是固定的，即每次订购相同数量的商品。

由图10.3可知，订货批量由费用和需求量计算得到。其计算公式为：

$$Q^* = \sqrt{\frac{2DS}{C}} = \sqrt{\frac{2DS}{PF}} \tag{10-16}$$

式中：Q^* 是订货批量；D 是单位时间内的需求量，可以通过第3)步需求量预测得到；S 是每次订货成本，可以通过第2)步计算库存相关费用得到；C 是单位时间内单位商品的保管费，可以通过第2)步得到；P 是单位商品的购买单价，可以通过第2)步得到；F 是单位时间内单位商品的保管费率,可以通过第2)得到。

从公式中可以看出,因为保管费用是所有被保管商品共同分担的,单独剥离一种商品的保管费用比较困难,所以在实际中可以将保管费设定为单价的百分比,通过调节保管费率 F 来调整某种商品的保管费。

例10-9 某公司甲商品今年的需求量经过预测是16 000个,该商品每个每年的保管费约为20元,该商品每次订货成本约为400元;乙商品今年的需求量经过预测是8 000个,该商品单价为100元,每个每年的保管费率约为20%,该商品每次订货成本约为200元。试计算定量订货时,这两种商品的订货批量。

解:甲商品每次订货的数量(订货批量):

$$Q^* = \sqrt{\frac{2DS}{C}} = \sqrt{\frac{2 \times 16\,000 \times 400}{20}} = 800(\text{个}/\text{次})$$

乙商品每次订货的数量(订货批量):

$$Q^* = \sqrt{\frac{2DS}{PF}} = \sqrt{\frac{2 \times 8\,000 \times 200}{100 \times 20\%}} = 400(\text{个}/\text{次})$$

甲商品和乙商品的订货批量分别是每次订货800个和400个,在实际中还要做适当调整,以满足一个集装单元的要求。

9)计算平均库存。

在某一个时期内,定量订货技术时的平均库存量的计算方式为:

平均库存量=(订货点÷2)+安全库存

10)计算订货周期。

严格意义上讲,定量订货技术是没有订货周期的,因为其订货时间间隔是不固定的,但是为了便于理解,可以计算平均意义上的订货周期。计算过程是:计算出每次订货量 Q^* →年总需求除以 Q^* →年订货次数→365除以年订货次数→订货周期。

以上内容是定量订货技术的计算过程,共10个步骤。定量订货实质上是"两定一不定",所谓"两定"是指订货点和订货批量固定,"一不定"是指订货周期不固定,具体如图10.10所示。

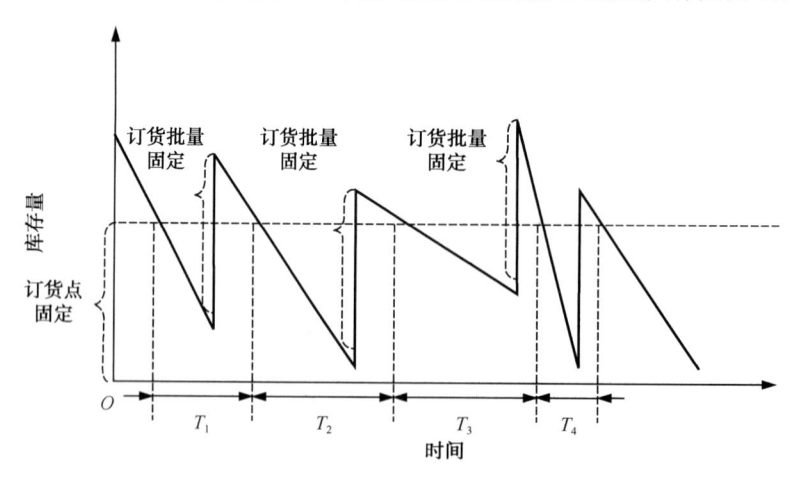

图10.10 定量订货技术的"两定一不定"示意

2. 定量订货技术的适用商品

（1）定量订货技术的优点

① 充分发挥经济订货批量的作用，降低库存成本，节约费用，提高经济效益。

② 因为是成批量的固定采购量，所以可以设计和使用固定大小和容量的器具，使整个商品的验收、入库、保管、盘点及出库作业的工作量大为简化。

③ 便于采用"双堆法"，其中一堆是订货点，消耗另一堆，当还剩一堆时，开始订货，这样可以使盘点次数减少。

（2）定量订货技术的缺点

① 需要随时掌握库存量情况，占用一定的人力和物力。

② 订货模式过于机械，不具有灵活性。

③ 订货周期不固定，所以订货时间不能事先确定，不利于安排资金、人员等计划。

综合来讲，定量订货技术一般适用于 C 类商品的库存控制和采购。

（二）定期订货技术

定期订货技术是指在固定的时间间隔期，根据商品库存数的不同发出不同数量的订单，以采购商品的订货点技术。其订货间隔期固定，而每次订货数量不固定，因此又可以理解为"一固定一不固定"（订货周期固定，每次订货量不固定）。

1. 定期订货技术的计算过程

定期订货技术共有 8 个步骤，8 个步骤的过程和关系如图 10.11 所示。其中前 5 个步骤是准备工作，后 3 个步骤是真正计算的过程。因为前 5 个步骤与定期订货技术的前 5 个步骤相同，所以这里直接从第 6 步开始。

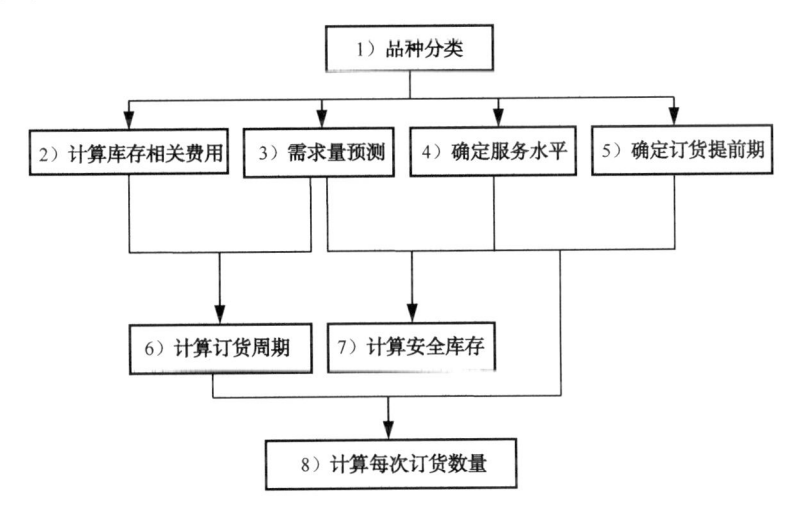

图 10.11　定期订货技术步骤

6）计算订货周期

定期订货技术的订货周期是指发出订单的时间间隔，这一间隔期是固定的。从图 10.11 可知，可由库存相关费用和需求量来计算订货周期。其计算方式为：

$$T = \sqrt{\frac{2S}{CD}} = \sqrt{\frac{2S}{PFD}} \tag{10-17}$$

式中：T 是订货周期；D 是单位时间内的需求量；S 是每次订货的成本；C 是单位时间内单位

商品的保管费；P 是单位商品的购买单价。

例10-10 某公司某种商品今年的需求量经过预测是 10 000 个,该商品每个每年的保管费约为 8 元,该商品每次订货成本约为 100 元。试计算定期订货时的订货周期。

解：$T = \sqrt{\dfrac{2S}{CD}} = \sqrt{\dfrac{2 \times 100}{8 \times 10\ 000}} = 0.05(年)$,大约是 18 天,也即该商品每 18 天订一次货。

7) 计算安全库存

定期订货技术的安全库存计算也分为需求量和订货提前期固定与需求量和订货提前期不固定两种情况,其中不固定情况又可划分为历史资料较少和历史资料较多两种情况。

第一种情况:需求量和订货提前期固定,不需要设置安全库存,即安全库存为 0。

第二种情况:需求量和订货提前期不固定。

如果历史数据资料较少(5 个以下)时,使用以下公式：

$$需求变动值 = \sqrt{\dfrac{\sum (x_i - \overline{x})^2}{n}} \tag{10-18}$$

$$安全库存 = 安全系数 \times \sqrt{\max T_K} \times 需求变动值 \tag{10-19}$$

如果历史数据资料较多(5 个以上)时,使用以下公式：

$$需求变动值 = \dfrac{R}{d_2} \tag{10-20}$$

$$安全库存 = 安全系数 \times \sqrt{\max T_K} \times 需求变动值 \tag{10-21}$$

以上公式符号含义和定量订货技术的公式符号相同。

8) 计算每次订货数量

定期订货技术每次订货数量都不固定,而是根据具体情况调整,计算公式为：

$$Q_{\max} = \overline{R}(T + \overline{T}_k) + Q_s \tag{10-22}$$

式中：$Q_{\max}$ 是最高库存量；$\overline{R}$ 是 $(T + \overline{T}_k)$ 期间内的平均需求量,因 $(T + \overline{T}_k)$ 期间内的平均需求量和 T 期间内的平均需求量相差不大,所以可以用后者代替前者；T 是订货周期,在第 6 步中计算得出；$\overline{T}_k$ 是平均订货提前期,通过统计资料得出；Q_s 是安全库存,在第 7 步中计算得出。

$$Q_i = Q_{\max} + Q_{Mi} - Q_{Ki} - Q_{Ni} \tag{10-23}$$

式中：Q_i 是第 i 次订货量；$Q_{\max}$ 是最高库存量；Q_{Mi} 是第 i 次订货量时,待出库货物量；Q_{Ki} 是第 i 次订货量时,实际库存货物量；Q_{Ni} 是第 i 次订货量时,在途货物量。

例10-11 某公司某种商品今年的需求量经过预测是 10 000 个,该商品每个每年的保管费约为 8 元,该商品每次订货成本约为 100 元。先计算定期订货时的订货周期。在计算出订货周期后发现,在已知的过去两个周期内,该商品需求量分别是 250 个和 430 个,过去的两次订单从发出直到收到货物的时间间隔是 3 天和 9 天,缺货概率为 15.9%。如果本次订货时,上次订货的未到数量 150 个,准备出库数量 180 个,实际库存量 200 个。试求本次订货数量。

解：订货周期为：

$$T = \sqrt{\dfrac{2S}{CD}} = \sqrt{\dfrac{2 \times 100}{8 \times 10\ 000}} = 0.05(年)$$

大约是 18 天,即该商品每 18 天订一次货。由已知可得,前面两个 18 天的需求量分别是 250

个和 430 个,平均为:(250+430)÷2=340(个/周期)。

根据安全库存公式中资料较少的情况,且缺货概率 15.9% 的安全系数为 1,最大订货提前期是 9 天,为 1/2 个周期,所以有:

$$需求变动值 = \sqrt{\frac{\sum(x_i-\overline{x})^2}{n}} = \sqrt{\frac{(250-340)^2+(430-340)^2}{2}} = 90(个/周期)$$

$$安全库存 = 安全系数 \times \sqrt{\max T_K} \times 需求变动值$$
$$= 1 \times \sqrt{\frac{1}{2}} \times 90 \approx 63(个)$$

根据公式(10-22),且用 T 期间的平均需求量代替 $(T+\overline{T}_k)$ 期间内的平均需求量,即 $\overline{R}=340$(个/周期),同时 $\overline{T}_k$ 为 $(3+9)\div 2=6$(天),即 $\overline{T}_k=1/3$(周期),所以有:

$$Q_{\max} = \overline{R}(T+\overline{T}_k)+Q_s$$
$$= 340 \times \left(1+\frac{1}{3}\right)+63$$
$$\approx 503(个)$$

最后根据公式(10-23),可得本次订货数量为:

$$Q_i = Q_{\max}+Q_{Mi}-Q_{Ki}-Q_{Ni}$$
$$= 503+180-150-200$$
$$= 333(个)$$

以上内容是定期订货技术的计算过程,共 8 个步骤。定期订货实质上是"一定一不定",所谓"一定"是指订货周期固定,"一不定"是指每次订货量不固定,具体如图 10.12 所示。图中的 TK_1 和 TK_2 是订货提前期,也不固定,由供应商和运输情况决定。

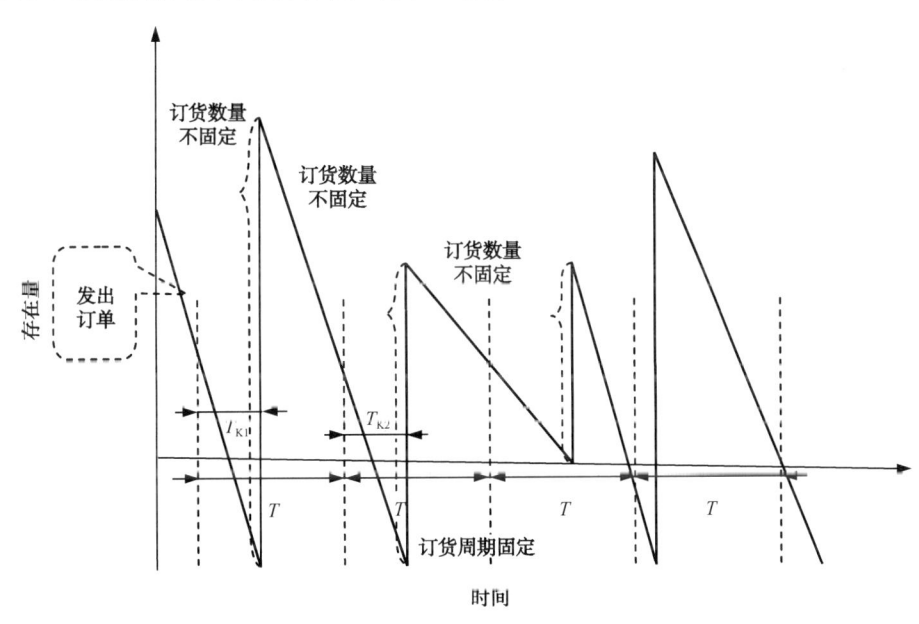

图 10.12 定期订货技术的"一定一不定"示意

2. 定期订货技术的适用商品

(1) 定期订货技术的优点

① 盘点比较彻底和准确,避免了定量订货技术所需要的每天盘点的做法,减少了工作量。

② 计划性较强,有利于安排工作计划。
③ 订货数量准确,避免了积压商品造成的资金占压。
(2) 定期订货技术的缺点
① ($T+\overline{T}_L$)期间较长,容易造成较大的库存。
② 每次订货数量不确定,无法制定经济批量,运营成本较高,经济性较差。
总的来说,定量订货技术一般适用于 A 类商品的库存控制和采购。

小结:切勿捡了芝麻丢了西瓜!

要点回顾

一、认识库存成本
(一)库存
1. 库存的含义 2. 库存的分类 3. 库存的目标 4. 库存的利弊
(二)库存成本
1. 随库存量增加而下降的费用 2. 随库存量增加而上升的费用 3. 库存总费用
(三)库存成本管理
1. 库存成本管理的含义 2. 库存成本管理的目标 3. 库存成本管理的指标体系 4. 库存成本管理的思想
二、控制库存成本
(一)定量订货技术
1. 定量订货技术的计算过程 2. 定量订货技术的适用商品
(二)定期订货技术
1. 定期订货技术的计算过程 2. 定期订货技术的适用商品

练一练

1. 降低物料仓储的成本是每一家企业都在为之努力的目标。针对某家企业的具体情况,选择适合企业的方法,并制订可行性方案。

降低成本的途径	具体对策	方案选择	可行性方案
降低库存成本	就地采购	□是 □否	
	产销协调(减少变异)	□是 □否	
	计算机化(提高数据处理)	□是 □否	
	现场管理	□是 □否	
	掌握动态变化及应变	□是 □否	
	劳保用品零库存	□是 □否	
	供应链管理	□是 □否	
降低劳动成本	设立缓冲仓库	□是 □否	
	注意入库和出库时间	□是 □否	
	自动仓库和自动存储技术	□是 □否	

2. 通过持有存货来对各个运作环节进行缓冲,但是由于存货所产生的费用较高,所以比较

理想的办法是认真处理好所遇到的各种问题,消除缓冲的需要。你认为这个建议合理吗？如果认为合理,如何才能消除这种缓冲需要呢？

3. 参观一个超市,分析出其中的 A 类、B 类和 C 类的商品。

4. 工学结合项目:教师带领学生参观合作企业的仓库,了解其库存物质的数量情况,由学生分析其合理性。如果认为不合理,如何调整？请提交调整方案。

学习资源库

1. "物流管理基础"精品课程,http://ycr.lszjy.com/
2. "仓储管理实务"院级精品课程,http://ycrcc.kc.lszjy.com/
3. 中国物流与采购网,http://www.chinawuliu.com.cn/
4. 中国物流与采购教育认证网,http://www.clpp.org.cn/
5. 锦程物流网,http://www.jctrans.com/
6. 中国物流网,http://www.6-china.com/

测一测

一、单项选择题

1. 已经订货,但尚未验收入库的物资的数量称为( )。
   A. 在库库存量　　B. 库存占用金额　　C. 名义库存量　　D. 在途库存量

2. 库存中的资金占用成本、存储空间成本、库存服务成本和库存风险成本 4 项费用是指库存成本中的( )。
   A. 库存持有成本　　B. 订货成本　　C. 生产准备成本　　D. 缺货成本

3. 当生产企业以紧急采购代用材料来解决库存材料的中断之急时,这部分费用属于库存决策中的( )。
   A. 机会损失　　B. 缺货成本　　C. 订货成本　　D. 利润损失

4. 企业持有的库存可以分为周转库存、保险库存和战略库存。这种分类方法是按( )进行分类的。
   A. 库存在再生产过程中所延的领域　　B. 库存的性质
   C. 库存需求的相关性　　D. 库存的目的

5. 库存的目标主要是( )。
   A. 平衡供求　　B. 保证经常性供应
   C. 降低库存成本　　D. 降低储存成本

6. 属于库存作用的是( )。
   A. 平衡供求关系
   B. 大量库存不会造成资源浪费,可以保证生产
   C. 增加了企业的产品成本
   D. 占用资金

二、多项选择题

1. 会随库存量增加而上升的库存成本是( )。
   A. 订货成本　　B. 仓储成本　　C. 资金成本　　D. 缺货损失费

2. 库存的作用有（　　　　）。
   A. 维持销售产品的稳定　　　　　　　B. 维持生产的稳定
   C. 降低运输成本　　　　　　　　　　D. 提高服务水平
3. 从库存的经济用途分类，库存可以分为（　　　　）。
   A. 商品库存　　　B. 制造业库存　　　C. 其他库存　　　D. 积压库存
4. 库存的不足之处有（　　　　）。
   A. 增加企业的产品成本　　　　　　　B. 占用企业大量资金
   C. 掩盖企业问题　　　　　　　　　　D. 风险增大
5. 受库存量影响的费用有（　　　　）。
   A. 仓储成本　　　B. 资金成本　　　　C. 搬运成本　　　D. 折旧

二、判断题

1. 现代库存控制的任务是通过适量的库存达到合理的供应，实现总成本最低的目标。（　　）
2. 如果降低库存水平引起的延期交货成本高于节约的库存成本，那么这种方案是可取的，它可以实现企业总成本最低的目标。（　　）
3. 客户需求满足率是一个衡量企业客户订单满足程度的指标。（　　）
4. 订货成本主要是指企业向供应商发出采购订单的费用及订单处理过程中发生的相关费用。（　　）
5. 广义的库存不包括处于加工制造状态和运输状态的物品。（　　）
6. 库存管理的目的在于减少库存量，以降低成本。（　　）

三、实务操作题

到企业或实训基地，训练计算库存总费用。

操作内容：计算库存总费用。

操作器材：计算器、U 盘、笔记本电脑、笔、记录本等。

操作要求：计算库存总费用一般以年为时间单位。年库存费用包括 4 项：①年补充订货费；②年维持库存费；③年缺货损失费；④年购买费。

四、计算题

1. 某公司仓库库存商品情况如表 10.13 所示，按照表 10.14 的标准进行 ABC 分类。

表 10.13　某公司库存商品种类和金额情况

商品单价 P/元	品种种类数/种	占用资金总额/万元
P>120	36	5 200
100<P≤120	56	750
80<P≤100	45	540
60<P≤80	89	440
40<P≤60	168	680
20<P≤40	456	370
P≤20	1 562	590

表 10.14　某公司库存商品的 ABC 划分标准

分类类别	品种数占全部品种数的百分比	资金总额占全部资金总额的百分比
A	5%～10%	70%～75%
B	10%～20%	10%～20%
C	70%～75%	5%～10%

2. 某公司某种商品前 16 个月的销售数据如表 10.15 所示，为了指导采购，现要预测该商品未来几个月的需求量。试用移动平均法预测本月和后两个月的可能销售数量，其中跨距设定为 6。

表 10.15　某公司某种商品前 16 个月的销售数据情况

销售月份	销售数量/箱	销售月份	销售数量/箱
1	55	9	94
2	57	10	97
3	60	11	99
4	68	12	103
5	69	13	115
6	75	14	110
7	82	15	134
8	88	16	145

说明：销售月份越大越靠近本月。

3. 某公司某种商品前 5 个月的销售数量分别是 93、95、100、112、154，权重由远及近分别是 0.1、0.15、0.2、0.25、0.3。试用加权移动平均法预测本月可能的销量。

4. 某公司某种商品前 8 个月的销量数量分别是 4.3、4.7、5.1、5.2、6.3、7.6、8、9.3，单位为吨。试用指数平滑法预测本月可能的销量，平滑指数 $\alpha=0.2$。

5. 公司某种商品在过去 3 个月的需求量分别是 56 个、80 个和 98 个，服务率设定为 69.4%，过去该种商品从发出订单直到收到货物的时间间隔中，最长的一次是半个月。如果该商品今年的需求量经过预测是 16 000 个，该商品每个每年的保管费约为 20 元，该商品每次订货成本约为 400 元。求定量订货技术时的订货点、安全库存和订货批量。

6. 公司某种商品在过去 9 个月的需求量分别是 56、80、98、67、78、88、90、88、77 个，服务率设定为 89.2%，过去该种商品从发出订单直到收到货物的时间间隔中，最长的一次是 45 天。如果该商品今年的需求量经过预测是 8 000 个，该商品单价 100 元，每个每年的保管费率为 20%，该商品每次订货成本约为 200 元。求定量订货技术时的订货点、安全库存和订货批量。

7. 某种商品今年的需求量经过预测是 10 000 个，该商品每个每年的保管费约为 8 元，该商品每次订货成本约为 100 元。先计算定期订货时的订货周期。在计算出订货周期后发现，在已知的过去两个周期内，该商品需求量分别是 460 个和 540 个，过去的两次订单发出直到收到货物的时间间隔是 6 天和 18 天，缺货概率为 15.9%。如果本次订货时，上次订货未到数量 250 个，准备出库数量 80 个，实际库存量 140 个，求定期订货技术时的订货周期、安全库存和本次订货数量。

8. 某种商品今年的需求量经过预测是 10 000 个，该商品每个每年的保管费约为 8 元，该商品每次订货成本约为 100 元。先计算定期订货时的订货周期。在计算出订货周期后发现，在已知的过去 7 个周期内，该商品需求量分别是 230、460、190、540、340、440 和 550 个，过去的 7 次订单发出直到收到货物的时间间隔是6、9、15、13、6、8和18天,缺货概率为9.7%。如果本次订货时,上次订货未到数量250个,准备出库数量170个,实际库存量260个,求定期订货技术时的订货周期、安全库存和本次订货数量。

扩一扩

案例赏析:奥康鞋业:通过ERP系统进行库存成本管理

浙江奥康鞋业股份有限公司是中国领先的皮鞋品牌企业之一,主要从事设计、开发、制造、分销和零售奥康等5个品牌的皮鞋及皮具。作为目前中国皮鞋行业唯一的标志性品牌,2010年"奥康"品牌价值达80.02亿元。经过多年发展,公司建立了三大鞋业生产基地、两大研发中心、3 000多个营销网络,拥有奥康、康龙、美丽佳人、红火鸟4个自有品牌,并成功收购了意大利知名品牌VALLEVERDE的大中华区品牌所有权,形成了纵向一体化的经营模式。

公司坚持"诚信经营,质量至上"的治企方针,主导产品"奥康"牌皮鞋陆续获"中国真皮领先鞋王"、"中国名牌产品"、"中国驰名商标"及首批"全国重点保护品牌"等称号,国内市场占有率稳居同行前列。

在现代市场的竞争中,时间是关键因素之一。特别是对皮鞋行业而言,许多产品是季节性的,对这类产品,就是比时间、比速度。对一些畅销品种,如果能抢先对手一星期上货、一个月出货,就意味着抢先占领了市场;如果产品慢于对手一步,就会形成积压。积压下来无法销售掉的鞋子将会进行降价处理,如此一来,利润必会减少,实在处理不掉的鞋子,将统一打回总部,二次运输成本随之产生,物流成本也就在无形之中增加了。

通过ERP系统降低库存成本。传统的库存管理主要通过手工做账与每月盘点的方法来实现,即使使用了计算机,很多情况下也只是起到了一个数据存储的作用。但面对当今市场高速运行、皮鞋季节分化日益明显的态势,如果不能及时、清晰地对库存结构及数量做出准确的反映,就会在企业的运营中处于非常被动的局面。有时即便库存已经处于警戒线了,但只能一个月后经过全国大盘点后才可以得知,而这时想进行调整已经有些晚了。

为此,奥康整个集团公司开始试用ERP系统,着手建立了全国营销的分销系统,为每个分公司、办事处配备计算机,并与总部计算机进行连接,使各网点与总部连网,最后达到信息快速共享的目的。这样,总部与分公司,分公司与终端网点的信息沟通、反馈及处理就全部在计算机上操作完成,形成一个快速的信息反应链,这样每个销售分公司的销售网点每天的销售情况就一目了然了。

现在,无论到奥康全国任何一个分公司、办事处的任何一台计算机上,都可以了解到公司产品的库存总数、当天销售、累计销售、某一类型产品的数量及尺码,总部对一些畅销品种就能马上做出反应,打好时间战,产品的调动迅速完成,促进了总部的决策活动与对全国物流的整体把握,把物流风险降低,提高了整体的经济效益。

奥康在全国31个省市、自治区都拥有自己的营销网络,共有106个营销机构,2 000多家连锁专卖店,1 000多家店中店,并在意大利的米兰成立了境外分公司,在西班牙的马德里设立办事处。强大的终端网络,促使奥康物流"能流"、"速流"。现在,奥康产品在3天之内就可以通过专卖店及商场专柜等终端出现在消费者面前,实现了营销工作的第一步"买得到"。

奥康鞋业通过自身的不断努力、不断变革,改善了整个物流网络,极大地降低了物流成本,从而实现了利润的大幅增长。

点评:奥康鞋业面临的问题是目前中国很多企业都会遇到的共性问题,计算机的使用并没有使企业的库存管理得到一个极大的提升,尤其是对于像奥康鞋业这样的在全国甚至是全球范围内都有业务的大企业,因此建立高效的信息化网络势在必行。

参 考 文 献

[1] 中国物流行业岗位规范指导丛书编委会．物流企业仓储作业岗位管理[M]．北京：中国海关出版社，2008．

[2] 叶青．物流营销[M]．北京：化学工业出版社，2009．

[3] 陆军．物流企业营销策划指导[M]．北京：中国海关出版社，2008．

[4] 曹博．思路决定财富[M]．北京：新世界出版社，2008．

[5] 马毅，张虎臣．物流仓储与配送[M]．北京：北京大学出版社，2009．

[6] 赵家俊．仓储与配送管理[M]．北京：科学出版社，2009．

[7] 中国物流行业岗位规范指导丛书编委会．物流企业仓储作业岗位管理[M]．北京：中国海关出版社，2008．

[8] 周云霞．仓储管理实务[M]．北京：电子工业出版社，2008．

[9] 杨凤祥．仓储管理实务[M]．北京：电子工业出版社，2008．

[10] 稻谷、小麦、玉米和大豆等主要粮食的储藏方法[EB/OL]．(2008-5-18)[2013-12-20]．http://www.china.com.cn/

[11] 廖三余．人力资源管理[M]．北京：清华大学出版社，2006．

[12] 黄福华，邓胜前．现代企业物流管理[M]．长沙：湖南人民出版社，2005．

[13] 金国利．企业战略管理[M]．北京：华文出版社．2003．

[14] 科特勒，阿姆斯特朗．市场营销原理（亚洲版）[M]．3版．北京：机械工业出版社，2013．

[15] 杜胜利．企业经营业绩评价[M]．北京：经济科学出版社，1999．

[16] 李永平．市场营销：理论、案例与实训[M]．北京：中国人民大学出版社，2007．

[17] 李志永．仓储物流实训任务书[M]．北京：北京理工大学出版社，2011．

[18] 闫春荣，申纲领，陈领会．新编仓储管理实务[M]．北京：电子工业出版社，2010．

[19] 李玉民．配送中心运营管理[M]．北京：电子工业出版社，2007．

[20] 施国洪．仓储管理实务[M]．北京：中国时代经济出版社，2007．

[21] 沈启红．怎样做优秀的仓管员[M]．广州：广东经济出版社，2007．

[22] 刘达方．海关法教程[M]．北京：中国海关出版社，2007．

[23] 宋沛军．电子商务概论[M]．西安：西安电子科技大学出版社，2006．

尊敬的老师：

您好。

请您认真、完全地填写以下表格的内容（务必填写每一项），索取相关图书的教学资源。

教学资源索取表

书 名		作者名	
姓 名		所在学校	
职 称		职 务		讲授课程	
联系方式	电话：	E-mail：		
地址（含邮编）			
贵校已购本教材的数量(本)			
所需教学资源			
系／院主任姓名			

系／院主任：_____（签字）

（系／院办公室公章）

20____年____月____日

注意：

① 本配套教学资源仅向购买了相关教材的学校老师免费提供。

② 请任课老师认真填写以上信息，并**请系／院加盖公章**，然后传真到(010)80115555转718438上索取配套教学资源。也可将加盖公章的文件扫描后，发送到 fservice@126.com 上索取教学资源。欢迎各位老师扫码关注我们的微信号和公众号，随时与我们进行沟通和互动。

微信号　　　　公众号

电子工业出版社
PUBLISHING HOUSE OF ELECTRONICS INDUSTRY